대륙법 전통

대륙법 전통

비교를 통해 알아보는 대륙법과 영미법

존 헨리 메리먼·로헬리오 페레스 페르도모 지음, 김희균 옮김

책과함께

일러두기

- 이 책은 John Henry Merryman과 Rogelio Pérez-Perdomo가 함께 쓴 *The Civil Law Tradition: An Introduction to the Legal Systems of Europe and Latin America* 4판(Stanford University Press, 2018)을 완역한 것이다.
- 대륙법의 일반법이라 할 수 있는 중세의 보통법 'jus commune'와 영미법의 보통법을 의미하는 'common law'는 모두 '보통법'으로 옮기되, 혼동을 피하기 위해 후자의 경우에는 모두 'common law'를 병기했다.
- 외국 인명, 지명 등의 한글 표기는 주로 국립국어원 외래어표기법을 따랐다.

역자 서문

마치 코끼리와 사자가 구별되는 것처럼, 법은 영미법과 대륙법으로 나뉜다. 조금만 법을 아는 사람들이라면 금세 알아차릴 만큼 영미법과 대륙법은 생김새가 다르다. 자기들 법이 더 좋다고 우기는 사람들이 많다. 미국 로스쿨에 가면 독일, 프랑스, 일본, 우리나라에서 온 학생들과 미국 학생들이 맞붙는 걸 자주 본다. 사자는 코끼리가 우둔해 보이고, 코끼리는 사자가 가소로워 보이는 모양이다. 그렇게 으르렁거리고 비아냥거리고 말면 좋은데, 자칫 서로를 향한 반감으로, 적대감으로 비화되는 경우도 있다. 이 책의 공저자인 메리먼 교수도 그게 걱정스러웠던 모양이다. 그래서 미국 학생들을 타이르는 책을 썼다. 대륙법은 다른 법이지만, 모자라거나 나쁜 법은 아니라고. 그게 이 책의 취지다. 지금 생각해보면 아주 필요한 시도였다고 본다. 이 책을 읽으면서 '아, 대륙법이란 이런 거구나!'라고 자주 고개를 끄덕이게 된다.

안타깝게도, 대륙법은 미국 학생들에게만 어려운 게 아니다. 대륙법에 속해 있는 우리나라 학생, 법학자, 법조인에게도 대륙법은 이해하기 어려운 법이다. 그래서 법과대학을 멋모르고 선택했다가 죽을 만큼 고생한 사람이 내 주위에 여럿 있다. 오죽 어려우면 같은 책을 열 번을 읽을까? 또 오죽 어려우면, 책 읽는 일을 철을 씹는 것에 비유할까? 하여튼 대륙법계에 속한 우리나라에서 법학을 공부해서 성공한 사람들의 끈기는 인정해줘야 한다. 이 어려운 법을 평생 업으로 삼고 있다니! 의사가 되려면 11톤 분량의 책을 읽어야 한다는데, 나는 차라리 그게 더 쉽지 않을까 생각한다. 대륙법 안에 태어났다는 것이 불행이라면 불행이고, 그중에서도 민법을 전공하고 있다는 것은 불행이 겹친 격이다. 그 불행에서 조금 비껴 있는 형법학자로서 민법과 로마법을 보는 느낌이 어떤지 '역자 보론'에 적어놓았으니 한번 읽어보기 바란다.

내가 이 책에 관심을 갖게 된 이유는, 이 책이 우리 민법을 너무나 명쾌하게 설명하고 있다는 점 때문이다. 한국어로 민법총칙을 읽을 때보다 영어로 우리 민법총칙 설명을 듣는 것이 더 쉽게 느껴져서 놀라지 않을 수 없었다. 아주 무딘 영어 실력으로도 미국 인디애나대학교 도서관에서 이 책을 다 읽는 데 채 하루가 걸리지 않았다. 전적으로 저자들의 통찰력 덕분이다. 우리 민법이 어떻게 시작되었고, 무슨 목적으로 만들어졌으며, 어떤 특징을 가지고 있는지, 저자들은 그 점을 정확하게 꿰뚫어 보고 있다. 이런 좋은 책을 번역할 기회를 주신 도서출판 책과함께의 류종필 대표께 깊이 감사드린다. 그리고 너무나 꼼꼼하게 책을 완성시켜주신 편집진께도 감사의 인사를 전하고 싶다. 이 책의 저자들과 같은 친절한 교수님들이 계셨다면, 나의 법과대학 생활은 훨씬 행복했을 것 같다. 전공을 정하기 전에 이 책을 읽었다면 내가 민법을 전공할 수도 있지 않았을까 하는, 말도 안 되는 생각도 하게 되었다.

어떤 이유로든 법을 공부할 의향이 있는 분들에게 이 책을 추천한다.

2020년 11월, 서울시립대학교 법학관에서
김희균

4판 서문

2015년 8월 3일, 존 헨리 메리먼 교수가 학자로서 열정적이고 생산적이었던 삶을 마감하고 세상을 떠났다. 메리먼 교수는 법학 분야에 남긴 업적이 아주 크다. 그중에서도 법과 예술, 비교법 분야를 개척한 공이 아주 크다고 생각한다. 실재하는 사법제도의 비교에 관심이 많았고, 사회과학적 방법론을 법학에 도입했으며, 계량분석에서도 뛰어난 성과를 남겼다. 주로 라틴아메리카법을 연구했지만, 이탈리아법도 오래 공부했고, 프랑스와 독일법에도 조예가 깊었다.

《대륙법 전통》은 메리먼 교수의 비교법 관련 초기 저작으로, 명저로 소문난 책이다. 간결하게 잘 읽히면서도 깊이가 있다. 이 책의 초판부터 3판까지, 영미권에서 많이 읽힌 것은 물론이고 대륙법 국가의 많은 언어로 번역된 걸 보면, 이 책이 전 세계 독자들에게 널리 읽힌 책이었음을 알 수 있다. 2006년에 3판 개정판을 낼 때 메리면 교수는 내게 참여할 의향이 있느냐고 물어봤고, 공저자로 나를 지목한 것이 말할 수 없을 만큼 기뻤다. 2013년과 2014년에 나는 메리면 교수와 같이 스탠퍼드 로스쿨에서 '비교법과 사회'라는 강의를 진행할 기회를 얻었고, 그 기회를 통해 진화하는 대륙법 전통에 대해 많은 이야기를 나누었다. 이번 《대륙법 전통》 4판에는 그때 했던 이야기, 우리가 공통적으로 지목했던 대륙법의 변화가 반영되어 있다.

초판과 2판에서는 미국에서 태어난 메리면 교수가 영미법의 입장에서 대륙법을 설명했다면, 이번 4판에서는 내가 대륙법 출신으로서 영미법을 중심에 놓고 그것과 대륙법이 어떻게 다른지 설명하려고 했다. 그 외에는 메리면 교수가 잘 만들어놓은 책을 손대거나 바꿀 이유가 전혀 없었다.

2018년, 스탠퍼드에서
로헬리오 페레스 페르도모

초판 서문

　이 책은 전문가가 아닌 일반인을 위해서 쓴 것이다. 일반 독자에게 서유럽과 라틴아메리카를 포함하는 대륙법 세계의 특징이 무엇인지, 그것과 미국법이 어떻게 다른지 설명하고자 했다. 유럽과 라틴아메리카 문화의 일부인 법에 대해서 말하고 싶었고, 특히 역사학, 정치학, 사회학, 철학, 국제관계학, 지역학, 법학 등에 관심이 있는 학생들에게 법에 대한 다양한 정보를 제공해주고 싶었다. 유럽과 라틴아메리카 사회로 진출을 희망하시는 분들이 그 국가들을 이해하는 데도 도움이 되기를 바란다. 아울러 이 책이 비법률가뿐만 아니라 외국법이나 비교법을 잘 모르는 법률가들에게도 자극이 되어서, 법률가들이 비교법 공부에 관심을 갖게 된다면 나로서는 더 큰 바람이 없겠다. 다만 그 전에 한 가지 밝혀두어야 할 것은, 이 책은 나처럼 비교법을 전공하는 학자가 읽기에는 너무 초보적이고 쉬운 내용을 담고 있다는 점이다.

나는 대륙법 전통을 설명하면서 굳이 몇몇 국가를 콕 집어서 이야기할 생각은 없었다. 하지만 프랑스와 독일에 대해서는 따로 몇 마디 덧붙이고 넘어가려고 한다. 그 두 국가는 대륙법 전통에 많은 영향을 끼쳤고, 대륙법 세계에서 현재에도 주도적인 역할을 하고 있다. 하지만 두 국가는 '전형적'인 대륙법 국가와 약간 거리가 있다. 프랑스가 자랑하는 프랑스 혁명 이념과 《나폴레옹법전》은 이웃 국가인 독일에 거의 영향을 미치지 못했으며, 독일이 자랑하는 개념법학도 가까운 프랑스에서는 호응이 거의 없었다. 하지만 이 두 국가를 제외한 다른 대륙법 국가는 프랑스법과 독일법의 거의 모든 것을 받아들였다. 라틴아메리카와 지중해 국가들이 그렇고, 아시아와 아프리카의 대륙법 국가들도 그렇다. 그런데 최소한 이 책에서 말하는 대륙법 전통에서 프랑스와 독일은 대표 주자가 아닌 것처럼 보인다. 어찌 보면 프랑스법과 독일법을 합쳐놓은 것이 대륙법으로 보인다. 내가 열심히 이야기하는 대륙법 전통 이야기를 듣고, 프랑스와 독일 독자들은 '우리와 조금 다르네'라고 생각할 수도 있다. 대륙법은 프랑스와 독일을 포함한 유럽, 라틴아메리카, 아시아, 아프리카, 중동의 수많은 국가에 퍼졌다. 이 책은 수많은 국가가 공유하는 법 전통에 대한 책이며, 프랑스와 독일에 국한하여 설명하지 않는다.

또 하나, 관점의 차이에 대해서도 미리 말해두려고 한다. 이 책을 읽고 나면 독자들은 대륙법에 지나친 면도 있고, 부족한 면도 있다고 생각할 것이다. 대륙법 국가에서 실제로 일하고 있는 법률가가 그 사실을 인정할 필요는 없다(이에 관해서는 제19장에 자세히 적어놓았으니 꼭 읽어주기를 바란다). 나는 그저 '특히 도드라진' 점들만을 설명할 뿐이다. 법률가가 언뜻 보기엔 다 비슷해 보여도, 자세히 들여다보면 다수의 견해에 조금 더 비판적이고, 더 깨어 있는 법률가도 분명히 있다. 그런 사람이 어느 사회든 그리 많지는 않겠지만, 그런 사람들이 나서서 "나는 당신들과 생각이 다르다"라고 이의를 제기하는 경우를 우리는 아주 많이 본다. 그건 법이 덜 발달한 국가라고 해서 예외가 아니다. 즉, 대륙법 안에 있는 법률가가 모두 같은 생각을 하는 것은 아니라는 이야기다. 게다가 프랑스나 독일처럼 법이 발달한 국가에서는 자신들의 전통의 한계를 극복하고 발전된 생각을 하는 '이질적'인 법률가가 훨씬 더 많다. 프랑스와 독일이 전형적인 대륙법 국가에서 벗어날 수 있었던 힘도 결국 그것일 것이다. 따라서 이 책을 읽고 '우리 대륙법은 이런 것이 부족하구나'라고 생각할 필요는 없다. 이 책은 평범한 법률가들의 생각을 놓고, 그걸 이해하고, 평가하고, 비판할 뿐이다.

스탠퍼드 로스쿨의 베일리스 매닝(Bayless A. Manning) 학장은 이런 책이 필요하다면서 내 글쓰기를 독려했다. 비교법 분야에서 가장 유명한 법률가들인 피렌체대학의 마우로 카펠레티(Mauro

Cappelletti) 교수와 옥스퍼드대학의 로슨(F. H. Lawson) 교수, 함부르크 막스플랑크 연구소의 콘라트 츠바이게르트(Konrad Zweigert) 교수 등은 내 초안을 직접 읽어보고 틀린 점을 바로잡아 주었다. 로마민법에 대해서는 스탠퍼드대학에 있는 조지 토르체이-바이버(George Torzsay-Biber) 박사에게 큰 도움을 받았다. 여러 세대에 걸쳐서 뛰어난 연구결과를 내놓은 비교법 학자들에게 이 책은 가장 많은 빚을 지고 있다. 막스플랑크 연구소에서 연구원으로 일하고 있는 하인 쾨츠(Hein Kötz) 박사와 1967년부터 1968년까지 스탠퍼드 로스쿨에서 강의한 거르노 라이너스(Gernot Reiners) 박사에게도 독일법에 대한 귀중한 정보를 준 점에 깊이 감사드린다. 끝으로 루이스 세인트 존 리그(Lois St. John Rigg) 여사에게 감사의 인사를 전하고 싶다. 그가 내 부족한 원고를 출간에 적합하도록 꼼꼼하고 치밀하게 고쳐주지 않았다면 이 책은 출간되지 못했을 것이다.

1969년, 스탠퍼드에서
존 헨리 메리먼

차례

제1장 마주 보는 두 가지 법

세상에는 두 가지 법이 있다. 대륙법(civil law, 시민법)과 영미법 (common law, 보통법)이 그것이다. 법 전체에 끼친 영향력 면에서 보면 대륙법이 더 세다. 더 오래됐고, 더 널리 퍼져 있다. 이 책은 바로 이 대륙법에 대하여 말하려고 한다.

먼저 개념 정리부터 하자. 앞으로 법 '전통'이니 법 '제도'니 하는 말을 쓸 텐데, 그 '전통'과 '제도'가 어떻게 다른지 알 필요가 있다. 보통 법 제도, 줄여서 법제라고 하면 한 국가가 가진 법률과 절차, 사법기관 전체를 뜻한다. 가령 미국에는 법제가 총 51개 있다. 연 방법제가 하나 있고, 50개 주마다 하나씩 법제가 있다. 다른 국가 에도 다 법제가 있고, 유럽연합(EU)과 국제연합(UN)도 나름의 법제 를 가지고 있다. 이렇게 모든 주권국가는 물론이고 다양한 조직이 각자 고유한 법제를 가지고 있다.

국가별로 법을 공부하다 보면 비슷한 점을 발견할 수 있다. 가령 영국이나 뉴질랜드, 캘리포니아와 뉴욕의 법 간에는 틀림없이 비슷한 점이 있다. 그래서 이들 법을 묶어서 '영미법'이라고 한다. 하지만 그렇다고 해서 이들이 모두 같은 법률을 가지고, 같은 절차를 도입하고, 같은 이름의 기관을 가지고 있는 것은 아니다. 자세히 보면 그들 사이에도 분명한 차이가 있다. 법률이 다른 것은 물론이고, 법 절차도 다르며, 법 기관도 다르다.

유럽의 독일, 프랑스, 이탈리아와 라틴아메리카의 아르헨티나, 브라질, 칠레의 법도 마찬가지다. 이들을 묶어 '대륙법'이라고 부른다. 이 책의 목적이 바로 이 대륙법의 본질을 설명하는 것이다. 대륙법 국가들의 법제 사이에도 차이가 크다. 그들은 상이한 법률과 법 절차, 법 기구를 가지고 있다.

대륙법과 영미법 외에 제3의 법이 있다. 이 책의 2판에서 설명한 바 있는 사회주의법이다. 구(舊)소련과 중국을 비롯한 많은 국가가 사회주의법을 가지고 있다. 한때 외교관들이 세계를 1세계, 2세계, 3세계로 나눈 적이 있는데, 그중 두 번째가 사회주의 세계였고, 세 번째는 개발도상국들의 세계였다. 사회주의 세계는 확실히 국가와 사회를 보는 시각이 다르고, 그 차이는 그대로 법을 보는 관점 차이로 드러난다. 소련이 한창 잘나가던 시절에 사회주의법이라는 새로운 법이 등장하게 된 이유다. 하지만 그 내막을 자세히 따져보면, 사회주의법도 기본적으로 대륙법이다. 대륙법을 쓰다가 사회주의가 득세하면서 사회주의법으로 옷을 바꿔 입은 것에 지나지 않는다. 거꾸로 사회주의가 힘을 잃은 후에 이들 국가의 법은 자연스럽게 대륙법으로 돌아왔다. 원래 자리로 온 것이다.

이렇게 국가마다 다른 법을 가지게 된 이유는 국가마다 생각하는 바가 달랐기 때문이다. 수세기 동안 세계는 국가 주권의 중요성을 강조하고 국가 특성과 전통을 만들어가는 데 민족주의적 요소를 더 강조하기도 하고 덜 강조하기도 했다. 각 국가들은 국가가 무엇이며, 무엇이어야 하는지 다르게 생각했다. 이렇게 수백 년 동안 서로 다른 생각을 해온 국가들의 법을 크게 둘로 나눠보니 영미법과 대륙법이 되었다. 그런 의미에서 대륙법과 영미법은 고유 명사가 아니라 집합 명사이며 공통된 특징을 공유하는 여러 국가 법의 모음이다. 가령 프랑스와 독일의 법은 서로 다르지만 공유하는 부분이 있고 같은 대륙법 국가에 속한다. 이는 프랑스법과 독일법의 '전통'이 같기 때문이다.

전통이 같다는 말은 계약법이나 회사법, 형법이 같다는 이야기가 아니다. 물론 그런 법들이 비슷할 수는 있지만, 이는 그리 중요치 않다. 전통이 같다는 것은 법에 관한 기본 생각이 같다는 뜻이다. 실정법이 아닌 자연법(natural law)을 어떻게 생각하는지, 사회 내에서 법의 지배(rule of law)가 어떤 의미를 가지는지, 어떤 기관을 만들어 법을 운영할 것인지, 법을 어떻게 만들고, 적용하고, 연구하고, 고치고, 가르칠 것인지에 대한 생각이 같다는 뜻이다. 전통은 전체 법제를 관통하는 특징이다. 그래서 법의 내용이 조금씩 다르더라도 전통은 같다고 말할 수 있다.

법을 보는 시각의 차이를 바탕으로 전 세계를 분류할 때 반드시 대륙법과 영미법으로만 나눌 수 있는 건 아니다. 그럼에도 그 두 법을 주목하는 이유는 대륙법과 영미법에 속한 국가들이 국력 면에서, 기술 면에서 앞선 국가라서 전 세계로 자신들의 법을 빨리 전파했기 때문이다. 대륙법의 기원은 기원전 450년, 로마에서 12표법이 출간된 해로 거슬러 올라간다. 또한 역사학자들은 위대한 발전이 고전 시대(기원전 100년~기원후 250년)에 일어났다는 것을 강조한다. 나아가 533년 유스티니아누스 황제가 고전 법학자들의 의견을 편찬한 것을 또 하나의 위대한 순간으로 본다. 오늘날 대륙법은 유럽은 물론, 라틴아메리카 전역과 아시아, 아프리카에서 지배적인 법 전통이다. 심지어 영미법의 영토 안으로 스며 들어가서 루이지애나주와 퀘벡, 푸에르토리코에도 영향을 미쳤다. 특히 국제법과 국제기구법은 대륙법의 언어로 가득 차 있다. 국제법을 창시한 학자 겸 정치인들은 유럽에서 대륙법 교육을 받은 사람들이다. 유럽연합의 기본법과 제도를 만든 것도 바로 대륙법 학자들이다.

영미법을 배운 사람에게는 이런 이야기 자체가 낯설다. 하지만 더 오래되고, 더 힘이 세고, 더 익숙한 법이 대륙법이라는 점은 틀림없는 사실이다. 그래서 대륙법이 중요하다는 것이다. 심지어 영미법이 대륙법보다 뒤떨어진다고 말하는 사람들도 있다. 영미법이 어딘가 조잡하고 무질서하다고 여기는 사람들이 세상에 아주 많다. 물론 이는 우열의 문제가 아니다. 이미 오래전에 두 법 모두에 정통한 학자들이 모여 이것은 우열의 문제가 아니라고 결론을 내린 바 있다. 어쩌면 자신들의 법이 우월하다고 생각하는 것 자체가 대륙법의 또 하나의 특징인지도 모른다.

대륙법 세계에 속하는 중앙아메리카의 개발도상국에서 온 법률가들도 자신들의 법이 미국법보다 한 수 위라고 생각한다. 비교법에 대한 공부가 부족한 상태라 그런지 그들은 미국 변호사를 보면 법에 대해 한 수 가르치려 든다. 본인들의 국가가 가난한 것은 인정하지만, 그럼에도 불구하고 미국법은 분명히 덜 발달된 법이고 미국 변호사도 법의 관점에서 보면 공부가 덜 되었다고 생각하는 것이다. 반대의 경우도 빈번하게 벌어진다. 국가가 더 부유하거나 정치적으로 더 안정적이기 때문에 자신의 법 체계와 법 문화가 분명히 우월하다고 생각하는 영미법 변호사도 있다. 영미법 변호사들이 대륙법에 익숙한 사람들의 이런 태도를 제대로 이해하지 못해 많은 다툼이 있었다. 이 책을 쓴 목적 중 하나는 영미법 법률가와 대륙법 법률가가 서로를 좀 더 잘 알게 하는 것이다.

우리가 알고 있는 영미법은 1066년에 노르만족이 헤이스팅스 전투에서 영국군을 물리치고 영국을 정복한 때로부터 시작된다. 우리가 이 사실을 수용한다면, 영미법의 역사는 어림잡아 900년을 훌쩍 넘긴다. 그나마 이만큼이라도 영미법이 쫓아온 건 식민지 시대 대영제국의 확장 덕이다. 대영제국과 아일랜드, 미국, 캐나다, 호주, 뉴질랜드가 영미법 세계에 편입되었고, 아시아와 아프리카 국가들에도 지대한 영향을 미쳤다. 세계 정복의 면에서 보면 대륙법은 후발주자다. 대륙법은 로마법의 후예로 태어나 스페인, 포르투갈, 프랑스로 계수(繼受)되었고, 그 후 이들 국가가 전 세계에 식민지를 건설하며 대륙법을 전파한 것은 그다음 일이었다.

이런 설명을 할 때 들 수 있는 특이한 예로 중국과 일본이 있다. 이들은 유럽 국가의 식민지였던 적이 없음에도 19세기 말, 20세기 초에 대륙법을 받아들였다. 실제로 중국과 일본, 한국의 법률가들은 자신들이 대륙법에 속한다고 믿고 있다. 일본민법은 독일민법의 판박이이고, 독일법 교과서는 일본 서점에서 지금도 팔리고 있다. 물론 자세히 들여다보면, 대륙법과 다른 점이 여러 군데서 발견된다. 일본과 한국은 미국 헌법의 영향도 적지 않게 받았다. 어떤 비교법 학자들은 동아시아 세 국가의 경우, 유교 사상의 영향을 많이 받았다는 점에 착안해서 대륙법이 아니라 유교법이라고 분류하기도 한다. 하지만 결론이 바뀌지는 않는다. 중국과 일본, 한국은 영미법도, 유교법도 아닌 대륙법 세계에 속한다.

이슬람 세계에서도 대개 유럽의 법을 많이 수입했다. 특히 터키는 근대화의 일환으로 《스위스민법전》을 수입한 바 있고, 프랑스 식민지였던 레바논과 알제리도 처음에는 프랑스법을 받아들였다가 독립 이후 독자적인 법 체계를 발전시켰다. 반면에 예멘과 사우

디아라비아는 외국법의 영향을 적게 받은 축에 속한다. 대략적으로 보면 이슬람교가 발달하고, 종교가 일상에 많은 영향을 미치는 주요 중동 국가들은 소위 이슬람법이라는 독자적인 법제를 구축해가고 있다. 다만 그들 역시 일상생활의 법에 관한 한 영미법과 대륙법의 영향에서 자유롭지 못하다는 점은 부정할 수 없다.

영미법과 대륙법은 밖으로만 영향력을 확대한 것이 아니라 서로 많은 영향을 끼치기도 했다. 영미법 국가들과 대륙법 국가들은 서구 세계의 일원으로서 비슷한 역사와 문화를 공유해온 만큼 접촉이 많을 수밖에 없었다. 미국 헌법에도 유럽 계몽주의의 색채가 짙게 배었고, 미국식 입헌주의는 거꾸로 유럽과 라틴아메리카의 헌법 지형을 바꾸어놓았다. 위헌법률심사제도(judicial review)는 오늘날 두 법 모두에 정착되었으며, 대륙법의 창조물인 공유부동산제도가 미국에 성공적으로 뿌리내려 콘도미니엄(condominium)이 되었다. 미국 보통법(common law)의 산물인 신탁제도는 대륙법에 스며 들어가 있다. 가장 대륙법적인 특성이 반영되어 있는 대학의 법학교육도 이제는 영미법 국가에서 비슷하게 따라하게 되었다.

법은 결국 힘의 산물이다. 로마제국이 융성하던 시절에 세상이 로마법으로 뒤덮이다시피 한 적이 있다. 마찬가지로 유럽에서 태동한 두 법, 대륙법과 영미법은 유럽의 확장과 더불어 전 세계를 점거해나갔다. 수백 년 동안 제국주의가 득세한 결과가 바로 오늘날 세상을 양분한 두 법이다. 물론 그렇다고 해서 제3의 법이 없지는 않다는 것은 앞서 말한 바 있다.

　역사가들은 이 세상에서 변하는 것(change)과 변하지 않는 것(permanence)에 대해서 연구하고 있다. 내가 법제사가는 아니지만, 지금부터 우리도 대륙법이 탄생하고, 번영하고, 진화해온 역사와 그동안 변하지 않고 존속해온 것들에 대해서 이야기하려고 한다. 안에 살고 있는 사람들은 자신들이 어떻게 변하는지 잘 알지 못한다. 나중에 무엇이 변하고 변하지 않을지 알 수도 없다. 18세기 프랑스와 스페인의 법률가들은 자신들이 알고 있는 법이 나중에 대륙법이라고 불릴지 상상도 못했을 것이다. 마찬가지로 엘리자베스 시대(1558~1603)의 법률가와 우리가 뉴욕 월가에서 마주치는 변호사는 같은 사람이면서 다른 사람이다. 변한 것도 있고, 변하지 않은 것도 있다. 그들이 다 잊힌 지금, 우리는 대륙법이라는 이름 아래 존속하다 사라진 것들과 여전히 남아 있는 것들에 대해 이야기해보려고 한다.

제2장 로마민법, 교회법, 상법

은연중에 우리는 대륙법이 하나의 법인 것처럼 이야기하고 있다. 하지만 사실은 그렇게 간단하지 않다. 대륙법에는 여러 부속품이 혼합되어 있고, 부속품마다 제 나름의 기원과 역사를 가지고 있다. 그중 다섯 개를 꼽아 보면, 로마민법(Roman civil law), 교회법(canon law), 상법(commercial law), 혁명(revolution), 개념법학(legal science)을 들 수 있다. 지금부터 이것들을 이번 장과 다음 몇몇 장에서 하나하나 풀어볼 것이다. 이들 각각에 대한 이해 없이 대륙법이라는 건축물을 제대로 파악할 수 없기 때문이다. 먼저 이번 장에서는 로마민법, 교회법, 상법을 알아보자.

로마민법은 6세기 유스티니아누스 대제가 편찬한 법전(Institutes)을 말한다. 그 목차는 (1) 권리의 주체, (2) 물권, (3) 채권, (4) 부당

이득, (5) 불법행위, (6) 친족과 상속으로 구성되어 있고, 각 장마다 어떻게 권리 주체의 이익을 보호할 것인지 적혀 있다. 유스티니아 누스가 533년에 처음으로 《권리의 주체》, 《권리의 객체》, 《채권》 이 렇게 세 법전을 편찬한 이래 19세기에 유명한 민법전들이 등장하 기까지 그 내용에 적지 않은 변화가 있었다. 하지만 이후 등장한 다른 민법에도 기본적으로는 로마민법의 목차가 계속 반복되었다. 대륙법계 법률가들은 이를 통틀어서 '민법(civil law)'이라고 부른다. 모름지기 법의 기본은 민법에 대한 이해라는 생각이 유럽의 대륙법 국가들에 널리 퍼져 있다. 그뿐만 아니라 이 법을 수입한 다른 국가에까지 영향을 미쳤다. 국가가 점점 커지고, 공법(public law)이라는 새로운 영역이 종전과는 비교할 수 없을 만큼 발달했음에도 '법은 역시 민법'이라는 믿음은 요지부동이다. 이게 얼마나 확고한지 영미법 학자들까지 대륙법이 민법이고, 민법이 바로 대륙법이라고 혼동할 정도다. 그래서 두 법 모두에 같은 이름, 즉 'civil law'라는 이름이 붙었다. 하지만 민법(civil law)은 대륙법(Civil Law)의 일부에 불과하다.

콘스탄티노플에 살던 로마 황제 유스티니아누스는 법학자 트리보니아누스(Tribonian)를 불러서 《로마법대전(Corpus Juris Civilis)》 편찬을 명한다. 이때 유스티니아누스에게는 두 가지 주요한 동기가 있었다. 첫째, 그는 로마법이 오염되어 있다고 생각했다. 수백 년전 로마법의 완벽한 체계가 무너지고 이물질이 잔뜩 끼었기 때문에 초창기 순수한 로마법을 복원해야 한다고 믿었다. 둘째, 그는 로마법에 관한 잡설이 너무 많다고 생각했다. 자칭 최고 권위자인 학자들이 저마다 한마디씩 강의를 해대는 바람에 너무 많은 교재가 난무하고 있으므로, 잘못된 견해나 애매한 견해, 중언부언하는 견해를 다 지워버리고 학설을 통일할 필요가 있다고 믿었다. 특히 유스티니아누스의 심기를 건드린 것은 법학자들이 쏟아내는 해설서와 논문이었다. 몇몇 권위 있는 학자의 견해로 못을 박아서 더 이상 다른 학설이나 주장이 나올 수 없도록 하기 위해 편찬한 것이 바로 《로마법대전》이다.

유스티니아누스는 실제로 《로마법대전》을 내면서 더 이상 다른 법학자의 책을 보지 말라고 선언했다. 볼 만한 가치가 있는 견해들은 《로마법대전》에 다 수록했기 때문에 굳이 그 견해들을 주장한 원저자들의 책을 찾아볼 필요가 없다는 것이었다. 그래서 트리보니아누스를 시켜 공식 견해로 채택된 저서는 모조리 태워버렸다. 채택되지 않은 저서는 태울 필요도 없었다. 어차피 그쪽은 쳐다보지도 말라고 했기 때문에 사람들이 관심을 갖지도 않았고, 이렇게 없어진 책의 양은 태운 책에 비할 바가 아니었다(이러한 상황이 훗날 로마법을 공부하려는 사람들에게 얼마나 큰 고난을 안겨주었는지는 쉽게 짐작할 수 있을 것이다). 유스티니아누스는 《로마법대전》만 있으면 이 세상의 모든 법률 문제를 해결할 수 있다고 믿었다. 《로마법대전》의 내용은 너무나 명쾌하므로 학자들의 견해를 구해야 할 필요도 전혀 없다고 생각했다. 그래서 《로마법대전》에 관한 해설 자체를 금지시켰다. 물론 이런 생각이 얼마나 순진한 것이었는지는 금세 드러났다. 유스티니아누스가 죽기도 전에 《로마법대전》 해설서가 나오고 만 것이다.

《로마법대전》은 아주 다양한 텍스트의 모음이다. 먼저 《다이제스트(Digest)》가 있다. 기원전 100년부터 기원후 250년까지 고전주의 시대 법학자들의 학설을 모은 책이다. 이 책은 중세 법학자들에게 가장 인기가 있었다. 그다음 《법령집(Code and Novellae)》이 있다. 이 책은 유스티니아누스를 포함한 황제들이 내린 포고와 칙령을 모은 책이다. 여기에는 통치기구 관련 내용이나 국가조직론 등 오늘날 공법 또는 헌법이라고 부르는 내용이 다수 들어 있는데, 이 중에서 대륙법계 법률가들이 가장 많이 연구하고 수입한 것은 민법 부분이다. 한편 《법학제요(Institutes)》는 일종의 교과서로, 가이우스(Gaius)가 170년에 저술한 것과 똑같은 형태로 새로 만들었다. 편제도 잘 되어 있고 내용도 깔끔해서 특히 17세기와 18세기 학자들을 깊이 매료시켰고, 《로마법대전》 가운데 가장 완성도 높은 책으로 지금까지도 광범위하게 읽힌다.

이처럼 손색없는 내용이 많음에도 불구하고, 당시 유스티니아누스의 시도는 실패에 가까웠다. 로마 사람들은 법학을 어떤 법률 문제가 생겼을 때 법률가가 해답을 찾는 과정 자체라고 생각했지, 황제가 몇 권으로 묶어준 책만 법이라고 생각하지 않았다. 이처럼 《로마법대전》은 인기가 별로 없어서 사람들이 잘 보지 않았고, 편찬된 이후로 약 500년 동안 '잊힌' 책이었다. 그러다 수백 년을 건너서 유럽 대륙에서 부활했다. 죽은 글자가 살아나서 유럽의 법이 되었고, 많은 학자가 열렬히 연구하기 시작했다. 그래서 지금처럼 대륙법 전통의 중심에 《로마법대전》이 당당히 자리를 잡게 된 것이다.

유스티니아누스가 지키고 있던 동로마제국과 달리 당시 서로마제국에서는 로마법이 급격히 힘을 잃어갔다. 속인주의를 따르는 게르만족이 로마에 쳐들어 온 뒤 자신들의 법을 적용했고, 이베리아반도에 남은 사람들에게는 옛날 로마법을 그대로 적용했다. 그러면서 게르만법과 로마법이 조금씩 섞이게 되었다. 이렇게 게르만법의 영향을 받은 '변형된' 로마법이 이베리아반도의 일부와 프랑스, 스페인 등지로 퍼져나갔는데, 이를 '로마법속편(vulgarized Roman law)' 이라고 부른다. 유스티니아누스는 이렇게 변질된 로마법과 서로마제국을 구하고 싶었지만, 그에게는 그럴 만한 힘이 없었다. 서로마제국은 대부분 게르만족의 치하로 들어갔고, 스페인에는 아랍 민족이 속속 몰려들고 있었다.

이후 로마법의 부흥 운동이 시작된 곳은 9세기 동로마제국의 영토였던 그리스였다. 그리스 사람들은 《로마법대전》을 그리스어로 번역해서 《바실리카(Basilica)》라는 책으로 묶었다. 서유럽 국가들은 《바실리카》를 잘 몰랐지만, 나중에 2차 세계대전이 끝나고 독립국가가 된 그리스가 최초의 민법전을 만들 때 《바실리카》는 중요한 참고자료가 되었다.

본격적인 로마법 부흥 운동은 근대 최초의 유럽 대학인 볼로냐대학이 문을 연 12세기에 시작되었다고 할 수 있다. 볼로냐대학에서 가장 인기 있는 학문이 바로 법학이었다. 당시 법학자들은 어떤 법을 공부했을까? 당시 법이라고 할 수 있는 것은 앞에서 말한 '로마법속편'을 비롯해 중세의 '관습법', 작은 영주국가에서 만들어 낸 법, 그리고 상인길드가 만들어 낸 '조합법' 등이 전부였다. 볼로냐대학 법학과는 이런 법을 선택하지 않았다. 그들이 선택한 것은 《로마법대전》, 그중에서도 로마민법이었다. 현존하는 법이 아닌 과거의 법을 공부하기 시작한 까닭은 무엇일까?

첫째, 당시 사람들은 자신을 '거인의 어깨에 올라탄 난쟁이'라고 생각했다. 위대한 작품들은 전부 과거의 것이었다. 성경과 예수의 제자들의 글, 아리스토텔레스의 작품이 최고라고 믿었고, 그 위에 자신들은 올라탈 뿐이라고 생각했다. 법학도 마찬가지였다. 당대 최고의 법은 《로마법대전》이라는 생각에 많은 사람이 동의했다. 황제와 교회가 공히 존중하는 법은 로마법이 유일했다(교회에서는 중세 내내 로마법 공부가 계속되었다). 특히 《로마법대전》의 《다이제스트》가 가장 인기였다. 그 인기는 조합법이나 영주국가의 법, 관습법 따위와 댈 것이 아니었다.

둘째, 당시의 법학자들이 봤을 때 《로마법대전》의 완성도가 보통이 아니었다. 게르만족의 영향을 받은 로마법속편과는 비교할 수 없는 권위가 느껴졌다. 《로마법대전》을 "이성 그 자체"라고 추앙하는 분위기였다. 실무적인 측면은 물론이고 학문과 문화의 관점에서도 《로마법대전》은 다른 법을 압도했다.

《로마법대전》을 연구하는 볼로냐와 북부 이탈리아의 대학들은 곧 유럽 법학의 중심이 되었다. 전 유럽에서 유학생들이 몰려들어 《로마법대전》을 공부했다. 그들의 공용어는 라틴어였다. 무엇을 연구할지는 이미 정해져 있었다. 다만 그걸 어떻게 연구할지에 대해서 의견이 달랐다. 주석학파(glossator)나 후기주석학파(commentator, 해석법학)가 등장하게 된 이유다. 이들이 로마법에 대해서 써 내려간 글이 엄청나게 쌓여갔다. 《로마법대전》과 더불어 그런 글들이 공부 주제가 되었으며, 법에 대한 이런 학설은 점점 더 큰 권위를 가지게 되었다.

볼로냐대학을 졸업한 학자들은 각자 자기 국가로 돌아가서 대학을 세웠고, 볼로냐대학에서 배운 것과 똑같은 내용을 가르쳤다. 돌아가서도 교재는 역시 《로마법대전》이었고, 연구방법은 주석학파와 후기주석학파를 따랐다. 이렇게 《로마법대전》과 로마법 학자들의 견해가 유럽 전체를 장악했는데, 훗날 역사가들은 이를 보통법(jus commune)이라고 불렀다. 볼로냐대학 출신의 학자들은 모두 같은 법을, 같은 방법으로 읽어 내려갔다. 같은 언어를 썼으며, 같은 교과과정을 통해 후학을 가르쳤다. 비로소 유럽의 법이라고 부를 만한 이탈리아판 법학이 탄생하게 된 것이다. 영국에서는 옥스퍼드와 케임브리지에서 《로마법대전》을 가르쳤고, 그 교육을 받은 사람들은 대륙법 전문가로 대우받았다. 이들만이 형평법원에 들어가서 변론할 수 있었는데, 형평법원이란 영국 보통법(common law)으로 판결받은 사람들 중에 억울한 이를 구제하는 법원이었다. 영미 보통법(common law)에도 로마법의 영향이 스며들어 있음을 보여주는 대목이다.

그나마 약간의 변형을 가한 것이 16세기의 프랑스 법학자들이었다. 그들은 《로마법대전》 가운데 《다이제스트》보다는 《법학제요》를 선호했다. 그들에게 《다이제스트》는 중구난방인 책이었던 반면 《법학제요》는 그야말로 법학교과서로서 간결하고 체계적으로 정리가 잘된 책처럼 보였다. 프랑스 법학자 장 도마(Jean Domat)는 《자연법의 시각에서 본 로마법(The Civil Law in Its Natural Order)》(1722)이라는 책에서 프랑스 학자들이 로마법을 정돈하기 위해 얼마나 노력했는지에 관해 자세히 설명한다.

때마침 유럽 전역에 민족국가가 생겨나고 국가 경영에 투입할 관료가 필요해, 법을 배운 사람에 대한 수요가 폭발적으로 늘었다. 유럽 전역의 대학에서 법을 전공한 사람들이 왕권의 수호자인 왕실 관료를 보좌하기 시작했다. 이들이 보기에 최고의 법은 당연히 로마법이었고, 왕이 만든 법률이란 로마법을 흉내 낸 것에 지나지 않았다. 그 때문에 역설적으로, 민족국가가 발전하던 시기에도 로마법과 보통법은 쇠퇴하기는커녕 세력을 더 키워나갔다. 각 국가의 법을 만드는 사람들이 바로 로마법 학자였기 때문이다.

심지어 독일 같은 데서는 로마법은 물론이고, 볼로냐대학 법학자들의 해설서까지도 공식적인 법으로 받아들였다. 여기서 '받아들였다'라는 말은 로마법을 있는 그대로 독일 법정에 적용했다는 뜻이다. 로마법을 자신들의 법으로 인정하지 않은 곳에서도 로마법 학자들의 견해는 상당한 지지층을 확보했다. 이런 식으로 로마법은 서구 여러 국가로 침투해 들어갔다.

19세기로 들어서면서 유럽에 《나폴레옹법전》(1804)과 같은 법전 편찬이 유행했다. 그런데 6세기 유스티니아누스 시대에 발간된 법전과 중세의 보통법, 그리고 19세기 법전들은 모양만 다를 뿐 내용이 거의 같았다. 이 법전들은 서로 기본 개념도 비슷하고, 구조도 비슷하고, 무엇보다 목차에서 별 차이가 없었다. 그뿐만이 아니다. 200여 년이 지나서 21세기 라틴아메리카 국가들에 통용되고 있는 민법전에조차 초창기 로마법, 중세 보통법, 19세기 민법전의 흔적이 선명하다. 로마민법은 이처럼 대륙법 전통을 가진 국가에서 가장 오래, 집요하고도 끈질기게 연구된 텍스트다. 그래서 일부 민법학자들은 법 중의 법은 민법이고, 그중에서도 로마법이 최고의 법이라는 주장을 굽히지 않고 있다.

로마가 서구 문명에 한 공헌 가운데 가장 중요한 것은 법일 듯하다. 실제로 지금도 로마법 학자의 견해가 다수설의 위치를 점하고 있는 국가가 한둘이 아니다. 법제사를 냉정하게 들여다보면 대륙법과 영미법 모두 로마법에서 자유롭지 못하다. 아니, 모든 서양 법률가가 로마법의 후손이라고 해도 크게 틀린 말이 아닐 정도다. 다만 영미법 국가보다는 대륙법 국가에서 로마법의 영향이 조금 더 컸던 것뿐이다. 이처럼 로마법은 좋든 싫든 이미 우리 생각의 일부가 되어 있다.

대륙법의 구성요소 중 두 번째는, 로마교회가 보존해온 교회법이다. 교회가 생긴 때에 교회법이 시작되었으므로, 그 기원은 기독교가 로마에 전파되었던 아주 오랜 옛날로 거슬러 올라간다. 그런데 교회법에는 유스티니아누스 같은 황제가 없었고, 그야말로 중구난방으로 모인 자료들이 전부였다. 그게 맞는 말인지 틀린 말인지도 모르고 묶어서 교회법이라고 불렀다. 볼로냐대학이 위세를 떨치던 시기에 그라티안(Gratian)이라는 사람이 그런 자료들을 모아서 《데크레툼(Decretum)》이라는 책을 펴낸 이유가 그것이다. 로마법에 《다이제스트》가 있다면 교회법에는 《데크레툼》이 있는 셈이다.

교회가 황제와 겨룰 만큼 힘이 센 시대에는 교회에 속한 사람들 간의 권리의무관계, 교회 재산에 관한 분쟁, 교회 내에서 일어난 범죄와 같이 교회 스스로 해결해야 할 일이 많았다. 바로 이런 일에 적용되는 법이 교회법이었다. 로마법이 황제의 법이라면, 교회법은 교황의 법이었다. 로마법이 그렇듯이, 교회법 역시 기독교 세계에서 보통법과 같은 역할을 했다. 교회법에서 가장 많이 인용한 텍스트는 역시 성경이었다. 종교의 영향이 줄어가는 시대까지도 성경의 가르침이 교회법에 남을 수밖에 없었다.

하지만 실무적으로는 여러 법 사이의 구별이 명확하지 않았다. 국왕법원에서는 국왕법이 적용되었지만, 원래 로마법을 선호했고 대학에서 로마법을 공부한 법률가들이 일했다. 관습법과 지역의 법을 적용하는 영주법원 역시 이런 법률가들의 영향을 받았다. 교회법원은 대학에서 교회법과 로마법을 모두 배운 법률가들이 관할했다. 이런 상황이다 보니 다른 종류의 법들이 서로 영향을 미치는 경향이 있었다. 교회법원은 친족 문제나 상속 문제와 같은 가족 관련 사건 등도 종종 다루었다.

사정이 이렇다 보니 로마법과 더불어 교회법도 공부하는 대학이 늘어갔다. 두 법을 다 공부한 학생들에게는 복수법학박사학위(JUD: Juris Utriusque Doctor)를 수여했다. 지금도 일부 대륙법 국가에 남아 있는 복수법학박사학위는 말 그대로 교회법과 로마법 모두를 잘 안다는 증명서다. 결국 로마법과 교회법은 따로 존재하고 따로 적용한 것이 아니었다. 유럽 국가들이 차례차례 받아들인 보통법도 사실은 로마법과 교회법이 섞인 거라고 보는 게 맞다. 특히 친족상속법과 형법, 소송법 분야에서 교회법의 영향이 뚜렷했다. 나중에 교회법원이 세속의 일에 대한 관할권을 다 빼앗긴 후에도 교회법을 통해서 발달해온 절차, 원칙과 제도들이 국왕법원으로 승계되어 보통법의 일부가 되었다.

로마법과 교회법을 포함한 보통법은 중세 유럽에서 실제로 적용되는 '실정'법이었다. 하지만 당시 실정법은 보통법만 있는 것이 아니었다. 보통법이 국경을 넘어 두루 통용되는 법이라면, 국경 안의 여러 지역에는 지역마다 고유의 법이 있었다. 군주나 왕이 공포한 법은 물론, 도시가 제정한 법도 있고, 마을이나 공동체 단위에도 법이 있었다. 보통법과 지역법이 공존하는 셈이었다. 그런데 보통법을 다루는 법률가와 지역법을 다루는 법률가가 따로 있는 것은 아니었다. 법률가들이 두 법을 다 다루면서 지역법 가운데 의미 있는 내용들은 보통법에 반영되었을 것이다. 또한 누구나 권위를 인정하는 보통법이 지역법의 발전에 엄청난 역할을 했다는 것도 능히 짐작할 수 있다.

하지만 중앙정부 단위에서는 조금 달랐다. 보통법과 중앙정부의 법, 즉 국법이 충돌하는 상황이 벌어진 것이다. 실제로 유럽 전체가 보통법 아래 통일되기에는 국가마다 색깔이 너무 달랐다. 특히 프랑스는 아예 영토를 둘로 나눠서, 하나는 보통법 지역, 다른 하나는 프랑스법 지역으로 부를 정도였다. 보통법 지역은 성문으로 된 보통법이 지배했고, 프랑스법 지역은 프랑스에서 발전해온 프랑스법을 따랐다. 이처럼 보통법의 영향을 받지 않는 지역이 존재한다는 점이 프랑스가 내세우는 자랑거리 중 하나였다. 프랑스 혁명 이후 전국적인 통일법전을 기획하던 때에도 오랜 세월 지켜온 프랑스법을 고수하려는 시도가 끊이지 않았다.

독일도 마찬가지였다. 법전 편찬을 앞두고 보통법을 중시하는 로마법 학자와 독일법을 중시하는 게르만법 학자가 정면으로 충돌했다. 독일민법 초안이 좌절된 것도 게르만법 학자들의 집요한 반대 때문이었다. 그들은 내용이나 형식 면에서 로마법이나 다름없는 법을 독일법으로 받아들일 수 없다고 했다. 독일 땅에서 발달한 법을 민법전에 반영해 로마법의 색채를 줄여가자고도 했다.

이처럼 보통법의 지배에 대한 저항의 강도와 방식은 국가마다 차이가 났다. 독일법, 프랑스법이 제각각인 이유가 그것이다. 자기 나름의 고유한 법제를 확인하고, 발전시키고, 유지하고자 하는 욕구가 달랐다. 하지만 이 차이보다 더 큰 것이 로마민법이라는 공통분모였다. 국가마다 다른 법이 있다는 사실이 크게 도드라져 보이지 않을 정도로 로마법의 영향은 컸다. 이 국가들은 법에 대한 기본적인 생각이 같고, 법 질서의 구성과 운영원리가 같았다. 아주 오래전부터 탄탄한 속도로 발전해온 로마법의 색깔을 지우는 것은 그리 쉬운 일이 아니었다. 언어에도, 법칙에도 로마가 깊게 남아 있었다.

로마민법과 교회법에 이어, 세번째 구성요소는 바로 상법이다. 상법은 상업만큼이나 오래되었지만, 우리가 관심을 가지고 들여다보고자 하는 유럽의 상법은 특히 십자군 원정 때 발달하기 시작했다. 지중해의 패권을 유럽이 쥐게 된 것이 바로 그때였기 때문이다. 이탈리아 상인들이 먼저 길드를 조직하고, 상행위에 관한 법을 만들었다. 아말피, 제노아, 피사, 베네치아 같은 곳이 상업의 중심지이자 상법의 중심지로 떠올랐다. 로마민법이나 교회법과 달리 상법의 주인공은 책을 보는 학자가 아니라, 돌아다니는 상인이었다. 상업 관련 분쟁은 상사법원으로 가는데, 상사법원의 판사 역시 상인이었다. 상법은 속성상 《로마법대전》처럼 집대성할 필요가 없었다. 근사해 보이는 건 하나도 중요하지 않았다. 그저 상인 간의 다툼을 해결하는 법이면 충분했다. 물론 그렇다고 해서 상인들이 법학자의 책을 전혀 들추어 보지 않은 것은 아니다. 이런저런 이유로 법학자의 견해를 참고하지 않을 수 없었다. 그러면서 상법에도 로마민법이 조금씩 스며들게 되었다.

상법은 속성상 국제법이다. 길드와 지중해 주변의 도시에서 태어나 먼 국가 영국에까지 영향을 미쳤다. 로마민법이라면 질색하는 영국도 상법만큼은 대륙과 같은 상법을 썼다. 그러다가 18세기와 19세기에 이르러 민족국가가 탄생하고 국가마다 법전 만들기에 돌입하던 때에 국법 속으로 들어가 상법전이 되었다. 상법이 다른 법에 비해서 국가별로 차이가 크지 않은 것은 이 때문이다.

이렇게 세 가지 법, 즉 로마민법과 교회법, 상법이 우리가 오늘날 알고 있는 법제의 근간을 이룬다. 상법에서 우리가 아는 상법이 나왔고, 로마민법과 교회법에서 민법과 형법이 나왔으며, 그 민법과 형법을 적용하는 절차법으로서 민사소송법과 형사소송법이 나왔다. 다음 장에서 보게 될 혁명기를 거치면서 헌법과 행정법이 여섯째 법과 일곱째 법으로 추가된다. 그 많은 법 가운데 유독 7법(상법, 민법, 형법, 민사소송법, 형사소송법, 헌법, 행정법)을 꼽는 이유 역시 대륙법이 태어나서 자라온 길과 무관하지 않다.

제3장 혁명의 시대

1776년 미국의 독립 선언을 필두로 혁명의 시대가 시작되었다. 이어서 프랑스 혁명이 일어났고, 이탈리아의 독립부흥운동인 리소르지멘토(Risorgimento)가 전개되었으며, 라틴아메리카 독립전쟁, 비스마르크하의 독일 통일, 터키로부터 그리스의 독립 등 세계사의 지형을 뒤흔든 사건들이 줄을 이었다. 가히 질풍노도의 시대라 할 만했다. 이 시대의 산물이 바로 헌법과 행정법이라는 두 공법이다. 앞서 로마민법과 교회법과 상법에서 나온 5개 기본법, 즉 민법, 형법, 민사소송법, 형사소송법, 상법에 이 헌법, 행정법이 합쳐져 7개의 근대법 체계가 완성되었다.

하지만 모든 걸 혁명의 결과라고 하는 것은 온당치 않다. 이런 사건들은 그 자체로 근본적인 변화와 관련이 있었다. 발상의 전환과

세계관의 변혁이 바로 그것이다. 개인과 국가의 관계에 대한 오래된 고정관념이 극복되었고 사회, 경제, 국가, 인류에 대한 새로운 생각이 이를 대체했다. 혁명의 소용돌이를 겪어본 적 없는 영국도 예외가 아니었다. 새로운 세계관은 영국을 포함한 서구 사회 전체에 영향을 미쳤고, 그 결과물이 바로 헌법 만들기로 구체화되었다. 물론 하나하나 따지고 들어가면 헌법과 행정법의 뿌리를 혁명 시대 이전에서도 희미하게나마 찾을 수는 있을 것이다. 하지만 틀림없는 것은 로마 시대와 중세에 헌법과 행정법이 시작되진 않았다는 점이다. 그것은 그야말로 새로운 차원의 지식혁명(intellectual revolution)의 결과였다.

그 여파가 공법에만 나타난 것도 아니다. 로마법과 보통법에 기원을 둔 다른 법에도 영향을 미쳤다. 이 시대의 변화는 기본적으로 법에 대한 생각 자체를 바꾸는 것이었기 때문이다. 법 제도를 어떻게 만들고 꾸려나갈지, 절차법과 실체법을 포함해서 법의 내용을 어떻게 바꿔갈지에 대한 새로운 아이디어가 뿜어져 나왔다.

지식혁명을 추동한 첫 번째 원칙은 자연법이었다(특정 종교에서 주장하는 자연법과는 다르다는 의미에서 '비종교적 자연법'이라고 부르는 사람도 있다). 자연법에서는 인간을 보는 시각이 다르다. '미국 독립 선언'과 프랑스의 '인권과 시민의 권리 선언'이 그 예다. 자연법에 따르면, 모든 인간은 평등하게 태어났고, 생명과 자유와 재산에 대한 천부의 권리를 가지고 있다. 정부의 역할은 이 불가침의 권리를 확인하고 보장하는 것이다. 그러기 위해서 국민이 선출한 대표로 정부가 구성되어야 한다.

반면 절대왕정, 앙시앵 레짐(ancien régime, 혁명 이전의 구체제)의 지도 이념은 불평등이었다. 계층으로 확연히 구분된 사회에서 각 개인에게는 자신에게 맞는 자리가 부여되는데, 그게 바로 신분(status)이었다. 신분상 귀족이 되는 사유는 여러 가지였다. 그중에서 법관이 되기 위해서는 먼저 토지를 소유하고 있어야 했다. 프랑스 혁명 이전의 프랑스에서는 법관 자리를 사고팔 수 있었고, 세습도 가능했다. 몽테스키외도 부모로부터 법관직을 세습해서 10년간 봉직하다 다른 사람에게 팔아버린 사람이다. 바로 이들 법복귀족(aristocracy of robe)이 지주와 합세해서 노동자, 농민, 중산층을 억압했고, 파리를 중심으로 하는 중앙정부의 정책에 늘 반기를 들었다. 프랑스 혁명이 발발하면서 이들은 지주들과 함께 가장 빨리 몰락의 길로 접어들었다.

지식혁명의 두 번째 원칙은 권력분립이론이었다. 권력분립이론의 탄생에는 《법의 정신》을 쓴 몽테스키외 등의 공이 컸다. 많은 이론가가 정부의 권력을 쪼개서 다른 기관에게 나눠 주고 서로 견제하게 하는 것의 중요성에 대해 역설했다. 먼저 입법과 행정을 나누고, 다음으로 사법권의 간섭을 배제해야 한다고 했다. 사법부가 예전처럼 입법과 행정에 관여하게 해서는 안 된다는 것이었다.

이것이 미국과 다른 점이다. 미국에서는 독립 이전과 이후를 불문하고 사법권에 대한 견제의 목소리가 거의 없었다. 사법권의 문제는 그야말로 대륙의 고유한 문제였다. 특히 프랑스에서는 사법권에 대한 반감이 아주 깊었다. 법관들이 지주 편을 들었다는 점도 문제였지만, 그보다 훨씬 더 중요한 문제는 법관이 개혁법의 시행을 방해했다는 것이었다. 국왕은 나름대로 새로운 법을 만들어서 개혁정치를 하고자 했다. 하지만 그때마다 법관들은 자신들의 구미에 안 맞는다는 이유로 그 법을 적용하기를 거부했다. 입법부와 행정부보다 사법부가 개혁의 발목을 잡았다. 몽테스키외는 이런 폐단을 없애기 위해 사법을 입법과 행정에서 분리하고, 사법부는 입법부가 정한 법을 기계적으로 적용하는 일만 하며 행정부가 하는 일에는 일체 간섭하지 못하게 해야 한다고 주장했다.

영국과 미국의 판사들은 전혀 달랐다. 그들은 오히려 권력자의 권한 남용에 맞서 시민 편을 들었고, 중앙집권을 강화하고, 봉건제도를 혁파하는 데 앞장섰다. 영국과 미국의 사람들은 사법이 입법을 방해한다든가 행정부의 일에 간섭하는 문제를 두려워하지 않았다. 오히려 행정부가 어떤 일을 하지 않으면 법원에 가서 '강제력을 발동해달라'고 요청(power of madamus)하거나 행정부가 한 행위의 위법성을 확인해달라고 요청(quo warranto)하는 제도가 정착되었다. 이처럼 영미의 판사는 시민 편을 들었고, 프랑스의 경우처럼 국민의 적이 되지 않았다.

혁명의 시대는 이성의 시대이기도 했다. 이 시대에는 합리주의가 시대정신으로 자리 잡았다. 이성이 인간을 지배하고, 이성의 힘으로 모든 방해 요소가 제거된다고 믿었다. 무의식의 세계는 아직 발견되기 전이었고, 신비로운 힘은 역사 발전의 동력이 될 수 없다고 생각했다. 인간은 이성의 힘으로 가장 합리적인 법과 제도를 만들 수 있고, 기존의 법과 제도는 언제든 바꿀 수 있다고 생각했다. 인권이 강조되었음은 물론이다. 미국의 독립 선언문과 프랑스 혁명 서문에 인권이 똑같이 들어가 헌법적 가치의 반열에 올랐다.

그런데 혁명을 겪은 미국과 프랑스 사이에 한 가지 다른 점이 있었다. 바로 봉건 잔재의 유무였다. 유럽과 라틴아메리카에서는 봉건제도의 찌꺼기가 남아서 여전히 사회적 불평등을 초래한 반면에 미국에서는 봉건제도가 뿌리째 힘을 잃어 사회·경제적인 영향이 미미했다(미국은 고국을 떠나온 사람들이 세운 국가기 때문에 단절할 과거도 없었다). 그래서 대륙법 세계에서의 혁명운동은 반봉건투쟁과 연계되어 있었다. 개인의 소유권을 특히 강조한 것이라든지, 국가의 소유권 보호 의무를 강조한 것도 모두 봉건제도를 끝장내기 위한 몸부림이었다. 국가 말고 다른 권력은 다 필요 없다고도 했다. 신분도 사라졌다. 사적 자치를 강조하고, 장소와 신분에 따라 개인의 위치가 결정되는 것에서 벗어나 개인이 자신의 의사대로, 종으로 횡으로 신분 이동을 할 수 있는 사회로 가고자 했다. 헨리 메인 경이 말한 "신분에서 계약으로"는 이런 혁명운동의 본질을 정확히 보여준다. 이제는 같은 조건의 개인들만 남아 있다. 혁명운동에서는 '그

들의 소유권은 절대적이며, 그들 사이의 계약은 자유다'라는 원칙
이 강조되었다. 19세기 미국과 영국에 퍼진 극단적 개인주의 사상
은 서구 사회가 공통으로 가지고 있는 것이었지만, 거기에 프랑스
와 같은 대륙법 국가에서는 '봉건 잔재의 타파'라는 시민들의 욕구
가 하나 더 추가되었던 것이다.

혁명이 가는 길은 곧 민족국가의 완성으로 가는 길이었다. 봉건
질서가 무너지면서 이제 충성의 대상은 오로지 국가밖에 남지 않았
다. 영주도 사라지고 교회도 사라졌다. 종교적 의무는 더 이상 법적
의무가 아니며, 교회법원은 남아 있던 특권마저도 모두 빼앗겨버렸
다. 가족관계조차 교회가 아니라 국가가 관리하고 규율하기 시작했
다. 지방자치가 폐지되고 길드와 조합의 규칙 제정권도 없어졌다.
법은 전부 국법으로 통합되어 법적인 관계가 순식간에 아주 단순해
졌다. 극단적으로 말하면 개인과 국가만 남은 것이다.

여기에 민족주의의 깃발이 추가되었다. 민족적 정체성, 민족문
화, 민족의 언어와 국가가 합쳐졌다. 이제는 보통법이 아니라 국가
와 민족의 법이 우위에 올라섰다. 물론 내용은 기존 그대로였다. 보
통법의 내용을 가져와서 그걸 국법으로 선포했다. 하지만 그럼으로
써 국법은 보통법보다 중요해졌고, 국법이 보통법의 변형이라는 점
은 수치가 아니라 오히려 자긍이 되었다.

혁명은 이처럼 다양한 동력으로 추동되었다. 자연법과 권력분
립, 합리주의, 반봉건주의, 부르주아 자유주의, 국가주의, 민족주

가 그것이다. 혁명 이념은 이들의 혼합물이다. 다만 한 가지 중요한 것은, 이들 모든 요소가 조금씩 과장되어 있다는 점이다. 자연법과 민족주의는 특히 강조되어 있다. 반면에 타파해야 할 과거는 더 어두운 색으로 대비되어 있다. 혁명이란 원래 그처럼 성급하고 이상적이다. 개혁 과정에서의 문제쯤은 문제로 여기지 않는 경향이 있다. 혁명의 역사에서 이념이 이성을 대체하고 신념은 교조로 바뀌며 이상이 공상으로 부풀려진 이유다.

특히 프랑스는 10월 혁명 이후의 소비에트와 같은 분위기가 감돌았다. 지나친 낙관론이 득세해서 토크빌의 표현을 빌리면 "혁명이 곧 종교"가 된 상황이었다. 이때쯤 프랑스 바깥으로 퍼져나간 법을 보면, 무엇이든지 한번 강조하기 시작하면 극단적으로 강조하는 경향을 보인다. 가령 권력분립을 강조하다 보니까 행정사건을 전담하는 행정법원을 따로 둔다든지, 입법권의 중요성을 지나치게 강조하다 보니 법률에 대한 위헌심사를 아예 하지 못하게 한다든지, 사법권을 강하게 견제하다 보니 판사를 법원 서기처럼 격하시킨다든지 하는 식이었다. 소유권 절대의 원칙이나 계약자유의 원칙도 지나친 면이 있었다. 공법과 사법의 철저한 분리도 사실은 그다지 바람직한 일이 아니었다.

하지만 이런 것들보다 훨씬 더 심각한 문제가 있었다. 바로 국가와 민족, 이성을 강조한 결과, 국법의 집대성이라고 할 수 있는 법전을 '이성의 완결판' 또는 최고규범으로 추앙하게 된 점이다. '법은 국가이며, 이성이다'라는 말은 이런 격앙된 분위기를 그대로 전해준다. 국가가 제정한 법전이 세상의 진리인 것처럼 여기던 시대, 대륙은 그런 시대로 거침없이 진입해 들어갔다.

제4장 법실증주의로

인류는 지방분권적이고, 비효율적인 중세의 정치 체제를 벗어나서 국가를 중앙집권적이고 효율적인 근대 민족국가로 탈바꿈했다. 혁명을 통해 체제 변혁을 완성한 것이다. 그 이념은 민족국가주의였으며, 법에서는 이를 주권(sovereignty)이라고 부른다.

주권 개념은 이미 수백 년 전에 창안되었는데, 이를 법적 개념으로 구체화한 사람이 프랑스의 장 보댕(Jean Bodin), 네덜란드의 휴고 그로티우스(Hugo Grotius), 영국의 토머스 홉스(Thomas Hobbes) 등이었다. 보댕과 홉스는 주권을 어떤 외부 세력의 개입 없이 국가가 시민에게 명령할 수 있는 힘으로 정의했고, 국제법의 아버지라고 불리는 그로티우스는 국가 간 주권 개념을 연구했다. 그로티우스의 주권 이론에 따라 국가는 해외에 식민지나 제국을 건설할 권한이 있다는 점이 확인되기도 했다.

로마법에 따르면 법은 신의 뜻이다. 신이 직접 말씀으로 명령했든, 신의 창조물인 인간을 통해서 만들었든 법은 신의 선물이라는 사상이 로마가톨릭교회의 자연법 사상이다. 하지만 중세를 거치면서 이런 사상은 조금씩 힘을 잃어갔다. 이후 미국의 독립 선언에서도 신을 언급하기는 하지만 법의 창조자는 이미 신에서 국가로 바뀐 뒤였다. 자연법 사상의 반대편에 있다고 할 수 있는 법실증주의(legal positivism)가 결국 승리한 것이다.

자연법 사상은 혁명의 주요 동력이기는 했지만, 국가 정책의 기준으로 삼기에는 적당치 않았다. 자연법이라는 것은 누군가가 어겨도 이를 응징할 기관이 없는 법이었다. 그보다는 법실증주의가 현실적인 구상으로 생각되었다. 법실증주의란 국가가 제정한 법의 힘을 있는 그대로 인정하는 것을 의미한다. 아직도 법학 교과서에서는 자연법 사상과 법실증주의가 다툰다고 하지만, 실제로 대세는 법실증주의로 오래전에 기울었다. 세계화 시대가 도래하기 전까지 서구 세계는 법실증주의의 판이었다고 해도 과언이 아니다.

근대 민족국가와 법실증주의의 탄생으로 인해 중세와 근세 초기 유럽에서 가장 권위 있는 법이었던 보통법의 시대도 막을 내렸다. 보통법은 신성로마제국의 법이었고, 신성로마제국에 속한 여러 국가와 민족, 공동체가 이 법의 지배를 받았다. 하지만 종교개혁과 신성로마제국의 약화로 새로 태어난 민족국가들에게 그 주도권이 넘어갔다. 새로운 민족국가들은 안으로는 신분과 토지소유 여부를 기준으로 하는 봉건제도를 타파하고, 밖으로는 국가 이외의 다른 권력에 맞서면서 국가주권을 확립해나갔다. 법은 국가가 만드는 것이기 때문에, 국가가 만들지 않은 보통법은 보충적 역할에 만족해야 한다고 선언했다. 로마법에도 일찍이 '법은 국왕의 기호다(quod principi placuit legis habet vigorem)'라는 법언이 있었다. 이 격언처럼, 로마법이 쇠락한 자리에 국법이 올라섰다. 국법의 내용 자체는 여전히 보통법으로 채워져 있었지만, 그 권위는 국가로부터 나왔다.

예전에는 법을 만드는 주체가 여럿 있었다. 가령 지방의 영주부터 시의회, 황제, 교회까지 다양한 층위의 다양한 기관이 법을 만들었다. 하지만 이제 서구 세계에서 모든 입법권은 국가 한 곳으로 수렴되었다. 국가가 법을 공포하는 데는 아무런 제한이 없었다. 국가 밖으로 누군가의 허락을 받을 필요도 없고, 내부적으로도 다른 어떤 법에 기속되지도 않았다. 국가만이 법을 만들 수 있었고, 그 외의 어느 누구에게도 법률제정권이 없었다. 보통법이나 관습법도 국가가 인정하기 때문에 법이 되었던 것이지, 그 자체는 법이 아니었다. 유럽은 바야흐로 법실증주의의 길로 들어서고 있었다.

이렇게 대륙이 법실증주의의 길로 가는 동안, 영국은 훨씬 더디게 흐름을 따랐다. 혁명 자체의 속도와 충격이 덜했던 탓도 있지만, 그보다는 변화하는 양상이 달랐기 때문이다. 영국에서는 봉건제도가 그 모양은 남아 있는 채로 내용만 변해갔다. 이를테면 교회는 그대로 존속하면서 교회의 힘이 줄어드는 식이었다. 그러다 차츰 교회가 더 이상 법을 만들 수 없는 시대로 접어들게 되었다.

영국에서는 기존의 법을 없애 새로운 법으로 대체하지 않았다. 유럽의 보통법과 달리 영국의 토착 보통법(common law)은 없어지지 않았다. 똑같이 민족국가가 출현했고 국가주권론과 법실증주의가 위세를 떨쳤지만 새로운 국가에서도 보통법(common law)이 그대로 살아남았다. 대륙에서는 낡은 법을 폐지하는 동안 영국에서는 기존의 법을 승인하면서 오히려 국가적 자부심으로 승격시켰다. 대륙에서는 보통법이 없어진 자리를 채울 새로운 법전이 필요했지만 영국은 그럴 필요가 없었다. 보통법(common law)이 옛 모습 그대로 남아서 법의 기둥이 되어주었기 때문이다.

대륙은 영국과는 아주 다르게, 법실증주의가 지배하는 민족국가로 가는 길을 택했다. 그 길에 로마가톨릭교회의 자연법이나 교회법은 고려 대상이 아니었다. 이런 법들은 국가 바깥에서 위력을 발휘할 수는 있을지언정 국가 내에서는 설 자리가 없었다. 국제법도 마찬가지였다. 국제법이란 국가가 국내법의 일부로 인정할 때 의미 있는 것이지, 그게 아니라면 다른 국가 법에 불과하다. 조약을 체결하거나 국제기구의 일원이 됨으로써 의무를 지는 것도 국가가 알아서 선택할 바이지, 국가가 해야 할 바는 아니다. 국가는 그런 의미에서 법의 경계에 서 있다. 국가 바깥의 법이 국가의 동의 없이 경계를 넘어와서 법이 될 수는 없다는 뜻이다. 외국에서 내린 판결 역시 다른 국가가 인정할 때만 그 안에서 집행이 가능하다.

다시 한 국가 안으로 들어오면, 법을 제정하는 권력은 오직 국가만 갖는다. 개인이나 다른 어떤 기관도 법을 만들 수 없다. 개인이 계약을 체결하거나 법인을 만들어서 내부규약에 복종하게 되더라도 그건 개인의 약속이지 법이 아니다. 국가가 법으로 인정하고 그 이행을 약속할 때 비로소 법이 되는 것이다. 법학자가 아무리 좋은 생각을 말해도 국가가 인정하고 채택해야 법이 된다(반면에 영미법계에서는 이보다는 더 규범력이 있다는 점을 제9장에서 확인할 수 있을 것이다).

법실증주의란 결국 국가가 국내외적으로 입법권을 독점하는 체제를 뜻한다. 그 첫 번째 원칙이 바로 혁명기에 발원한 권력분립이론이다. 법을 만드는 기관은 하나여야 하고, 다른 기관, 특히 법원이 법을 만들게 해서는 안 된다는 이론이다. 이 이론에 의하면 입법권은 국민이 선출한 기관에게 있다. 그래야 국민의 뜻이 법에 구현된다. 이 이론으로 인해 판사라는 직업에 어떤 변화가 일어나는지는 다음 장에서 설명하겠지만 판례는 법이 아니라는 점만큼은 일단 기억해두기를 바란다. 옛날에 판결한 것을 기초로 새로운 판결을 하는, 이른바 선례구속의 원칙(stare decisis)은 대륙법에 없다. 대륙에서는 판례가 법이 아니다. 법원은 법을 만들 수 없다는 권력분립이론에 정면으로 반하기 때문이다.

그렇다면 도대체 법이란 무엇일까? 이 질문에는 '국회가 제정한 법률이 법이다'라고 대답해야 한다. 그게 법실증주의에 가장 맞는 답이다. 국회는 이론적으로 어떤 내용의 법이라도 제정할 수 있다. 다만 실질적으로는 지금도 대학에서 가르치는 로마법의 기본 이론, 즉 법의 기본 개념과 기본 원칙을 따른다. 로마법은 여전히 '글로 쓴 이성(written reason)'으로서 효력을 인정받기 때문이다. 심지어 혁명 전에는 입법자가 로마법의 내용도 바꿀 수 없었다. 마치 기하학과 수학을 국회가 마음대로 바꿀 수 없는 것과 같았다. 그나마 로마법의 위세가 줄어서 법의 기본 원칙 빼고는 바꿀 수 있는 쪽으로 입법권의 범위에 대한 합의에 이른 것이다. 국회는 그 권한을 다 행사해도 되고, 아니면 그 일부를 행정부에 위임해서 행정입법을 하게 해도 된다. 그렇게 해서 행정부도 법을 만들 권한을 갖게 되겠지만, 그건 국회의 위임 범위 내에서만 효력이 있다. 어떠한 경우에도 입법은 국회가 독점한다는 데 이론이 없다.

이처럼 원칙적으로 법은 법률을 비롯해 행정부가 국회의 위임 범위 내에서 제정한 명령 또는 규칙이 전부다. 그런데 대륙법 국가에서 이것 말고 제3의 법으로 인정하는 것이 하나 더 있다. 바로 관습법이다. 예를 들면 어떤 사람이 법은 아니지만 자기가 알고 있는 관습에 따라 행위했다고 하자. 이때 법이 그 효과를 인정해야 하는지를 두고 문제가 생긴다. 대륙법은 이를 인정해야 한다고 한다. 다만 관습법은 보충적인 효력만 있어서 기존 법률이 없거나 기존 법률에 반하지 않는 경우에만 효력이 인정된다. 관습법의 적용은 국가가 완전한 법 체계를 갖추지 못하는 동안 벌어진 일이기 때문에 그 효력을 무작정 부인할 수는 없다는 뜻이다.

하지만 그렇다고 해서 국가가 멀쩡하게 기능하고 있음에도 불구하고 사람들이 법이 아닌 관습에 따라 행위하게 두는 것은 문제가 있다. 대륙법에서 관습법을 법으로 인정할 것인지에 관한 많은 글이 나오는 것은 이 때문이다. 국가, 특히 국회만 법을 제정할 수 있는데 관습법을 인정하는 것은 자기모순이 아닐까. 이를 설명하기 위해 많은 논문이 작성된 바 있다.

결론적으로 대륙법에서 법은 법률, 명령·규칙, 그리고 관습법이다. 이것 외에 다른 법은 없으며, 이 법들이 적용되는 순서 또한 정해져 있다. 법률이 가장 위에 있고, 관습이 가장 아래에 있다. 법률과 명령이 모순될 때는 법률이 우선하고, 명령과 관습이 모순될 때는 명령이 우선한다. 지나치게 작위적인 것처럼 보이지만, 바로 그런 점이 대륙법의 특징이다. 대륙법에서 판사는 법을 기계적으로 적용하는 사람이다. 그러므로 무엇이 법인지 판사에게 확실히 말해줄 필요가 있다. 실제로 사건이 발생해서 그 해결 방안을 마련할 때, 대륙법 판사는 법률, 명령·규칙, 관습법 세 가지만 보면 된다. 그것 외에 다른 학설이나 교과서는 없다. 판례도 마찬가지다. 판례는 법이 아니다.

물론 혁명 이념이 시간이 흐르면서 조금씩 퇴색해왔듯이, 법이 무엇인가에 대한 신념도 점점 무뎌져갔다. 그중에 가장 중요한 변화는 바로 위헌법률심사가 시작되었다는 점이다. 예전에 법률은 법

중에 가장 높은 자리를 차지했다. 법률을 바꾸는 것은 신법밖에 없었다. 하지만 이제는 그것 위에 성문헌법이 있다는 생각이 자리를 잡았다. 법률도 성문헌법에 적힌 것을 위반할 수 없고, 그 경우 위헌무효라는 판정을 받는다. 이 같은 위헌법률심사제도는 일찍이 멕시코를 비롯한 라틴아메리카의 국가들에 도입되었고, 2차 세계대전 이후로는 거의 대부분의 국가에서 인정되고 있다. 헌법, 법률, 명령·규칙, 관습법이라는 새로운 위계질서가 생겼다. 그와 동시에 헌법법원 또는 연방법원이라는 곳에서 헌법규정을 해석하는 판사들의 힘이 훨씬 더 커졌다. 결국 헌법도 누군가는 해석해야 하기 때문이다.

헌법 외에도 국회의 입법독점권을 침해하는 또 다른 변화가 있다. 바로 국민투표제도(referendum)다. 입법권을 국회가 아닌 국민에게 줌으로써 결과적으로 국회의 권한을 약화시키는 제도다. 그 외에 유럽과 라틴아메리카에서 새로 만들어진 국제기구와 국가 간 기구의 출현도 입법권을 제한하는 요소가 되었다. 이런 기구로 인해 국회에서 만들지 않은 법이 국내에서 규범력을 갖게 되기 때문이다. 제6장에서는 판사에 대해서 설명하면서, 대륙법 국가에서 판사가 법의 위계질서에 어떤 변화를 불러일으키는지 알아볼 것이다.

이처럼 법이 무엇인가에 대해서 최근 의미 있는 변화들이 감지되고 있다. 하지만 그렇다고 해서 법에 매기는 순서 자체가 변했다고 생각하면 안 된다. 대륙법을 쓰는 국가의 법학도와 법률가에게 법실증주의와 법의 순서, 즉 법률, 명령·규칙, 관습법은 거의 신앙에 가깝다. 그 근본 원칙에 대해서 회의하는 견해는 없다고 보아야 한다.

반면에 혁명 이념과 그로부터 발전된 거의 교조에 가까운 법 이론의 영향을 덜 받은 영미법 세계에서는 전혀 다른 생각이 지배하고 있다. 가령 영미의 보통법(common law)은 법률과 판례와 관습법의 집합체이고, 그것을 법으로 인식하는 데 전혀 이견이 없다. 영미법 세계에서 보통법(common law)은 역사의 산물이지, 법 이론의 결과가 아니다. 국회가 제정한 법이 법이라는 것에는 누구나 동의하지만, 그것만이 법은 아니다. 또 국회가 만든 법이 판례보다 위라는 생각도 없다. 대강 순서를 매겨보면 법률, 명령·규칙, 판례라는 식으로 배열될 것 같지만 구체적 사건에서 보면 늘 그런 것도 아니다. 영미 보통법(common law) 안에서는 이 법들의 순서에 집착하거나 특정 법의 우열을 주장하지 않는다. 훨씬 더 유연하게 법을 이해하는 것이다.

프랑스는 미터법을 채택했고, 십진법의 화폐제도를 도입했으며, 법전을 편찬했고, 법실증주의에 따라 법의 순서를 정했다. 이 모든 일을 단 몇 년 만에 완성했다는 게 놀라울 뿐이다. 특히 영미법 국가 법률가의 관점에서 보면 프랑스는 참 신기하고 이상한 국가다. 법을 저렇게 쉽게 만들고, 쉽게 없애다니! 아주 오래전의 영미 보통법(common law)을 지금도 법으로 알고 따르는 영미법 세계에서는 도저히 있을 수 없는 일이다.

제5장 법전의 시대

대륙법은 성문법이고, 영미법은 불문법이라고 말하는 사람들이 많다. 특히 영미에서는 판례가 법 역할을 한다고 알려져 있다. 일견 일리가 있는 듯 보이지만, 이런 말은 두 국가의 차이를 지나치게 단순화하는 것 같기도 하다.

미국에도 유럽이나 라틴아메리카 국가들 못지않게 성문법이 쌓여 있다. 말 그대로 엄청나게 쌓여 있다. 미국 판사도 법 적용 시에 법률과 판례 중 법률을 먼저 적용한다. 법률이 위헌이라면 모를까, 그렇지 않다면 당연히 같은 사안에 관해서 판례보다 우위에 있는 것이 법률이다. 그런 면에서 보면 성문법의 양이나 그 적용 순서를 가지고 대륙법과 영미법을 나눌 일은 아니다.

법전 보유 여부도 대륙법과 영미법을 나눌 기준이 되지 못한다.

캘리포니아주에는 엄청나게 많은 법전이 있지만, 캘리포니아를 대륙법계라고 보는 사람은 아무도 없다. 많은 영미법 국가에 민법, 형법 등으로 구색을 맞춘 성문법전이 존재한다. 반대로 대륙법 국가 가운데도 법전이 없는 곳이 있다. 가령 헝가리는 사회주의를 채택한 다음에야 민법전을 만들었고, 《그리스민법전》도 2차 세계대전 이후에 나왔다. 하지만 그 이전에 이미 두 국가는 대륙법계였다. 남아프리카공화국은 로마-네덜란드법에 가깝다고 알려져 있지만 아직도 법전이 없다. 그래서 지금도 《다이제스트》가 법정에서 인용되기도 한다. 즉, 법전의 보유 여부로 대륙법과 영미법을 나눌 수는 없다.

다만 법전이라는 형식이 있느냐가 아니라 법전에 어떤 의미를 두느냐에 초점을 맞추는 것은 확실히 대륙법과 영미법을 나누는 기준이 될 수 있다. 캘리포니아를 포함한 미국의 많은 주가 두둑한 법전을 가지고 있고, 심지어 거의 대부분의 주가 《표준상법전(Uniform Commercial Code)》을 채택하고 있다. 하지만 그건 대륙법에서 말하는 법전과는 의미가 다르다. 법전을 왜 만들었는지, 법전이 법 제도 전체에서 차지하는 비중이 얼마인지를 따져보면 대륙법과 매우 분명한 차이가 난다.

가령 유스티니아누스의 예를 보자. 그는 《로마법대전》을 만들면서 이전의 법을 전부 없애버렸다. 프랑스도 마찬가지다. 새로운 법전에 들어가지 않은 법은 전부 무효화했다. 유스티니아누스나 프랑스는 기존의 법에서 살릴 내용은 《로마법대전》이나 《나폴레옹법전》에 넣었다. 즉, 어떤 법이 법이 되는 이유는 신법에 들어갔기 때문이지, 구법에 있었기 때문이 아니다. 유스티니아누스는 순수한 로마법으로 돌아갈 목적으로 신법을 냈고, 나폴레옹은 구시대와 결별할 목적으로 신법을 냈다. 이 두 가지 신법의 공통점은 법의 유토피아를 꿈꾸었다는 데 있다.

프랑스 신법이 등장한 것은 혁명기로부터 얼마간 시간이 지난 뒤였지만, 그때까지도 혁명 이념이 많이 남아 있었다. 프랑스가 구법을 폐지하고 신법을 법전 형식으로 반포한 것은 민족국가의 숙원사업을 완성하기 위함이었다. 바로 통일 법전을 가지는 것이었다. 구법은 프랑스가 민족국가로 변하기 이전의 법이었기 때문에 폐지하는 것이 마땅했다. 게다가 구법의 내용 대부분은 프랑스법이라기보다는 보통법이었다. 민족국가 프랑스에게 중요한 것은 프랑스적인 것이지, 유럽다운 것이 아니었다. 특히 북부 프랑스가 유지하고 있던 프랑스의 관습이야말로 국가의 이름으로 보전해야 할 법이었다. 프랑스 전체를 아우를 이념이나 법 원칙이 필요했던 것이다.

합리주의도 법전 편찬 사업에 중요한 기여를 했다. 당시 프랑스는 법을 만들어서 과거사와 단절할 수 있다고 생각했다. 과거의 법에서 필요 없는 것은 빼고 필요한 것들만 모아서 새로운 법을 만든다는 생각이 바로 합리주의다. 프랑스는 자연법의 대원칙을 기반으로 한 추론을 통해서 현재 국가와 사회가 필요로 하는 법을 만들 수 있다고 믿었다. 이런 합리주의가 프랑스 혁명의 이념이고, 신법전의 기본 토대임은 의심할 여지가 없다. 다만 새로운 법을 만든 사람들 역시 구세대라서, 구법에서 법의 기본 개념과 절차, 제도를 배웠다. 어쩔 수 없이 구법에서 배운 것이 신법에 스며들기는 했을 것이다. 그 덕에 구법으로부터 신법으로 최소한의 연속성이 보장된 측면도 있다. 하지만 딱 거기까지다. 그걸 제외하면 《나폴레옹법전》은 철저히 신법이다. 역사에 관한 모든 지식은 《나폴레옹법전》 앞에 설 자리가 없다. 《나폴레옹법전》의 해석과 적용에 있어서 구법은 어떤 향도도 되지 못한다. 그래서 "저는 민법은 모릅니다. 제가 아는 것은 오로지 《나폴레옹민법전》밖에 없습니다"라는 말이 유행하기도 했다.

모든 공상가가 그랬듯이 프랑스 혁명의 최종 목표는 법률가를 쓸모없는 사람으로 만드는 것이었다. 이는 단순하고 명확한 법을 만들어 복잡하고 애매한 말을 늘어놓는 법률가들을 없애는 것을 말한다. 방법은 간단하다. 법 자체를 누구나 읽으면 알 수 있게 만들면 되는 것이다. 법전을 한 번 읽고 바로 자신의 권리와 의무가 무엇인지 안다면 굳이 변호사나 판사를 찾아갈 이유가 없다. 1804년의 《프랑스법전》은 각 가정에 성경처럼 모셔두거나 혹은 성경보다 중요한 자리에 두고 늘 읽어볼 수 있는 법전을 목표로 했다. 그 안에 적힌 법률이 너무나 명확하고 간결해서 보통 사람들도 한 번만 읽으면 바로 해석되고 이해되는 그런 법전 말이다.

혁명 이후 입법과정에서 사람들은 혁명 이전에 경험한 "법관의 전횡(gouvernement des juges)"이 재연되는 것을 막기 위해서 정부의 권력을 나누고, 법을 만드는 힘을 판사 손에서 빼앗았다. 특히 프랑스는 예전에 판사들이 '해석'이라는 이름으로 교묘하게 법 자체를 새로 만드는 것을 경험했었다. 그래서 몇몇 이론가들은 이것도 금지해야 한다고 주장했다(이러한 주장의 유래와 비판점에 대해서는 제7장에서 자세하게 볼 것이다). 하지만 판사가 재판을 안 할 수는 없다. 자연법에 따르면 정의는 모든 사람에게 공평해야 하고, 재판의 실행 여부를 판사가 결정할 수 없기 때문이다.

그래서 생각해낸 대안이 바로 완전하고 명확하며 흠결이 없는 법률을 만드는 것이었다. 국회가 그것을 만들고 법관이 적용만 하게 하면 된다고 생각했다(물론 시간이 지나면서 법관이 해석해서 적용하는 것으로 바뀌지만). 만약 법률이 이처럼 완전하지 않다면 재판을 안 해줄 수 없는 판사 입장에서는 법을 만들어서라도 재판을 해야 하고, 그럼으로써 권력분립의 원칙을 훼손하게 될 것이다. 따라서 가장 필요한 일은 흠이 없는 법을 만드는 것이었다. 가령 어떤 사건에 관해 법률이 서로 다른 말을 한다고 치자. 그러면 판사는 그중에서 어떤 것이 맞는지 결정함으로써 결과적으로 법을 '만들게' 된다. 법률의 의미가 애매해서 판사가 그 의미가 무엇인지 확정하게 되는 것도 마찬가지다. 전부 권력분립이론에 반한다. 그러므로 법은 틈이 없고, 모순이 없고, 애매하지 않아야 한다.

그런데 과연 모든 사건에 완벽하게 들어맞는 법을 만드는 것이 가능한 일일까. 낙관적 합리주의가 득세하던 당시에는 가능하다고 봤다. 완전하고 명확하며 흠결이 없어서 판사가 어느 사건이든 대입만 하면 되는 법, 그 영예는 《나폴레옹법전》이 아니라 1794년에 제정된 프로이센 일반란트법(Prussian Landrecht)에 돌아가야 할 것 같다. 자그마치 1만 7000여 개조의 법률을 만들어서 이 세상의 '다양한 사건'에 적용하도록 했다. 《나폴레옹법전》의 입법자들은 이런 역사를 너무나도 잘 아는 노련한 법률가였다. 그중에서도 가장 중요한 역할을 담당한 장 에티엔 마리 포르탈리스(Jean-Étienne-Marie Portalis)는 프로이센의 그런 극단적 합리주의를 경계하면서 현실적으로 사용 가능한 법을 만들고자 노력했다. 혁명 이전의 법률과 법이론도 충분히 반영해가면서, 장차 판사와 학자들이 두고두고 발전시킬 수 있는 일반원칙들을 법전에 충분히 담아두었다. 앞으로 올 사람들이 구체적 사건에 적용하면서 그 의미를 발전시켜가기를 바란 것이다.

하지만 포르탈리스의 사뭇 고급스러운 입법 의도와는 달리, 그렇게 만든 《나폴레옹법전》마저도 '완성형 법전'으로 오해를 받는다. 프랑스 혁명의 결과 전 유럽에 퍼진 낙관적 합리주의에서 벗어나지 못한 비슷한 유형의 법전으로 잘못 알려진 것이다.

한편 혁명으로 인한 광풍이 독일까지 불어닥쳤음에도 불구하고 한참 늦은 1896년에 제정되고 1900년에 발효된 독일민법은 혁명과 합리주의 색채보다는 좀 더 과학적이고, 역사적이고, 전문적인 법 냄새를 풍긴다. 같은 19세기 법률임에도 불구하고 프랑스의 《나폴레옹법전》과 다른 모습을 띠게 된 것은 당시 독일에 대륙법의 거두 가운데 한 명인 프리드리히 카를 폰 사비니(Friedrich Karl von Savigny)가 있었기 때문이다.

19세기 초반은 라틴아메리카에서도 법전 편찬에 대한 관심이 팽배하던 시기였다. 당시 가장 인기 있는 모델은 당연히 《나폴레옹법전》이었다. 독일도 예외는 아니었다. 처음에는 《나폴레옹법전》을 따라가고자 했다. 그런데 칸트와 헤겔, 그리고 독일 낭만주의의 영향을 받은 사비니 등 몇몇 법률가가 반기를 들었다. 소위 역사학파라고 불리는 이들은 자연법의 기본 개념을 구체화하는 식으로 민법전을 만들어서는 안 된다고 했다. 이들이 보기에 법이란 민족정신의 표현이고, 독일 민족의 삶을 반영하지 못하는 법은 독일법이 아니었다. 이들에게 중요한 것은 독일 민족이 만들어 현재까지 사용하고 있는 독일의 실정법이었다. 이것을 기초로 독일민법을 만들어야 한다고 생각했다. 그래서 역사를 거슬러 올라가면서 초창기 보통법과 게르만 구법, 그리고 비교적 최근에 제정된 독일법을 전부 쓸어 모았다. 그 과정에서 독일이 계수한 로마민법의 내용도 들어가지 않을 수는 없었을 것이다. 하지만 그보다 훨씬 더 중요한 것은 과거의 법 전부를 영구히 보존한다는 점이었다. 역사학파는 이를 위해서 독일 법제사를 꼼꼼히 훑는 데 집중했다.

사비니는 법제사를 철저하게 공부하다 보면 역사적으로 검증된 법 원칙을 그로부터 추출해낼 수 있고, 이를 다른 원칙과 비교, 검토하면서 하나의 이론 틀을 완성해갈 수 있다고 믿었다. 즉, 법 이론과 원칙을 독일법에서 길어다가 독일법 체계를 다시 잡고, 이것을 기초로 《독일민법전》을 완성하고자 한 것이다.

사비니의 후계자들은 사비니가 말한 이 '법 원칙'이나 '법 이론'이 바로 법률의 원재료라고 생각했다. 생물학, 화학, 물리학 등에서 실험 자료를 기초로 더 큰 원칙, 이론을 발전시켜가듯이, 독일에 존재하는 개별법 연구를 통해서 법의 일반원칙과 이론을 정립할 수 있다고 믿었다. 개별법을 일반원칙의 구체적 표현이라 생각했기 때문이다. 이런 식의 독일법 재정립 작업을 과학적 접근법이라고 부른다(이에 대해서는 제10장에서 자세히 검토한다). 게다가 독일 사람들은 이 세상에서 법률가나 변호사를 없애는 것은 불가능한 일이라고 믿었다. 또한 법이 분명하고 명확해서 일반 국민이 누구나 한 번만 읽으면 알 수 있다는 생각은 잘못된 것이라고 보았다. 변호사가 법의 해석과 적용에 도움을 주어야 하고, 그런 법 전문가들의 요구에 맞는 법을 만들 필요가 있다는 것이었다. 이것이 독일 사람들이 법을 보는 태도였다.

그런 면에서 보면 1896년 《독일민법전》은 다분히 반혁명적이다. 구법을 폐기한다는 생각도 없었고, 철저히 새로운 법 제도를 탄생시킨다는 생각도 없었다. 오히려 기존에 있던 법을 연구해서 그로부터 큰 그림을 그린다는 계획이었다. 자연법 사상의 영향을 받은 프랑스 사람들처럼 인간의 본성에 대한 탐구를 통해 인간에게 걸맞은 법을 이끌어내기보다는, 독일법이라는 재료를 과학적으로 탐구해서 그를 기초로 법 체계를 세우고자 했다. 그런 의미에서 보면 《독일민법전》은 전문가를 위한 법이었고, 법에 대한 깊은 이해를 바탕으로 만들어낸 법이었다.

그렇다면 결론적으로 《독일민법전》과 《프랑스민법전》은 서로 이질적일까? 그렇지는 않다. 둘 사이에 중요한 차이점도 있지만, 아직까지 유사한 면도 적지 않다. 무엇보다 두 국가 모두 권력분립에 충실하여, 국회가 전적으로 법을 만들고 판사는 법을 만들 수 없다. 과연 완전하며 흠이 없고 명확한 법을 만들 수 있을지, 만들 수 있다면 어떻게 만들 것인지에 대한 생각은 다르다. 하지만 독일민법이나 프랑스민법은 모두 새로운 민족국가의 유일한 통합법으로 제정되었고, 각각의 민족정신을 대표하는 법전이었다.

반면에 《캘리포니아민법전》과 미국 대부분의 주가 채택하고 있는 《표준상법전》은 《프랑스민법전》, 《독일민법전》과 그 성격이 판이하게 다르다. 이 두 법의 구성은 《프랑스민법전》, 《독일민법전》과 다를 바 없지만, 이념이 다르고, 문화적 배경이 다르다. 《캘리포니아민법전》과 《표준상법전》은 그 자체로 법의 완전체를 추구하지 않는다. 미국의 판사는 이 법들로만 재판하지 않으며, 이들에게는 과거의 법을 대체한다는 생각도 없다. 오히려 구법에 추가할 목적으로 만들어진 것이 캘리포니아민법이고 표준상법이다. 다만 내용상 충돌이 있을 때 새로 만든 법이 적용될 뿐이다. 심지어 새로운 법률이 보통법(common law)의 기본 원칙과 충돌할 때는 신법 우선의 원칙조차도 한발 물러선다. 유명한 법언에 따르면, "보통법(common law)과 충돌하는 법률 조항은 엄격하게 해석해야" 한다.

이와 같은 영미 보통법(common law)의 보수적인 태도는 대륙법 법전을 만든 혁명 이념과 정반대편에 있다. 대륙법을 하나로 묶는 이유는 결국 그 모양새가 아니라 태도에 있다. 주석학파와 후기주석학파의 이념이 《로마법대전》에 녹아서 유럽 전역에 퍼진 것처럼 18세기 혁명 이념이 신법전이라는 형태로 구체화되어 유럽에 전파되었다. 그리고 19세기에는 아시아와 아프리카, 라틴아메리카에도 법전 편찬 붐이 일었다.

대륙법을 이야기할 때 중요한 것은 대륙법이 법전이라는 형식 속에 완전한 모습으로 구체화된 법이라는 점이다. 이는 다음 장에서 볼 판사의 이미지와 함께 대륙법의 중요한 특징 중 하나가 될 것이다.

제6장 판사

영미법에서 법관은 일종의 영웅이고, 어른이다. 영미법 세계의 주인공은 주로 판사다. 코크(Coke)나 맨스필드(Mansfield), 마셜(Marshall), 스토리(Story), 홈스(Holmes), 브랜다이스(Brandeis), 카르도조(Cardozo) 등이 전부 이런 판사의 이름이다.

영미법은 사건 하나하나마다 치밀한 논리를 설파하고, 그걸 기초로 하나의 법 체계를 완성시킨 판사의 손에서 성장하고 발전해왔다고 해도 과언이 아니다. 이것이 다음 사건에서 판단의 근거가 되고, 선례구속의 원칙으로 귀결된다. 영미에서도 물론 입법부를 따로 두어 어떤 국가 못지않게 많은 법률을 만들어내지만, 그것은 어디까지나 보충적인 것이다. 영미에서 법은 판사가 선언하고 가꾼다. 그래서 판사들은 행정부의 각종 월권행위에 대해 꾸짖기도 하고, 위헌적 요소가 있다면 국회가 제정한 법률을 무효라고 선언하기도 한다. 실정법이 존재하고, 행정부의 유권해석이 있다고 해도 판사에게 더 많은 법률해석 권한이 있다. 이처럼 영미권에서는 판사가 말해주는 법을 더 맞는 법이라고 믿는다. 그런 의미에서 보면 일종의 '사법부 우위의 원칙'이 법 문화 속에 정착되어 있다. 특히 미국의 경우가 그렇다.

영미법 세계의 판사는 주로 로스쿨을 졸업하고 로펌에서 경력을 쌓거나 공직을 거친 사람들이다. 특히 검사 출신이 많다. 선출직이든 임명직이든 판사가 되기 위해서는 몇 가지 요소를 갖추어야 하는데, 가령 성공적인 경력과 동료 변호사들 사이의 좋은 평판, 정치적 영향력 등이 그것이다. 판사가 된다는 것은 나이 들어서 받는 훈장과도 같다. 판사가 되면 존경과 영예가 뒤따른다. 판사는 사법부 고위직이기도 해서 월급도 많이 받고, 비서도 생기고, 연구원도 배정된다. 특히 주대법원과 연방대법원에 오른 판사는 가문의 영광으로 여겨지며, 그들이 설시한 내용을 신문기사가 다루기 시작하고, 각종 연구논문에서 분석 대상이 된다. 그들은 이미 매우 중요한 인물이 되어 있다.

그런데 대륙법에서는 아주 다르다. 대륙법 세계에서 판사는 그저 공무원 중 하나로 여겨진다. 국가마다 상당히 큰 차이가 있기는 하지만 결국 판사란 관리에 지나지 않는다. 대륙법 국가에서 법과대학이나 로스쿨을 졸업하면 다양한 진로가 앞에 펼쳐진다. 그중에서 특히 판사가 되고 싶은 사람은 따로 시험을 봐야 한다. 시험을 통과해야 수습 판사로서 일을 시작할 수 있다(프랑스 등 몇몇 국가에서는 판사 시험을 보려면 특수학교를 더 다녀야 하는 경우도 있다). 그다음 약간의 시간이 지나면 주로 지방의 심급이 낮은 법원에서 정식 판사로 임명되고, 소위 연공서열형이라고 해서 능력과 나이 등의 요소를 감안해 한 계단씩 직급이 올라간다. 급여도 미리 예정된 대로 올라가고, 판사 역시 임금 인상과 근무 조건의 개선, 신분 보장을 위해 노력하는 판사 모임에 가입한다.

대륙법 국가에서 이 외에 다른 방식으로 판사가 되는 길은 그다지 많지 않다. 변호사로 성공적인 경력을 쌓은 사람들이나 법학 교수들이 바로 높은 직급의 판사로 임명되는 국가가 없지는 않지만(특히 2차 세계대전 이후에 생겨난 헌법재판소 판사로 가는 경우도 많다), 대부분의 판사 직역은, 심지어 대법관까지도, 주로 전문적인 판사 경력자들로 채워진다. 대륙법 국가의 판사 역시 대법원까지 올라가면 존경과 예우를 받지만, 그건 판사에게만 국한된 대우는 아니다. 다른 행정부 고위 관료가 받는 예우와 근본적으로 다르지 않다.

영미법과 대륙법에서 판사를 보는 관점이 사뭇 다른 이유를 추적해보면 로마법까지 거슬러 올라간다. 로마에서도 판사(iudex)는 법률 전문가가 아니었다. 로마제국 시대 이전부터 판사는 주로 분쟁이 생겼을 때 행정관료 중 하나인 집정관(praetor)이 작성한 서면을 보고 어느 쪽 말이 맞는지 판단하는 민간인에 지나지 않았다. 당시의 판사는 법에 대해서 문외한이었기 때문에 법을 알고자 하면 전문가를 찾아가야 했는데, 그게 바로 법학자(jurisconsult)였다. 그러다가 제국 시대에 이르러 법을 좀 더 잘 아는 사람들로 판사직이 채워지기는 했지만, 이때에도 판사의 역할은 황제의 의도를 잘 구현하는 것이었지 재판을 통해서 로마법을 완성하는 것과 같은 엄청난 역할은 아니었다. 중세를 거치고 절대왕정 시대를 거치면서 비로소 대륙의 판사들도 영미 판사들처럼 법을 창조하는 역할을 맡게 되는데, 이게 오히려 유럽 대륙에서는 큰 골칫거리가 되었다. 판사들이 마음대로 법을 해석해서 자기들만의 판례를 만들어 중앙정부의 입법권에 정면으로 도전했기 때문이다.

혁명이 일어나고 소위 권력분립의 원칙에 따라 판사의 권한이 대폭 축소된 것 역시 절대왕정기의 우울한 역사와 관련이 있다. 절대왕정기의 판사 전횡을 목도한 혁명가들이 국회만 법을 만들 수 있다고 선언한 것이다. 즉, 직접적으로든 간접적으로든 판사가 법을 만들 수는 없다고 못을 박았다. 앞서 제4장에서 본 바와 같이, 대륙법의 판사는 사건을 해결하는 데 있어서 오로지 '법률'에 의거해야 하고, 이전의 판례를 따라서는 안 된다. 선례구속의 원칙은 없어지고 대신 권력분립의 원칙이 자리를 잡았다. 권력분립의 원칙에 의하면, 판사에게는 불완전하고 불명확하고 모순된 법률을 해석할 권한조차 없다. 법률이 그렇다면 판사는 자신이 달리 해석하려고 할 것이 아니라 입법부에 유권해석을 신청해야 한다. 다만 이런 상황

자체가 그다지 많이 생기지는 않을 것이고, 초창기 약간의 혼란을 거치겠지만 결국 모든 문제에 대한 해답이 판사에게 적시에 제공될 것이며, 판사가 유권해석을 신청할 기회조차 거의 없게 될 것이라 믿었다. 이것이 혁명가들의 생각이었다(이런 생각이 왜 바뀌게 되는지는 다음 장에서 설명한다).

이런 그림하에서 판사는 그다지 복잡하지 않은 일을 기계적으로 반복하는 전문가다. 특수한 경우를 제외하고 모든 상황에 맞는 해답을 입법자가 만들어두었기 때문에 판사는 그 법률을 찾아내서 상황에 맞게 법률이 제공한 해답을 연결하면 된다. 이걸 법에서는 삼단논법(syllogism)이라고 부른다. 법률을 대전제로 하고, 사실관계를 소전제로 해서, 법이 정한 결론을 판사가 선언하는 것이다. 이런 경우를 넘어 사건이 조금 더 복잡해져도, 판사는 미리 정해놓은 해석 원칙에 따라, 그것이 지시하는 대로 따라가기만 하면 된다.

이게 바로 판사다. 입법자가 만든 기계를 작동시킨다는 의미에서 판사의 일은 기계적이다. 그래서 대륙법에서 유명한 사람은 판사가 아니다(혹시 유명한 판사 이름을 아는 사람이 있는가?). 유스티니아누스, 나폴레옹, 안드레스 베요(Andrés Bello)와 같은 입법자나 가이우스, 이르네리우스(Irnerius), 바르톨루스(Bartolus), 만치니(Mancini), 도맷(Domat), 포티에(Pothier), 사비니, 그리고 19세기와 20세기 유럽과 라틴아메리카의 학자들이 대륙법의 주연이다. 대륙법 세계에서 판사는 중요하기는 하지만 그다지 창의적이지는 않은 일을 하는 고위 공무원에 불과하다.

판사의 사고 체계나 편견, 선입견 등을 이해할 목적으로 판결문을 읽는 사람은 없다. 판결문에 개인의 심오한 사상이 들어 있는 것도 아니다. 예외가 있기는 하지만 대부분의 대륙법 국가에서 고등법원 이상은 다 합의부로 되어 있다. 찬반 숫자를 세서 단체 명의로 의견이 나간다. 대개는 반대의견이나 보충의견을 작성하거나 출간하지도 않고, 반대가 몇 명인지도 잘 세지 않는다. 그런 의미에서 합의부는 익명에 가깝다(최근의 변화에 대해서는 뒤에서 상술하겠다).

겉으로 보기에는 대륙법 판사나 영미법 판사가 비슷한 일을 하는 것 같지만 그 속을 들여다보면 분명히 역할이 다르다. 대륙법 판사는 로마의 법관이 하던 것과 비슷한 일을 이어받아 하고 있고, 판사에게 특별히 중요한 일을 맡기지 않는 전통은 혁명가들에 의해서 더 강화되었다. 합리주의 전통과 삼권분립의 원칙도 물론 대륙법 판사에게 큰 영향을 미쳤다. 대륙법 판사의 선발부터 승진, 사회가 기대하는 역할은 영미법 판사와는 판이하게 다르다. 쉽게 말하면, 대륙법 판사에게 기대하는 바는 그다지 크지 않다.

다만 최근 들어서 성문헌법이 자리 잡고, 법률의 위헌심사가 강화되는 것과 보조를 맞추어 대륙법 판사의 이미지에 약간의 변화가 감지되고 있다. 오스트리아, 이탈리아, 독일, 콜롬비아, 과테말라, 스페인 등지에 특별법원이 설립되었고, 여기 소속된 판사는 일반법원에 소속된 판사와 다른 일을 하는 것으로 알려져 있다. 가령 일반법원에 소속된 판사가 로마법상의 판사(iudex)의 후손으로서, 보통법 전통 속에서 일하는 평범한 관리라면, 특별법원 판사는 법률의 합헌성에 대해서 평가하는 일을 한다. 즉 법률에 효력이 있는지를 판단한다. 대륙법적 관점에서 보면 이런 특별법원은 사실 '법원'이라는 이름으로 불리면 안 되고, 그 구성원을 '판사'라고 해서도 안 된다. 판사에게는 법을 만들 권리가 없는데, 어떤 법을 무효라고 선언하는 것은 사실상 법을 만드는 권한을 부여받은 것과 다를 바 없기 때문이다. 대륙법 판사는 관료이고, 공무원이고, 상명하복 관계에 있다. 그들이 하는 일은 기계적이고, 반복적이고, 편협하다. 법률의 위헌심사와 같은 중요한 임무는 사실 이들의 이미지와 맞지 않는다. 그런데도 최근 라틴아메리카 국가에서는 일반법원의 상급심에 위헌법률심판 권한을 주고 있다. 그야말로 이상한 일이 벌어지고 있는 것이다.

그만큼 세상은 변하고 있다. 대륙법계 판사라고 해서 변화의 소용돌이 밖에 있는 것은 아니다. 대륙법계 판사는 점점 더 많은 권한을 행사하고, 그들이 하는 일도 더 늘어나고 있다. 몇몇 국가의 예에서 보듯이, 판사가 법률이 위헌이라고 생각하면 적용하지 않을 권한까지 갖게 되었다. 이 경우 어떤 국가에서는 사건을 헌법재판소로 가져갈 수도 있다. 또 유럽법원(European Court of Justice), 유럽인권법원(European Court of Human Rights), 미주인권법원(Inter-American Court of Human Rights)이 생겨서 그곳에 소속된 판사는 행정부와 입법부, 사법부 결정의 당부를 판단하는 역할까지 맡는다. 독일과 스페인, 코스타리카, 콜롬비아 같은 곳에서는 헌법재판소 판사에게 미연방대법관과 같은 예우와 권한을 보장한다. 급기야 스페인, 이탈리아, 콜롬비아의 언론은 '사법적극주의(judicial protagonism)'라는 용어를 쓰는 실정이다. 이런 변화들은 판사에 대한 사회적 인식이 많이 바뀌었다는 증거다. 이에 대한 더 자세한 내용은 마지막 장에서 결론을 대신해 언급하고자 한다.

제7장 법률의 해석

앞에서 우리는 권력분립의 원칙을 지나치게 강조하면 판사가 법률해석 권한을 갖지 못해, 법률의 의미에 대해서 의문을 가질 경우 입법부에 유권해석을 의뢰할 수밖에 없다는 점을 보았다. 법률의 흠결은 입법자가 적절한 해법을 판사에게 제공하는 방식으로 해결하고, 판사는 어떤 경우에도 법률제정권을 갖지 못한다. 이런 메커니즘을 통해서 판사 독재를 타파할 수 있다는 것이 대륙법의 시각이었다. 즉, 대륙법계 원칙론자의 눈으로 보면 입법자의 유권해석이 유일한 법률해석 방법이었다.

근대 법제사를 통틀어서 이러한 이념에 가장 근접하게 만든 법전이 프리드리히 대제가 만든 《프로이센법전》이었다. 이 법전에는 총 1만 7000여 개의 조문이 들어 있는데(《나폴레옹법전》은 총 2281개조다),

판사 앞에 오는 어떤 특이한 사건에 대해서도 포섭 가능한 해법을 만들고자 조문이 이렇게 많아졌다고 한다. 이 법전의 적용에 관한 한 판사는 해석 권한이 없고, 의심스러운 경우에는 유권해석을 해줄 목적으로 설립한 법률위원회(Statutes Commission)에 문의해야 한다. 그렇지 않고 판사가 나름대로 해석을 하는 순간, 그는 대제의 "심기를 심하게 건드리는" 행위를 한 것이 되고, 당연히 그에 상응한 처벌을 받는다. 그런데 실제로는 대제가 만든 그 법률위원회가 목적에 부합하는 활동을 전혀 하지 못했다. 대제의 계획과 달리 그 방대한 법전은 완벽하게 적절한 해법을 제시해주지 못했다. 프로이센 판사들의 일상 업무는 그 법전을 열심히 해석해서 사건에 맞는 해법을 내는 것이었다고 한다. 즉, 대제의 계획은 어느 하나 제대로 이루어진 것이 없었다.

이러한 실패를 경험 삼아 새로운 대안으로 떠오른 것이 프랑스의 파기제도다. 혁명기 프랑스 법률가들의 시각으로 볼 때 유권해석 기관을 별도로 두어 문제를 해결하는 것은 실현 가능한 일이 아니었다. 해석에 관한 복잡하고 다양하고 까다로운 문제들이 입법부로 폭주하듯 밀려들 것이 불을 보듯 뻔했다. 그 고단한 일을 입법부가 해낼 것 같지도 않았다. 그렇다고 법률해석권을 법원에 주는 것은 권력분립의 원칙에 정면으로 반하는 것이었다. 진퇴양난에 빠진 것이다.

이러한 상황에서 프랑스가 만들어낸 해법은 입법부가 아닌 별도의 기구를 만들어서 법원의 해석이 정확하지 않다고 생각되면 그것을 파기하게 하는 것이었다. 법 제정 과정에서의 논의나 최종적으로 통과된 법을 보면, 이 기구는 사법기관이라기보다는 입법부가 사법에 대한 입법 우위를 보장하기 위해 만든 특별기관에 가까웠다. 실제 운영되는 모습을 보면 법원과 비슷하지만 명칭을 법원이 아니라 '재판소'라고 했고, 그 성격도 '입법부의 시각(auprès du corps législatif)'에서 활동한다는 점을 분명히 했다. 이렇게 함으로써 권력분립의 원칙에서 크게 벗어나지 않으면서도 입법부가 입법부의 소임을 다할 수 있다고 믿은 것이다. 즉, 판사가 해석하지 못하게 하면서 동시에 입법부 스스로는 해석을 하지 않아도 되게 만들었다는 뜻이다.

또 하나 중요한 것은 그런 파기재판소(Tribunal of Cassation)가 문제가 된 사건의 해결에 적합하도록 법률을 해석해주는 기관이 아니었다는 점이다. 법원과 별개인 비사법기관으로서의 역할에 충실하게, 법원이 법률을 잘못 해석해서 판결을 내리는 경우 그 판결을 파기하는 일만 했다. 그러면 사건은 재심의를 위해 법원으로 환송된다. 사건을 심의해서 해결하는 일은 다시 법원에 맡기는 것이다. 바로 이 점이 미국의 상소심과 대비되는 대목이다. 미국의 상소심은 하급심의 결정을 파기할 뿐만 아니라, 적절한 해법을 새로 제시하고 필요하다면 그 해법을 적용해서 새로운 결론을 내려준다. 파기재판소는 이 중 오로지 첫 번째 임무인 파기만을 위해 만든 조직이다. 다만 시간이 지나면서 파기재판소의 성격이 불가피하게 변해서 첫 번째 임무뿐만 아니라 두 번째 임무까지 역할이 확대된다. 하급심의 결정을 파기할 뿐만 아니라 정확한 법률해석이 어떤 것인지 알려주게 된 것이다. 동시에 파기재판소는 비사법적 기관이라는 성격이 희석되어 이름도 파기'법원'으로 바뀌었고, 법원 조직의 최상위에 위치하는 것으로 조정되었다. 이처럼 프랑스와 프랑스의 예를 따른 이탈리아 등 몇몇 국가에서는 사법부의 꼭대기에 '파기법원(Supreme Court of Cassation)'이 위치하고 있다. 민형사사건이 최종적으로 논의되는 이 파기법원은 당연히 판사들로 구성되었고 하급심의 정확한 법률해석과 전체 법 해석의 통일을 보장하는 것을 목적으로 한다. 하지만 그 기원을 따져보면, 판사로부터 법 해석의 권한을 빼앗아올 목적으로 만든 파기재판소의 변형에 지나지 않는다.

법률위원회에서 파기재판소로 발달해온 법 해석기관은 독일로 오면 '재판'기관으로 바뀐다. 앞서 프랑스 파기법원은 하급심의 잘못된 법률해석에 근거한 결정을 파기하고 정확한 해법이 무엇인지 지적해주는 두 번째 단계까지만 간다고 했다. 이 단계를 넘어서 사건 자체를 종결할 수는 없고, 사건은 하급심으로 환송된다. 그런데 이는 별 의미도 없이 시간만 잡아먹는 절차가 될 수 있다. 특히 하급심 판사가 대법원이 제시한 해법을 인정하지 않거나, 하라는 대로 하지 않으면 더 심각한 문제가 발생할 수 있다. 이론적으로 보면 상급심의 결정이 대륙법에서는 법이 아니기 때문에 하급심 판사가 반드시 따를 의무는 없다. 상급심 결정이 더 논리적이고 치밀하다고 생각해서 존중할 뿐이다. 존중하면 되는 것이지, 상급심 결정에 기속되는 것은 아니다. 그래서 하급심 판사들이 상급심 결정과 다른 결정을 내리기도 했고, 파기법원의 설립 이래로 이런 문제들이 계속 누적되어 다양한 해법이 모색되기도 했다. 비스마르크의 영도 하에 통일을 이룬 독일은 이웃 국가인 프랑스에서 일어난 이런 문제를 매우 잘 알고 있었다. 당시 유럽에서는 판사를 과거처럼 법률을 해석해서 적용하는 사람이라고 여기는 분위기가 퍼져가고 있었다. 그런 분위기를 무시하고 사태를 괜히 꼬이게 할 필요가 없다는 생각에서 독일의 입법자들은 하급심의 결정을 파기하고, 적절한 해법을 제시하며, 필요하면 그 해법에 따라 사건을 해결해주는 재판 기관으로서의 대법원 개념을 제시하게 되었다.

이처럼 법률해석과 관련해서 입법부의 유권해석에 기대는 방안, 별도의 기관을 만드는 방안, 법원의 해석 권한을 인정하는 방안으로 대세가 옮겨가고 있었고, 결국은 판사의 일반적인 법률해석권을 인정하는 방향으로 발전해왔다. 그동안 많은 토론이 있었고, 여러 논문이 출간되어 법원의 법률해석권을 정당화하거나, 해석권의 한계를 설정하거나, 법률해석의 방법을 제시했다. 법률해석을 둘러싸고 대륙법에서 이와 같이 많은 논의가 있었던 이유는 법원이 법률을 해석한다는 사실 자체에 대한 반감이 컸기 때문이다. 대륙법 세계에는 법원이 자의적으로 법률을 해석하는 데 대한 두려움이 있다. 그러나 최근 들어서는 법률해석이 입법부 우위와 본질적으로 충돌하는 것이 아니라는 견해, 삼권분립의 원칙에 반하는 것이 아니라는 견해가 나오고 있다. 법률해석권의 한계를 이야기하면서 사법부의 무책임한 권한 남용을 끊임없이 경계하는 견해도 결국은 같은 이야기다. 이처럼 원칙론에서의 찬반 의견만 있을 뿐, 구체적으로 법률해석의 방법론에 대한 논의는 그다지 많지 않다. 판사가 법률해석 과정에서 실제로 겪게 되는 문제에 대해서는 큰 관심이 없는 것이다.

앞에서 본 바와 같이 혁명 이념에 의하면 법은 완전하고, 분명하며, 흠이 없어야 한다. 판사의 임무는 그런 법을 실제 사건에 기계적으로 적용하는 데 그쳐야 한다고 여겨졌다. 재판을 이처럼 단순한 일로 보는 견해는 대륙법계에 속한 국가에서 일반인은 물론이고 몇몇 법률 전문가의 생각에도 흔적이 남아 있다. 그 때문인지 영미법계 판사를 보는 시각 역시 여기서 크게 벗어나지 않는다. 영미법 세계에서도 가끔은 판사란 비슷한 사건을 두고 이전의 법원이 판결한 것에 따라 새로운 사건에 대해서 결정을 내리는, 다분히 기계적인 일을 하는 사람이라고 이해하는 경우가 없지 않다. 즉, 영미법이나 대륙법 전통 모두 판사에 대한 잘못된 생각에 어느 정도는 사로잡혀 있는 것이 현실이다.

하지만 오늘날 판사의 일을 이렇게 단순한 것이라고 생각하는 법학자는 대륙법 국가에 그다지 많지 않다. 혁명의 광풍이 불고 있을 때는 그들도 크게 반기를 들지 못했지만, 조금만 생각이 있는 사람이라면 이런 순진한 생각에 오래 머무를 리가 없다. 이념과 현실은 다르다. 어떤 상황에서든 그에 맞게 착착 적용할 수 있는 법률이 있다는 이야기는 이미 오래전에 사실이 아닌 걸로 판명되었다. 세상에서 일어나는 법적 분쟁은 호락호락하지 않다. 혁명 이래로 지금까지 대륙법계 국가의 법원은 수많은 법률을 앞에 놓고 그 진짜 의미가 무엇인지 연구하는 데 대부분의 시간을 보내왔다. 그러면서도 그 해석에 대한 이견으로 상소가 빈발하고, 하급심의 판결이 뒤집히는 사례가 그야말로 비일비재했다. 법률해석에 관한 한, 당사자나 변호인, 판사의 입장에서 볼 때 추호의 의심도 없이 말하는 바가 명확했던 조항은 단 한 조항도 없었다고 보는 것이 더 솔직한 이야기일 것이다.

법률이 완벽하고 흠이 없어야 한다는 믿음은 대부분의 법학책에서도 이미 찾아볼 수 없다. 교과서에는 입법의 공백을 해결하고, 서로 다른 말을 하는 조항들을 조화롭게 해석하느라 고심한 판결문으로 가득 차 있다. 법률의 문언은 그대로인데 세상이 변해서 그 의미가 변하는 것도 많고, 입법자들이 생각지도 못한 문제가 뒤늦게 튀어나오기도 한다. 법률이 아무리 분명한 답을 주고 싶어도 사실관계는 그런 법의 답에 들어맞지 않는 것이 태반이다. 실제로 어느 쪽이 이길지는 사실관계에 대한 충분한 논의 없이 불가능하다. 법률이 완벽하며 분명하고 모순이 없고 과학적이라서 판사가 해석할 필요조차 없다는 이야기는 이제 아무도 곧이곧대로 믿지 않는다. 영미법 판사들처럼 대륙법 판사들도 불완전한 법률을 붙들고 괴로운 씨름을 하고 있다. 글귀만 놓고 보면 제아무리 분명해 보이는 법률도 구체적 사건에 적용해보면 전혀 분명하지 않은 게 많고, 입법자들이 잘못 제정해놓은 부분 역시 그 수를 헤아릴 수 없이 많다. 판사는 무엇보다 굳어버린 법률을 새로운 세상에 맞는 법으로 바꿔내야 할 의무가 있다. 조금이라도 생각이 있는 판사의 시각으로 보면 세상에 명확한 법률은 하나도 없다는 게 진실에 가깝다.

현실이 이러함에도 불구하고 판사는 법을 기계적으로 적용하는 사람이라는 믿음이 아직도 끈질기게 살아남아 있다. 이런 말도 안 되는 현실과 이념의 괴리를 애써 무마시키고자 하는 글들 역시 많다. 이런 글은 주로 이념의 우위를 내세우는데, 주로 (1) 불명확한 법률의 해석 문제, (2) 유추해석의 문제, (3) 발전적 해석의 문제(법률은 그대로인데 사회적 의미가 바뀐 예) 등이 단골 주제다.

여전히 우리가 이 문제에서 벗어나지 못하고 있는 이유는, 판사란 어떤 경우에도 사건에 대한 답을 내려주어야 할 의무가 있기 때문이다. 법이 불명확하다고 해서 재판을 안 할 수는 없다. 엄밀히 말해서 법률의 내용이 불명확할 때에는 판사가 해석을 통해서라도 이를 명확하게 해주어야 할 의무가 있다. 이를 위해 사건에 적합하도록 법률을 새로 해석할 수밖에 없고, 이런 과정을 통해서 판사의 자의와 재량이 개입하며, 당사자 중 일방이 피해를 입을 수도 있다.

심지어 법률이 아예 없는 경우라면 문제는 더 심각해진다. 법이 없으니까 만들어야 하고, 그 여파는 당연히 훨씬 더 클 것이다. 법률에 정해놓은 문언의 의미가 시간이 지나면서 변한 경우도 마찬가지다. 어쨌든 판사는 법률을 새로 만드는 것과 유사한 일을 해야 하는 것이다.

이런 법률해석의 문제와 관련해 1942년 《이탈리아민법전》은 '법률의 해석'이라는 제목하에 다음과 같은 가이드라인을 제시했다.

> 법률을 해석함에 있어서 단어의 조합을 통해서 표현된 문언의 본래 의미와 입법자의 의도를 제외한 다른 어떤 요소도 고려해서는 안 된다.
> 사건 해결을 위해 필요한 조항이 명확하게 규정되어 있지 않을 경우그와 유사한 사실관계에 적용되는 조항을 유추 적용하고, 그런 방법도 불가능한 경우에는 법의 일반원칙에 따라 해결해야 한다.

이 인용문의 첫 번째 문장에 대해서는 이미 이탈리아 법원이 여러 번 새로운 해석을 시도한 바 있고, 법률해석뿐만 아니라 이 문장의 해석에도 여러 사람이 동원된 바 있다. 결국 앞의 인용문을 통해서 법률이 법원에 제시하는 방안은 먼저 문언의 본래 의미를 파악해본 다음 그게 안 되면 입법자의 의도를 참조하라는 것이었다.

그런데 이런 가이드라인은 사실 별로 이야기하는 바가 없다. 법률이 의미하는 바가 명확한 경우는 당연히 별 문제가 없다. 그런데 그렇지 않을 경우 파악해야 하는 "문언의 본래 의미"라는 문구는 상당히 어려운 내용이다. 단어는 사실 본래 의미라는 것이 없다. 모든 의미는 그 단어를 사용하는 사람이 부여한다. 그런데 문언의 의미가 명확하지 않은 법률이 있으면, 판사는 자기가 부여하는 의미가 아니라 입법자들이 애초에 그 단어를 사용하면서 부여했을 의미를 찾아야 한다. 이게 인용문의 취지다. 그래서 판사는 나름대로 자료를 뒤진다. 그런데 법 제정 당시에 입법자들이 부여한 의미를 찾는 것 자체가 상당히 까다로운 일이다. 솔직히 말하면 입법자들이 미처 생각하지 못한 문제가 발생해서 새로운 법률해석이 필요한 경우가 태반이라, 그 문제에 관해서 법률을 제정할 당시 아무런 '의도'가 없었을 가능성이 높다. 결국 입법자들이 생각했던 바를 찾아서 해결하기보다는 '그 법률 자체의 객관적인 내용이나 정신, 원칙' 등을 찾아낼 수밖에 없다. 법률의 내용이 불명확할 때 본래 의미를 찾거나 입법자의 의도를 찾으라고 대륙법에서는 이야기하지만, 그것은 사실 판사가 실제 문제를 해결하는 데 아무런 도움이 되지 못한다. 이는 해석원칙이라는 이름으로 나열한 문장에 지나지 않는다. 판사는 그냥 자기 생각대로 해석하면서 그 문장을 아무 의미 없이 한 번 더 읊을 것이다. 이는 판사가 결정하는 데 참조할 수 있는 원칙이 아니다. 결정한 다음에 해당 내용을 공포할 때 참조하는 원칙이라고 보아야 한다.

인용문의 두 번째 문장은 법률이 부재할 경우 적용되는 가이드라인이다. 쟁점 해결에 도움이 되는 조문이 없을 경우 비슷한 조문을 가져다 쓰고, 그런 조문조차 없을 경우에는 "법의 일반원칙"으로 돌아가라는 내용이다. 1811년 《오스트리아민법전》은 이것을 "자연법의 일반원칙"이라고 설명한 바 있다.

이 문구를 보고 법실증주의가 승리했음을 바로 알아차릴 사람은 별로 없을 것이다. 원래 자연법이란 국가 바깥에 존재하는 법이다. 인간의 본성으로부터 나와서 사회질서가 나아가야 할 바람직한 방향을 제시하는 법이 자연법이다. 자연법학파는 다시 둘로 나뉜다. 하나는 로마가톨릭교회의 자연법이고 다른 하나는 세속적인 자연법이다. 학파는 다르지만, 국가가 제정한 실정법과는 다른 '바람직한 법'의 대명사가 자연법이라는 점에서는 견해가 같다. 그런데 19세기 어느 시점부터 '자연법'에서 '자연'이라는 글자가 빠져버린다. 즉, 자연법이 곧 법이라는 생각이 자리 잡은 것이다. 과연 그래도 되는 것인지, 자연법과 실정법이 호환 가능한 것인지 토론의 여지가 분명히 있는데도, 앞에서 인용한 이탈리아 법률은 그런 여지를 없애고 말았다. 다른 대륙법 국가도 마찬가지다. 어느 순간부터 '자연법'을 이야기하지 않았고, 자연법 대신 국법을 하나의 완성품으로 간주하고 만다. 이것을 우리는 법실증주의라고 한다. 나중에 개념법학을 다룬 제10장에서 다시 한 번 설명하겠지만, 유추해석이라는 이름으로 앞의 인용문이 제시하는 해법은 사실 법실증주의자들의 견해와 전혀 다를 바 없다. 법률에 흠결이 있을 경우 실증주의

법학자들이 세워놓은 이론체계 가운데서 그 해법을 찾으라는 말이기 때문이다. 이는 가장 완전한 법인 실정법에 빈 공간이 생기면 학자들 책을 참고하라는 이야기와 다름없다. 그럼으로써 실정법과 학자들의 독재 체제가 완성되는 것이다.

권력분립과 입법의 우위라는 관점에서 법률해석과 관련해 또 한 가지 어려운 문제는 소위 발전적 해석(evolutive interpretation)의 문제다. 구법 제정 당시와 상황이 바뀌어서 옛날처럼 해석해서는 안 될 경우 어떻게 할 것인지가 문제가 된다. 과거의 해석이 잘못된 것은 아니다. 파기법원도 과거의 해석이 잘못되었다고 말하지 않는다. 다만 상황이 바뀌어서 새로운 해석이 필요할 뿐이다. 과거와는 다르게 상황이 바뀌면, 예전 그대로 해석할 경우 당사자는 물론이고 법원과 사회 전체에 오히려 해가 된다. 결국 새로운 해석을 통해서 법을 창조하는 수밖에 없다. 물론 다른 방법이 전혀 없는 것은 아니다. 입법자에게 공을 넘겨 새로운 법률을 제정할 때까지 기다리면 된다. 하지만 이런 해법은 당사자들이 만족스러워하지 않을뿐더러 입법자에게도 큰 짐이 된다. 그래서 대륙법계 국가에서는 일반적으로 판사에게 발전적 해석을 할 것을 요구한다. 그것 외에는 딱히 해법이 없기 때문이다. 이제 문제는 '그래도 되는가'에서 '무슨 말로 이를 정당화할지'의 단계로 넘어간다. 이른바 정당화 근거와 한계 설정의 문제다. 아마도 학자들은 발전적 해석이란 법을 만드는 것과는 다르다는 말로 얼버무리려 할 것이다. 사실은 다른 것이 아닌데도 말이다.

대륙법계 국가에서 법률해석과 관련해 먼저 해결해야 할 문제는 '법관은 해석권이 없다'는 종래의 도그마를 어디까지 유지할 것인 지에 대한 점이다. 아직도 법관은 법 적용만 하면 된다고 믿는 학자 들이 있고, 지금도 학생들에게 그렇게 가르치고 있다. 다만 최근 들 어서 새로운 법학 이론이 등장하고 있다는 점도 주목할 필요가 있 다. 소위 이익법학과 사회법학, 현실주의법학이 그것이다. 가령 스 위스민법은 판사에게 어떤 해석원칙으로도 해답을 찾을 수 없는 경 우에는 '만약 당신이 입법자였다면 제정했을 법률 조항에 따라서' 문제를 해결하라고 한다. 이전과는 다른 발상이다. 판사도 법을 제 정할 수 있다고 말하는 것과 다를 바 없다. 물론 다수설은 아직 바 뀌지 않았고, 소수 견해가 다수 견해를 넘어선다는 것은 언감생심 이다. 결국 판사의 법률해석권을 부정하는 태도는 대륙법 전통의 일부로 아직도 살아 있는 셈이다.

앞서 본 것처럼 대륙법 세계에서 판례는 법이 아니다. 종전의 판 례가 다른 사건에 관해 그 사건을 재판하는 법원을 기속하는 순간 판사는 법 제정권이 없다는 원칙에 반하기 때문이다. 대륙법계 국 가에서는 어떤 법원도 다른 법원의 결정에 따를 의무가 없다. 최소 한 이론적으로는 어떤 쟁점에 대해서 상급법원이 명확한 해법을 제 시했더라도 하급법원이 그와 다른 결정을 내릴 수 있다.

하지만 실무는 이론과 다르다. 선례구속의 원칙이 없음에도 불구하고 법관은 종전 판례에서 자유롭지 못하다. 대부분의 대륙법 국가에서는 판결문을 공표하고, 변론을 준비하는 변호사들은 종전 판례를 참조해서 자기주장의 근거로 삼고 있다. 판사도 물론 자주 판례를 들추어 본다. 혁명 이론이 아무리 다른 이야기를 해도, 영미법계 법관들만큼이나 대륙법계 법관들도 종전의 판례에 충실하다. 대륙법계 법관들이 판례를 참고하는 이유는 여러 가지다. 종전의 판례가 권위 있는 법원의 견해이기 때문이거나, 이론적으로 탁월하기 때문이다. 혹은 법관 입장에서 다른 생각을 하기가 귀찮거나, 나중에 파기환송당하기 싫어서일 수도 있다. 전부 영미법계에서 선례를 따르는 이유와 크게 다르지 않다. 선례구속의 원칙이라는 것이 존재하는지는 사실 중요하지 않다. 그것으로 대륙법과 영미법을 나누는 것은 오해이며, 과장이다. 대륙법계 판사들도 선례를 따른다. 누구나 알고 있는 진실이다. 반대로 영미법계 법원도 따르기 싫은 선례는 따르지 않는다. 심지어 자기가 내린 결정을 뒤집기도 한다. 이것 역시 잘 알려진 이야기다.

그럼에도 고정관념은 아직도 힘이 세다. 대륙법계 법률가들은 자기 국가 판사가 법 대신 종전 판례를 보고 판결한다는 사실을 애써 무시하고, 영미법계 법률가들은 선례라면 무조건 따르는 것처럼 사실을 호도하고 있다. 대륙법과 영미법의 차이는 '실제 법원이 어떤 식으로 행위하는가'에 있지 않다. 법원이 일하는 방식에 대한 고정관념의 차이가 있을 뿐이다.

대륙법계 국가에서는 판사를 입법자와 학자들이 만들어놓은 기계를 매뉴얼대로 돌리는, 별로 중요하지 않은 일을 하는 사람으로 여긴다. 판사는 정해진 법을 적용하는 일만 하지, 자기 양심에 따라 법에서 정한 것과 다른 판단을 하는 능력은 없다고도 한다. 과연 그런지, 다음 장에서 형평법원에 대한 논의를 통해 대륙법과 영미법상 판사의 이미지 차이를 살펴보자.

제8장 법적 안정성과 구체적 타당성

대륙법에서 특히 강조하는 것 중 하나가 법적 안정성(certainty)이다. 사실은 모든 법 제도가 법적 안정성을 중시한다. 그런데 대륙법에서는 그 정도가 아주 심해서, 법적 안정성을 법 제도의 목적 자체로 인식하는 경향이 있다. 물론 대륙법계 법률가들도 때로는 법적 안정성을 어느 정도 희생하더라도 지켜야 할 가치가 있다는 것을 알고는 있다.

대륙법계 국가에서 무엇이든 변화를 주려할 때 가장 흔하게 부딪히는 반론에서 주로 언급되는 것이 바로 법적 안정성이다. 이 법적 안정성을 침해한다는 이유로 개혁입법이 좌절되는 사례가 무수히 많다. 가령 무솔리니 시대의 이탈리아에서 무솔리니는 법 개정을 통해 전체주의를 완성시키고자 했다. 그때 반론으로 바로 법적 안정성을 침해한다는 점이 제기되었다. 그 덕에 전체주의화를 저지할 수 있었다. 그런데 파시스트 정권이 무너지고 공화국 체제로 바뀐 뒤에 다시 사법개혁 논의가 있을 때도 법적 안정성은 걸림돌이 되었다. 법적 안정성이 대륙법계 국가에서 체스의 퀸처럼 아무 방향으로나 움직인다는 점을 보여주는 대목이다. 물론 요즘은 법적 안정성이 개인의 자유와 권리를 보호하는 데 힘을 발휘하고 있고, 포기할 수 없는 가치로 여겨진다.

대륙법계 국가에서 법적 안정성을 강조하는 이유는 여러 가지가 있겠지만, 그중 가장 중요한 것으로 법관에 대한 불신이 손꼽힌다. 대륙법 국가에서는 법관이 법을 제정하면 법적 안정성이 침해된다고 생각한다. 대륙법 국가의 법적 안정성에 따르면 법률은 명확하고, 완전하며, 흠이 없어야 한다. 또한 법률의 해석과 적용 역시 단순하고 예측 가능해야 한다. 법적 안정성을 위해서 입법자는 기본권을 보장하는 명확한 입법을 해야 하고, 정부는 법에서 부여한 것 이상의 재량권을 행사하면 안 되며, 판사는 해석을 통해 새로운 법을 만들면 안 된다.

법적 안정성은 영미법에서도 역시 중요한 가치 중 하나다. 하지만 대륙법과 비교해 중요한 차이가 있다.

첫째, 영미에서는 대륙법 국가들과는 다르게 법적 안정성을 강조할 때 그걸 원칙이나 도그마로 강조하지 않는다. 실용적인 의미로 쓴다. 영미에서 말하는 법적 안정성은 사람들이 가급적이면 자신의 권리나 의무가 무엇인지 알아야 한다는 것, 어떤 행위를 할 때 그 결과가 무엇이 될지 예측할 수 있다는 것을 말한다. 하지만 동시에 그런 예측에 한계가 있다는 점을 충분히 인정한다. 법적 안정성이 무조건 지켜지는 게 아니라는 것을 이미 잘 알고 있는 것이다.

둘째, 대륙법은 판례를 법으로 인정하는 것 자체를 거부하는 데 반해, 영미법은 종전의 판례를 법으로 인정함으로써 법적 안정성을 보장한다. 즉, 영미에서는 오랜 시간 쌓인 판례가 구체적 사건에서 법의 역할을 한다. 이렇게 쌓인 판례는 법률과 함께 사람들에게 법이 무엇인지 말해주고, 이런 판례를 따름으로써 법적 안정성이 확보된다. 제정법만 있는 것보다는 법에 오랜 세월 쌓인 판례가 추가되어야 법적 안정성이 강화된다고 본다. 판례가 쌓이면 법을 바꾼다고 바로 결론이 달라지지는 않는다고 보는 것이다. 반대로 대륙법에서는 앞에서 본 것처럼 판례가 법이 되는 순간 법적 안정성이 침해된다고 본다.

마지막으로, 영미법 국가 특히 미국은 법적 안정성을 경우에 따라 다른 가치와 충돌할 수밖에 없는 여러 가치 중 하나라고 생각한다. 법적 안정성을 강조하다 보면 법은 경직될 수밖에 없다. 법이 견고하면 사정 변화에 대응하기 어렵고 구체적 사건에서 유연성을 발휘하기 힘들다. 이처럼 영미법에서 법적 안정성은 유연성과 길항하면서 서로에 대한 견제 기능을 발휘한다. 반면에 대륙법에서는 안정성이 훨씬 더 위에 있다. 유연성은 법적 안정성을 해칠 뿐만 아니라 법관의 간섭을 받지 않는 견고한 법에 대한 도전으로 간주된다. 이는 바로 앞 장에서 확인한 바와 같다. 판사에게 법 해석권을 주게 되면 법이 들쭉날쭉 유연해져서 법적 안정성을 해친다는 것이 대륙법이 가진 생각이다.

이런 관점 차이는 형평법원에 대한 시각 차이로 연결된다. 형평(equity)의 원칙이란 구체적 사건에서 법 적용으로 인한 가혹함을 누그러뜨리고, 개별 사건에 고유한 사정을 감안해서 재산 분배나 유무죄 판단 등에 변화를 주는 원칙을 말한다. 쉽게 말하면 분쟁을 해결하는 데 있어서 법원이 행사할 수 있는 재량권이 바로 형평권이다. 보통 법률은 전형적인 분쟁 해결을 목적으로 제정되는 것이기 때문에 현실에서 발생하는 다양한 사실관계를 포섭하기 힘들다. 이런 이유로 비슷한 사건이라도 같은 법을 적용하면 불합리한 결과가 발생할 가능성이 있다. 이때 사건을 담당하는 판사에게 형평의 원칙에 따라 결정할 여지를 주면, 형평법원은 구체적 타당성을 이념으로 하여 개별 사건에 법 적용을 달리할 수 있다.

대륙법 전통에서 보면 판사에게 재량권을 주는 것은 법적 안정성을 침해하는 행위다. 이론상으로 대륙법에는 형평권이 없다. 혹시라도 개별 사건의 처리와 관련해서 판사에게 재량권을 주려면 그 점이 법률에 명시되어야 하고, 그 범위 역시 법으로 정해야 한다. 과거에 이 문제에 대해서 많은 토론이 있었지만 오늘날까지도 압도적인 다수 견해는 법적 안정성의 관점에서 판사에게 형평권을 주는 것에 신중하자는 입장이다.

이처럼 대륙법에서는 법적 안정성을 위해 유연성을 희생하는 데 반해, 영미법에서는 둘 사이의 균형을 유지하려고 노력한다. 이런 차이가 나는 이유는 앞서 본 것처럼 각 법이 판사의 재량권을 다른 시각으로 보기 때문이다. 그런데 또 한 가지 이유가 있다. 바로 수백 년 동안 영국에 존속했던 형평법원의 역사 때문이다.

노르만족은 헤이스팅스 전투(1066)에서 이기고 영국을 점령한 다음 재빠르게 사법제도를 포함한 국정 전반의 중앙집권화에 착수했다. 국왕법원을 만들고 국왕판사를 두면서 봉건법원과 봉건제도를 대체해나갔다. 그 과정에서 국왕법원 판사들은 새로운 절차, 새로운 권리구제제도를 만들었다. 그리고 적어도 이론적으로는 모든 영국 국민에게 적용되는 법률을 완성했는데, 그것이 바로 보통법(common law)이다. 영국의 보통법(common law)도 처음에는 역동적이고 창의적인 법이었다. 구체적 사건에 꼭 맞는 해답을 줄 것처럼 보였다. 그런데 시간이 흐르면서 그저 기계적으로 적용되는 규칙 모음집처럼 변하고 유연성을 잃어갔다. 영국의 보통법(common law)도 어느 순간부터는 형식적이고 획일적인 답밖에 주지 못하는 법이 되어버린 것이다. 그래서 보통법(common law)이 제시하는 해법에 만족하지 못한 국민들이 왕에게 직접 가서 사안에 대한 재고를 요청하기에 이르렀다. 오늘날 행정부의 수반에게 인정되는 사면권과 감형권처럼, 영국 왕은 국민들의 청원이 있는 경우 사법부의 결정과 다른 결정을 내릴 권한을 갖고 있었던 것이다.

처음에는 왕 자신이 직접 청원을 받아서 사건을 처리하다가 나중에는 국왕의 최고 고문인 대법관(chancellor)에게 그 일을 위임했다. '왕의 복심'이라고 불리는 대법관은 법보다는 형평이나 공평의 이념에 따라 사건을 해결했다. 물론 그 과정에서 권한이 남용되거나 법적 안정성을 해할 위험도 있었고, 실제로 이를 문제 삼는 의견도 많았다. 어떤 사람들은 "영국에서 정의는 대법관의 발 사이즈에 따라 달라진다"라고 비아냥대기도 했다. 하지만 법에서 제시하는 것과 다른 내용의 권리구제를 요구하는 사건이 많아지면서 별도의 법원이 필요하다는 점이 분명해졌고, 더 많은 인력이 필요했다. 일반법원과는 다른 법원이 제도화되기에 이른 것이다. 새로운 절차법과 실체법, 서류 양식 등이 개발되었다. 이렇게 형평법원이라는 제2의 법원이 생기고, 형평법이 완성되었다. 이 말은 대법관이 형평법원에서 법 원칙이 아니라 형평의 원칙에 따라 사건을 본다는 뜻이다.

이처럼 영국에는 수백 년 동안 두 법원이 존재해왔다. 영국의 보통법(common law)을 적용하는 일반법원과 형평법을 적용하는 형평법원이 있었다. 형평법원은 보통법원이 제시한 해결책이 너무 가혹할 경우 개입해서 사안에 적합한 새로운 해결책을 제시한다. 그러다가 두 법원이 하나로 통합되었으며, 그와 동시에 사건을 보는 두 시각이 하나의 법원으로 귀일했다. 즉, 지금 우리가 아는 영국의 법원은 영국의 보통법(common law)과 형평법을 같이 적용하는 법원인 것이다.

만약에 영국 역사에서 형평법원이 없었으면 어땠을까. 만약 그랬다면 영국 법원이 대륙법계 국가의 법원과 같은 모습이었을 것이라고 비교법 학자들은 생각한다. 대륙법계 법원은 로마 이래로 형평법원처럼 법 적용을 느슨하게 하거나 유연성을 발휘한다는 생각을 해본 적이 한 번도 없다. 형평법원 덕에 법이 한발 물러서는 경우를 서구 세계가 비로소 처음 경험할 수 있었던 것이다. 그리고 영국의 형평법원 덕에 두 가지 새로운 제도가 창안되었는데, 그게 바로 법관의 재량권과 징벌권(civil contempt power)이다.

재량권과 관련해서, 영미법계 판사들은 기본적으로 형평의 원칙에 따라 사건을 해결할 수 있다. 즉, 사실관계별로 해법을 달리할 수 있고, 구체적 정의의 실현을 위해서 원칙에서 물러설 수 있으며, 사회 변화에 맞추어 법을 해석하거나 재해석할 수 있다. 영미법계 판사들은 이런 재량권이 법적 안정성을 침해하는 것이라고 생각하지 않는다. 법적 안정성은 선례구속의 원칙으로 해결하고, 구체적 사건에서 선례를 따를 것인지 아니면 선례와 다른 해결책을 제시할 것인지는 판사가 고민해서 결정할 문제라고 생각한다. 그것이 입법권과 갈등을 일으킨다는 생각 자체를 하지 않는다. 판사를 법적 안정성을 확보하기 위해서 노력하는 사람이면서, 한편으로 재량권 행사를 통해 구체적 타당성을 도모하는 사람이라고 생각하는 것이다.

영미법계의 판사는 입법자가 제공한 상자 안에 사건을 억지로 집어넣으려 하지 않는다. 실정법을 적용하는 경우에도 그 실정법이 사례에 맞지 않다면 법 자체를 사례에 맞게 비틀 수 있는 권한이 판사에게 있다. 상자가 안 맞으면 상자를 고치지 내용물을 고치지 않는다. 특히 그 상자가 실정법이 아니라 판례일 경우에는 고치는 일이 훨씬 더 쉽다. 반면 대륙법에서는 이런 일 자체가 불가능하다. 입법자가 준 상자에 사안이 맞지 않으면 사안을 상자에 맞게 고치는 것 외에 다른 도리가 없다.

대륙법계 판사가 영미법계 판사에 비해서 재량권이 적다는 것은 사실이지만, 대륙법계 판사가 영미법계 판사보다 사건 처리에서 융통성이 없는가는 또 다른 이야기다. 대륙법계 판사도 영미법계 판사만큼이나 융통성을 발휘하고 그 한도에서 나름 공정한 판결을 내린다. 문제는 그 융통성이 어디에서 나오는지인데, 대륙법에서는 이게 법에 적혀 있다. 법률에 실제로 어떻게 적혀 있는지 보면, 대륙법의 이론과 함께 실무를 더 정확하게 이해할 수 있을 것이다.

대륙법에서 입법자는 보통 두 가지 방식으로 움직인다. 첫 번째 방식은 상황을 정해놓고 해당 상황이 오면 판사가 재량권을 행사할 수 있다고 하는 것이고, 두 번째 방식은 판사의 재량권 행사 조항 자체를 법률에 적어놓는 것이다. 《이탈리아민법전》제1226조가 첫 번째 방식의 대표적인 예다. '피고의 잘못으로 손해가 발생했는데 그 손해액이 증명되지 않은 경우 판사는 형평의 원칙에 따라 그 손해액을 정할 수 있다.' 이게 제1226조의 내용이다. 두 번째 방식의 예는 동법 제1337조에 있다. 계약의 성립과 체결에 있어서 계약 당사자는 '신의성실의 원칙'을 지켜야 한다는 조항이다. 이런 비슷한 조항은 대륙법계 국가의 민법 곳곳에 나온다.

형식적으로는 국회가 법률조항을 통해 판사를 제약하는 것처럼 보이지만, 그 법률조항이 너무 넓어서 판사가 이 법률조항에 꽉 묶인다고는 생각하기 어렵다. '신의성실의 원칙'은 판사가 해석할 문제라는 것이다. 이론적으로는 아닐지 몰라도 실제로는 구체적 사건에서 판사가 무엇이 '신의성실의 원칙'에 부합하는지 정하면 된다. 이제 재판에 나가게 될 변호사 입장에서는 법이 무엇인지를 알기 위해서 판례를 들춰야 한다. 거기에 판사가 생각해서 정한 내용이 기재되어 있기 때문이다. 판례 말고 법률조항 자체를 보는 것은 아무런 의미가 없다. 법률조항에 쓰인 글자라고 해봐야 '신의성실'밖에 없다. 실제로 입법자는 판사에게 판결에 적용할 법률을 제공한 것이 아니다. 판사 스스로 법을 만들도록 위임한 것이나 다름없다.

이와 같은 '일반'조항을 통해서 판사에게 광범위한 재량권을 주는 방식은 대륙법계 국가에 익히 알려져 있다. 그런 의도를 판사가 인지하고 있는지만 차이가 있을 뿐이다. 《나폴레옹법전》 제1382조에 의하면 타인에게 상해를 입힌 자는 그 손해를 배상해야 한다. 프랑스 법원은 이 조항에 근거해서 엄청나게 많은 불법행위 판례를 축적해왔다. 또 독일민법(BGB: Bürgerliches Gesetzbuch) 제242조는 사람은 신의성실의 원칙에 따라 의무를 이행해야 한다고 선언한다. 이 두 조항을 적용하는 과정에서 생긴 판례만 영미법이 축적해 온 판례만큼 많다. 독일 법원은 이 조항 덕에 2차 세계대전 이후 물가폭등 등이 나타나며 발생한 혼란기의 사회 문제를 합리적으로 해결할 수 있었다고 자랑할 정도다. 이는 사법적극주의, 다시 말하면 법을 통해서 현실 문제를 해결한 사례의 하나로 지금도 자랑스럽게 꼽히고 있다. 그 법률조항을 국회가 만들었다? 이것은 사실 별 의미가 없다. 판례가 법이 아니다? 이것도 사실이 아니다. 판례를 봐야만 법이 무엇인지 알 수 있기 때문이다. 판례가 법이 되면 법적 안정성이 없다? 실무자는 그렇게 생각하지 않는다. 불법행위에 관한 판례가 실제로 법이 되고 있는 것이 현실이기 때문이다.

독일 판사들이 나치 정권에 굴복한 반면 이탈리아 판사들은 전체주의 정권하에서 잘 버텼다는 사실을 두고 재량권 탓이라는 이야기가 나온다. 1920년대 독일 판사들은 '사법적극주의'의 기치를 내걸고 법적 안정성을 포기하는 대신 구체적 타당성을 중시하는 판결을 냈다. 일반조항을 자유롭게 해석해서 사안에 맞춘 것이다. 반면에 이탈리아 판사들은 전통 이론에 따라 법적 안정성을 우위에 두는 판결을 냈다. 그 후 나치 정권이 들어서자 독일 판사들은 법적 안정성을 내세워 나치에 저항하는 것이 불가능했다. 이미 법적 안정성을 포기했기 때문이다. 결국 정권의 입맛에 맞는 판결을 내지 않을 수 없었다. 하지만 이탈리아는 달랐다. 법적 안정성을 내세워 정권이 원하지 않는 답을 고수할 수 있었다. 이게 역사적인 사실인지 아닌지는 중요하지 않다. 중요한 것은 대륙법 국가 가운데 가장 자유로운 축에 속하는 이탈리아에서도 여전히 법적 안정성에 대한 칭송이 그치지 않고 있다는 점이다. 이탈리아 판사들은 아직도 재량권보다는 법적 안정성을 우위에 둔다.

재량권에 이어 형평법원이 영미법계 법원에 미친 두 번째 영향은 징벌권의 확립에 있다. 징벌권이란 법원의 작위명령과 부작위명령을 어기는 자를 처벌하는 권한이다. 기본적으로 법원은 어떤 일을 하라고 명할 수도 있고, 하지 말라고 명할 수도 있다. 이를 어길 경우에는 처벌할 권한도 있다. 영미법에서 이런 징벌권은 다양한 형태로 실행된다. 공항 근처에 살면서 너무 낮게 비행하는 비행기 때문에 소음 피해를 받는 사람은 법원에 제소해서 비행기가 어느 고도 이하로 비행하는 것을 금지하는 판결을 얻어낼 수 있다. 그리고 이 판결을 이행하지 않으면 법원은 비행기 회사에 벌을 내린다. 토지 소유권을 넘기기로 해놓고 이행하지 않는 피고에 대해서는 법원이 이행명령을 발하고 이를 어기면 징벌권을 행사한다. 사업장에서 불법적으로 피켓 시위를 하는 경우 중지 명령을 내리고 명령대로 따르지 않으면 노동조합에 벌을 내린다. 이는 전부 징벌권의 효과다. 영미법계 법원은 사인(私人) 간의 분쟁을 효과적으로 해결할 수단을 가진 셈이다.

그런데 대륙법계 법원에는 이런 징벌권이 없다. 특정 개인에게 명령을 내리고 이를 어길 경우 처벌하는 것은 대륙법에서는 말이 안 되는 이야기다. 물론 프랑스의 경우에는 '이행강제금' 제도 (astreinte)가 있고, 독일에도 이와 비슷한 제도가 있다. 이 제도는 의무 이행을 하지 않을 경우 법원이 피고에게 일정액의 벌금을 부과하는 것이다. 최근 법률 개정을 통해서 이행강제금 제도가 점점 확장되는 추세에 있다. 하지만 영미법상의 징벌제도에 비하면 그 강도가 아주 약하다. 20세기 초 멕시코에서는 다른 라틴아메리카 국가에 팔려간 국민의 헌법적 권리를 보호하기 위해 법원이 내리는 일종의 강제명령(amparo)이 있었다(브라질의 'mandado de seguranca', 콜롬비아의 'tutela'도 이와 같은 제도다). 이를 어길 경우 징벌권을 행사했는데 이것 역시 영미법계 징벌권 제도의 아류에 속한다.

법원이 개인에게 어떤 행위를 하라고 혹은 하지 말라고 명한 다음 그 명령에 따르지 않으면 징역을 보내거나 벌금을 부과하는 것은 대륙법 전통에 어긋난다. 법적 안정성을 침해하기 때문이다. 법원이 그 정도로 광범위한 권한을 갖는 데 대한 반감이 크다. 벌금이나 징역은 기본적으로 형사벌이지 민사벌이 아니다. 법원의 명을 어긴다고 해서 벌금이나 징역을 부과하려면 적어도 법률에 적혀 있어야 한다. 민사에서는 그런 징계를 할 수 없다. 대륙법계 국가에서는 판사가 굳이 그런 징벌권을 행사하지 않아도 사회정의를 구현하는 데 문제가 없다고 믿는다. 대륙법에서 개인은 기본적으로 재산을 가지고 책임을 진다. 법률이 미리 정한 바에 따라 금전 배상을 명하면 되는 것이다. 그게 적합하지 않은 예외적인 경우라면, 다른 사람에게 일하게 하고 그 비용을 피고에게 물게 하면 된다. 반드시 피고 자신이 행위를 해야 하는 것이 아니라면 말이다. 피고가 토지 양도에 필요한 행위를 하지 않는 경우라면 토지가 양도된 걸로 법원이 간주해버릴 수도 있다. 판사가 말을 듣지 않는다고 피고에게 민사사건에서 벌을 내리는 것은 대륙법의 논리에서는 맞지 않는 일이다.

이처럼 판사를 보는 시각 차이에서 법적 안정성의 문제, 법관의 재량권 문제, 징벌권의 문제 등의 차이가 생긴다. 확실히 대륙법계 판사들은 프랑스 혁명이 남긴 흔적에서 자유롭지 못한 것 같다. 그들은 여러모로 불편한 자세로 일하고 있다. 무엇보다 이들을 아주 불편하게 하는 것은 바로 법학이다. 다음 장에서는 대륙법에서 법학이 무엇인지 살펴볼 것이다.

다만 그 전에 한 가지 강조할 것이 있다. 다른 모든 전통과 마찬가지로 대륙법도 진화하고 있다는 사실이다. 요즘은 대륙법 내에서도 판사들이 전보다 큰 힘을 발휘하고 있고, 대륙법 세계 안에서 헌법법원, 연방법원, 파기법원, 국제법원 판결의 영향력도 무시할 수 없다. 변호사들도 의견서를 쓰는 데 판례를 인용하고, 학자들도 판례 연구에 몰두한다. 선례구속의 원칙이 공식적으로 인정되지 않고 있을 뿐이지 판례를 언급하는 것은 점점 더 늘어가는 추세이며, 그게 당연한 실무 영역으로 받아들여지고 있다. 그런데 이와 같은 이탈을 정당화하는 논거 역시 법적 안정성이다. 법적 안정성을 핑계로 대륙법도 판례를 법으로 받아들이는 추세다. 이와 같이 법적 안정성은 대륙법에서 원칙이면서 예외다. 현실과 타협하는 좋은 평계가 되기도 하는 것이다.

대륙법과 영미법은 '무엇이 법인가?'에 대한 생각이 다르다. 자신이 어느 쪽에 있든 법률가들은 이 기본적인 차이에 익숙해져야 한다. 재판에서 이기기 위해서는 그 방법밖에 없다.

제9장 법학자와 법학교육

앞서 대륙법계 판사들이 영미법계 판사들에 비해서 하는 일이 적다는 점을 설명한 바 있다. 영미법을 판사의 법이라고 하는 사람은 있어도 대륙법을 판사의 법이라고 하는 사람은 없다. 대륙법에서는 로마 시대 법관의 이미지, 절대왕정 시대 판사의 전횡, 프랑스 혁명 이념에 따른 판사의 역할 축소 등이 영향을 미쳐 판사가 할 수 있는 일과 해서는 안 되는 일이 일찌감치 정해져버렸다. 법실증주의, 삼권분립의 원칙, 역사적인 법전화 작업, 법의 해석에 관한 원칙론, 법적 안정성에 대한 집착, 판사의 재량권 불인정, 선례구속의 원칙 부정 등이 합쳐져 판사는 점점 더 중요하지 않은 사람으로 전락했고, 그에 반비례해서 입법자는 점점 더 중요한 사람으로 떠올랐다.

그래서 사람들은 대륙법의 주인공을 입법자라고 생각할 수도 있다. 실제로 한때 입법자가 완전하고 명확하며 흠이 없는 법을 만들어주고, 해석조차 필요 없게 해주기를 바랐던 적이 있다. 물론 지금은 그렇게까지 열렬하게 입법자 편을 들지 않는다. 하지만 그렇다고 해서 입법자에 대한 기대가 완전히 사라진 것도 아니다. 법은 입법자가 만드는 것이고, 판사도 법을 해석할 때는 입법자의 명시 또는 묵시의 의사를 찾아가야 한다고 믿는 사람들이 많다. 대륙법에서 입법자가 차지하는 위치는 영미법에서 판사가 차지하는 위치에 버금간다고 생각하는 사람들도 있다. 실제로 그 사람들 생각대로 현실이 돌아간 적도 있다. 입법자가 진정한 주연 역할을 했던 시절이다. 하지만 그 기간은 그리 오래가지 않았다. 입법자는 주연 자리를 다른 한 무리의 사람들에게 내주고 말았다. 민족국가의 이론을 만들고, 법실증주의의 기초를 닦고, 삼권분립의 원칙을 선언하고, 법전의 형식과 구성과 내용을 확정하고, 법관의 기능에 대한 다수 견해를 내놓은 사람들, 바로 법학자다. 법학자이자 교수인 이들이 실제 대륙법의 주인공이다.

법학 교수의 영향이 커지고 법률 이론이 점점 중시되고 있는 미국에서 사법제도를 이끌어가는 사람은 아직 판사다. 판사가 무엇을 해야 하는지는 판사 자신이 누구보다 잘 알고 있다. 그나마 그 안에서 학자들의 역할이 조금 부각되기 시작한 건 최근의 일이고, 이조차 아직 미미하기 짝이 없다. 영미법의 주인공은 아직 판사다.

반면에 대륙법에서 학자가 주연 자리에 오른 것은 아주 오래전

일이다. 변호사와 판사에게 자문해주던 로마 시대 법학자들은 입법권도 없고 사법권도 없었지만, 법 전문가로 존경을 받았다. 그들의 의견이 중시되었음은 물론이고 심지어 2세기에 몇몇 법학자의 견해는 법원을 기속하는 역할도 했다. 《로마법대전》 가운데 《법학제요》의 전부, 그리고 《다이제스트》의 일부는 법학자들의 견해로 채워졌다. 이들이 바로 대륙법 전통의 중심을 차지한 사람들이다.

이탈리아에서 로마법이 재발견되고 나서 중세 보통법을 재건하고 발전시켜나간 사람도 법학자였다. 유스티니아누스의 《로마법대전》이라는 원전에다가 주석학파와 후기주석학파의 의견이 보태져 보통법이 되었고, 이것이 유럽 전체로 퍼져나갔다. 이 시기 어떤 지역에서는 로마 고전주의 시대의 실무처럼, 법학자들의 답변서를 보고 법원이 결정을 내리기도 했다. 한때 독일에서는 법원이 사건 자체를 교수들에게 보내 의견을 구한 적이 있고, 19세기 유럽과 라틴 아메리카의 법전은 사실 그 이전 세대 법학자들의 의견을 참고한 교수들의 작품이기도 하다. 독일 법전의 정체성에 관한 논쟁을 벌인 것도 학자들이고, 전형적인 대륙법 국가에 속하는 이탈리아에서는 아주 최근까지도 여러 총리와 대통령이 법학 교수였다.

그럼 법학자들이 한 역할이 정확하게 무엇인지 확인하기 위해서 대륙법의 두 지점으로 돌아가 보자. 두 지점이란 바로 유스티니아누스 시대와 19세기 법전 편찬의 시대다.

먼저 앞에서 이야기한 내용을 더듬어보자. 유스티니아누스는 법

학자들의 글이 마음에 들지 않았다. 엄청나게 쌓여 있는 해설서가 법을 어렵게 만들고 혼란스럽게 만든다고 생각했다. 하지만 그렇다고 해서 그걸 전부 다 없애버리지는 않았고, 보존 가치가 있는 몇 가지를 뽑아냈다. 바로 이 역할을 맡은 것이 《로마법대전》 편찬위원회인데, 그 구성원이 전부 법학자였다. 그 결과 《로마법대전》이 나왔고, 그 가운데 가장 양이 많고 가장 중요한 《다이제스트》는 로마법 학자들의 견해를 집대성한 것이었으며, 《법학제요》는 같은 이름의 로마법 교과서를 본떠 만든 로마법 입문서였다. 그 로마법 교과서를 쓴 사람 역시 가이우스라는 고전주의 시대 법학자였다.

1300여 년이나 흐른 19세기로 넘어와도 사정은 크게 달라지지 않았다. 《나폴레옹법전》이라고 불리는 만큼 준비하고 공포하는 데 나폴레옹이 한 역할이 적진 않았겠지만, 따져보면 그것도 법학자가 만든 법전이었다. 편찬위원회 구성원은 주로 실무를 하는 변호사와 판사였어도, 그들이 참고한 책은 전부 법학자들의 책이었으며, 특히 법학자들 중에서 로베르 포티에(Robert Pothier)의 영향이 컸다. 그런 학자들의 가르침을 따라 만든 것이 바로 《나폴레옹법전》이었고, 정작 국회는 크게 고친 것이 없다. 《나폴레옹법전》의 편찬 이념도 푸펜도르프와 몽테스키외에게서 나왔는데, 이들 역시 기본적으로는 법학자였다. 프랑스 법전의 이념과 내용은 학자들이 만들었고, 이 법전을 이어받아 법전 편찬의 대열에 들어선 다른 국가에서도 초안을 작성한 것은 주로 법학자들이었다(가령 라틴아메리카의 안드레스 베요, 테이셰이라 다 프레이타스, 그리고 벨레스 사르스피엘드도 다 법학자다). 독일 법전은 두말할 것도 없이 법학자들의 작품이다.

그런데도 왜 입법자들은 학자들을 홀대한 것일까? 가령 유스티니아누스 대제는 왜 자기가 만든 법에 학자들이 주석을 붙이는 것을 금지했을까? 대략 다음과 같은 이유들이 있었을 수 있다. 첫째, 대제는 고전법학의 황금기를 부활시키고 싶었는데 자신이 살아 있는 동안에 또는 그 이후에 《로마법대전》에 주석이 붙어서 법학의 수준이 낮아지는 것을 걱정했을 수 있다. 《로마법대전》에 포함되지 못한 법률들처럼, 학자들의 책도 결국은 고전 시대의 것만 못할 거라고 생각한 것이다. 둘째, 대제가 원한 것은 완결판인데, 주석이 붙으면 완결판에 흠집이 생긴다고 생각했을 수 있다. 셋째, 로마제국의 황제로서 공표한 법에 누군가 주석을 붙인다면 그건 황제의 권위에 대한 도전으로 여겨질 수 있었다. 하지만 그 명령은 황제가 살아 있을 동안에도 효력을 발휘하지 못했다.

나폴레옹의 경우는 이야기가 조금 다르다. 나폴레옹은 공식적으로 금지하지는 않았고, 주석을 달지 않으면 좋겠다는 바람만 전했다. 하지만 이것 역시 소용이 없었다. 첫 번째 주석사가 출간이 되었다는 소식을 듣고 나폴레옹은 "내 법전은 죽었다!"라고 탄식했다. 자신이 만든 법전이 명확하고, 완전하고, 흠이 없어서 해석이 필요 없다는 믿음 때문이었다. 학자들이 법을 주무르기 시작하면 시대에 뒤떨어진 이론을 덧붙여 일반 국민이 이해하기 더 어려워질 수 있다고 믿었다. 나폴레옹의 꿈은 낡은 이론을 걷어내 새로운 법질서를 만드는 것이었고, 그래서 《나폴레옹법전》과 충돌하는 법은 다 폐기했다. 그런데 해석의 여지를 남겨두면 폐기된 법이 슬그머니 부활하는 사태가 벌어지지 말라는 법도 없다. 나폴레옹은 이것을 경계한 것이다.

유스티니아누스나 나폴레옹은 모두 저명한 법률가를 지명해서 지대한 영향을 끼칠 개혁법안을 마련했는데, 법학자들이 이를 훼손하지 않을까 노심초사했다. 입법자가 학자를 불편하게 느끼는 예는 대륙법계 곳곳에서 발견된다. 이탈리아에서는 입법자가 판결문을 쓸 때 학자 의견은 인용하지 말라고 법원에 요구한 바 있다. 학자의 책으로 공부해온 판사들은 학자인 스승의 의견을 따르면서도 동시에 그 의견을 따랐다는 사실을 밝히지 못하게 된 것이다. 그래서 그냥 "무슨무슨 설"이라고 얼버무린다. 하지만 그렇다고 해서 학자들 의견을 참고하지 않는 것은 아니다. 입법자들이 아무리 요구를 해도 대륙법계에서는 학자들의 영향을 제거하거나 줄이는 것이 쉽지 않다. 법률안 몇 개와는 비교할 수 없을 만큼 많은 학자의 도도한 이론의 강이 흘러오면서 입법의 방향을 제시하고, 입법의 골격을 보여주고 있기 때문이다.

대륙법계에서 어떻게 법률가들이 키워지는지, 이론서 등을 통해서 교수들이 법을 어떻게 설명하는지를 보면 학자들의 영향력이 얼마나 큰지 이해할 수 있다. 대륙법 법률가는 교수의 강의를 들으면서 법을 배우는데, 이는 18세기 이래로 전혀 변한 것이 없다. 국법이든 국제법이든 학교에서 학파와 학설을 통해 법을 배운다. 사건에 대한 토론은 뒷전이다. 토론 자체가 의미가 없다. 법은 듣고 이해해야 할 무언가이기 때문이다. 법전이 새로 생겼다고 해서 달라지지 않는다. 법전은 달라졌어도 이전과 같은 수업을 한다. 여전히 제일 중요한 것은 교수 또는 법 이론서 저자의 강의다. 독일에서 발달해서 대륙법계 국가 전체로 퍼져나간 독일법학이 그 대표적인 예다. 20세기에 이르면 개별법에 관한 작은 책자들이 나온다. '법'을 읽는 것이 아니라 그런 '법 책'을 읽는다. 국가가 편찬한 법률보다 학자가 편찬한 법 해설서가 더 권위가 있다.

대륙에서 발간된 법제사 책을 보면 학자들이 법학에서 차지하는 지위가 어느 정도인지 알 수 있다. 법제사를 알기 위해서 책을 펴본 영미법계 법률가들은 깜짝 놀라지 않을 수 없었다. 법제사라고 하면 어떤 법령이나 제도가 어떤 사회적, 역사적, 경제적 맥락에서 변천되어왔는지를 설명하는 것이어야 할 것이다. 그래서 영미법의 법제사는 유명한 판례와 중요한 법률, 이야기들로 가득 차 있다. 그런데 대륙법은 그렇지 않다. 대륙법의 법제사에는 '어떤 학파가 있었고, 그 학파와 경쟁하는 다른 학파가 있었다'라는 설명이 대부분이다. 대륙법의 법제사 책을 펴면 제일 먼저 주석학파와 후기주석학파, 인문주의학파가 나온다. 그다음에 18세기 프랑스학파가 나오고, 독일법 제정 과정에서 있었던 사비니와 안톤 티보의 논쟁이 나온다. 한마디로 법을 주제로 한 사상사에 지나지 않는다. 사회·경제의 역사와 같은 내용은 하나도 없다. 제도의 기원과 발전 과정에 대한 설명도 없다. 이 법제사의 주인공은 온통 학자들이다. 그리고 그 주제는 법에 대한 학자들의 생각이다.

'대륙법에서는 학자들이 주연이다'라는 말이 괜히 있는 게 아니다. 입법자와 행정가, 정치가, 판사, 법률가 모두를 법학자들이 키운다. 학자들이 법 전체를 주무르고 법 관련 자료를 모아 법 이론을 만든다. 그런 다음 그 이론에 관한 책과 논문을 쓰고 학생들을 가르친다. 입법자와 판사들은 '법이란 무엇인가'에 대한 질문에 학자들이 만든 이론으로 대답한다. 그리고 법을 만들거나 적용할 때 학자들이 고안해낸 개념을 쓴다. 학자들이 무슨 권한을 가지고 있는 것은 아니지만, 그들의 영향력을 절대 무시할 수 없는 이유가 바로 이런 현실 때문이다.

미국의 경우, 이론적으로는 법을 만드는 사람의 힘이 제일 세지만 현실 세계에서는 "법관이 말하는 것이 법이다"라는 말 역시 틀린 말이 아니다. 탁자에 올라온 문제를 파악하고, 어떤 법률을 적용할지, 어떤 과정을 거쳐 결론을 내릴지 결정하는 것은 전부 판사의 몫이다. 실정법이나 옛날 판례를 뒤지거나, 해결의 지침이 되는 법을 가져와 실제 사건에 적용함으로써 판사는 법에 생명을 불어넣는 역할을 한다. 대륙법에서도 비슷한 말을 할 수 있다. 법이 무엇인지 알려면 학자의 말을 들으면 된다.

물론 세상이 조금씩 바뀌지 않은 것은 아니다. 대륙법과 영미법은 서로 영향을 미쳐왔고, 특히 법을 가르치는 방식의 차이는 시간이 지나면서 많이 희미해졌다. 19세기에 탄생한 미국 로스쿨은 대륙법적인 아이디어를 일부 차용해온 것이다. 대학에서 법률가 양성을 목적으로 법을 가르치는 것 자체가 대륙식이다. 이는 영미법계로 퍼져나가 지금은 영국을 포함한 대부분 영미법 국가에서 로스쿨로 자리를 잡았다.

다만 미국 로스쿨은 대륙법계의 법과대학과는 다른 두 가지 특징이 있는데, 하나는 사례연구(case method)를 한다는 것이고 다른 하나는 직업교육(graduated studies)을 한다는 것이다. 미국 로스쿨은 사례연구를 통해 고품질의 법 이론을 만들어냈고, 변호사 배출을 목적으로 강의를 한다. 최근에는 인접 학문의 성과까지 가져와서 고민의 폭을 넓혔다. 이런 학제 간 연구와 독특한 교육방식은 대륙법계까지 소문이 나서 법학자들이 미국 로스쿨에 배우러 찾아오는 일이 잦아지고 있다. 나아가 고국으로 돌아가 미국식 로스쿨을 설파하는 사람들도 있다. 이런 식으로 대륙법과 영미법은 서로 많이 닮아가고 있다. 물론 가야 할 길이 아직 한참 멀어 보이기는 하지만 말이다.

제10장 개념법학

대륙법에서는 학자가 말하는 것이 법이다. 볼로냐에서 로마법이 다시 발견된 이후부터 이런 현상은 조금도 변함이 없다. 사람들은 주석학파의 견해에 따라 법을 이해하고 가르쳤다. 법의 목표, 방법, 절차, 그리고 법률 문제에 대한 관점까지도 주류 법학자들 의견을 그대로 따랐다.

주석학파가 힘을 잃어가면서 후기주석학파가 나왔고, 이들의 연구방법론과 교육철학을 합쳐서 이탈리아학파라고 부른다. 그다음이 프랑스에서 발달한 인문주의학파이고, 자연법학과 국제법학이 뒤를 잇는다. 법제사의 어느 시점을 떼어놓고 봐도 늘 둘 이상의 학파가 경합을 벌였고, 그중 한 학파가 우세했다. 지금도 마찬가지다. 대륙법학을 가만히 들여다보면 지금은 개념법학의 시대라는 것을 알 수 있다. 대륙법 역사를 통틀어 가장 강력하고 단결력 있는 학자 모임이 바로 개념법학이다. 대륙법의 6요소라고 하면 로마민법, 교회법, 상법, 민주주의혁명에 개념법학이 포함된다. 마지막 한 가지 요소는 이제 태동 중이기 때문에 제20장에서 설명하도록 하겠다.

개념법학은 19세기 중후반 독일법 학자들의 작품으로, 사비니의 구상에서 시작됐다. 제4장에서 본 것처럼 사비니는 독일법이 합리주의와 비종교적 자연법학의 영향을 받은 프랑스법을 따라가면 안된다고 생각했다. 독일에서 역사적으로 발전해온 법률을 기초로 새로운 독일법을 만들어야 한다고 본 것이다. 따라서 독일법 제정을 위해 제일 먼저 해야 할 것은 그동안 시행되어온 법률을 분석해서 그 안에 들어 있는 기본 이론을 찾아내고 이들을 체계화하는 것이었다.

자세히 들여다보면 독일법의 중심에는 로마민법이 있다. 독일 학자들은 주석학파가 복원한 로마민법 이론을 받아들인 다음 거기에 독일식 색채를 가미했다. 특히 《로마법대전》 가운데 《다이제스트》를 열심히 읽었는데, 《다이제스트》를 라틴어로는 '판덱텐'이라고 하기 때문에 이 독일법 학자들을 판덱텐학파라고 부른다. 판덱텐학파는 독일법 공부를 통해 알게 된 법 이론에 대해서 다양한 글을 쓰면서 수백 년간 학파를 유지해왔다. 그러다가 19세기 중반 가장 높은 경지에 이르는데, 그때까지의 성과를 집대성한 논문이 쏟아졌고, 때마침 1871년 비스마르크가 독일을 통일하면서 1896년에 독일민법의 제정이라는 역사적 사건을 맞이하게 된다. 이 독일민법과 학자들이 쓴 글이 일부 영미법 국가를 포함해서 대륙법 전체에서 가장 많이 읽히는 교재가 되었다.

이건 단지 민법만의 문제가 아니다. 독일민법에서 발달한 개념과 법학방법론은 민법이 아닌 공법에도 적용되었고, 민법에서 시작된 개념법학이 모든 법학을 지배하고 있다. 사비니 시절부터 지금까지 수많은 비판과 반론이 있었음에도 불구하고 독일법 학자들은 개념 법학의 영향을 벗어나지 못했다.

개념법학의 주장에 따르면, 법의 세계에서 볼 수 있는 각종 자료들, 가령 법률과 규칙, 관습법 등을 잘 분석하면 그 전체를 아우르는 법 이론을 발견할 수 있다. 그것은 마치 과학자들이 물질에서 공통된 원리를 발견하는 것과 같다. 당시 유명한 법학자였던 루돌프 좀(Rudolph Sohm)의 말을 빌리면, "화학자가 물질을 분석하듯이 우리도 법률을 분석해서 그 핵심을 이루는 법 이론을 발견할 수 있"는 것이다. 이러한 법학은 태생적으로 자연법학과는 대척점에 선다. 과학적 방법론을 따르고 심지어 본인들이 과학자로 취급되기를 바란다(이들보다는 과학에 대한 집착이 조금 덜하지만 공부 방법 자체는 거의 비슷한 한 무리의 학자들이 19세기 중반 미국법학에서 나와 소위 사례연구라는 독특한 교수법을 설파한 적이 있다).

개념법학의 관점에서 보면 법학은 자연과학과 다를 바 없다. 개념법학에서 중요한 것은 자료에서 추출한 법 이론을 묶어서 하나의 체계를 완성하는 것이다. 그 후로 무엇이 추가되든 그것은 기존 체계에 맞아야 한다. 만약 맞지 않는다면 체계를 고치든가, 추가를 하지 말든가 둘 중 하나밖에 방법이 없다. 결국 시간이 지나면 법 이론의 체계가 더 중요해진다. 체계에 어긋나는 법은 만들어지면 안 되는 것이다.

체계를 중시하는 개념법학에서는 제일 중요한 것이 개념과 그것의 분류다. 수많은 개념을 만들어내고 그걸 나누면서 법학이 완성된다. 그걸 그대로, 기계적으로 다음 세대에게 가르친다. 개념법학자들은 기존 법률을 분석해서 개념을 추출하고 분류해서 체계를 세우고, 그걸 가르치고 배우는 과정에서 최대한 검증을 마쳤기 때문에 그것 자체가 진리라고 믿는다. 개념법학에서 개념은 써먹으려고 만드는 도구가 아니라 진리 그 자체다. 가령 법에는 사법(私法)이 있고, 공법이 있다. 그리고 상법이 있고, 농업법이 있다. 이런 구분법은 이해의 편의를 위해 만든 게 아니다. 실제로 세상에는 사법이 적용되는 세상이 있고, 공법이 적용되는 세상이 있다. 그 둘은 엄연히 다르다. 개념적으로만 다를 뿐만 아니라 현실적으로도 다르다. 공법 시간에 사법을 가르칠 수 없고, 공법 교수가 사법을 가르칠 수 없고, 심지어 도서관에서도 공법 책과 사법 책은 섞여서는 안 된다. 학자들이 논문을 쓸 때도 공법 논문 또는 사법 논문 중 하나를 택해야 하고, 법을 만들 때도 어떤 법을 만드는지 분명히 해야 한다.

이렇게 체계화된 법학을 공부해온 데 대해서 대륙법 학자의 자부심은 하늘을 찌른다. 대륙에서 온 법률가들은 분명하게 구분되면서도 전체적으로 통일된 질서를 이룬 법만이 진짜 법이라고 믿는다. 그런 체계가 잘 보이지 않는 영미법을 조잡하고 저급한 법이라고 비아냥거린다.

개념법학은 실정법을 분석해서 공통적인 것을 모아 개념화, 체계화를 한 것이기는 하지만 실정법을 들여다볼 때 그게 금방 눈에 띄는 것은 아니다. 개념 자체는 학자들의 창작품이기 때문이다. 법학자들은 나름대로 개념을 만들어서 실정법을 설명하고자 한다. 그래서 '개념'법학이다. 우리도 예를 들면 "계약"이라는 개념을 쓴다. 그것 없이는 이야기가 잘 안될 때도 있다. 따라서 법학에서 개념이 들어가는 것을 문제 삼을 이유는 없다. 문제는 그 개념에 지나친 의미를 부여한다는 데 있다. 혹은 기존에 없던 개념을 만들어서 그걸 외우도록 한다. 그리고 그 개념들을 서로 연결해서 체계를 만들어내는 일에 몰두한다. 학자들이 할 일은 바로 그것이라는 듯이, 실제 세상을 있는 개념 또는 새로 만든 개념을 이용해서 추상화시킨다.

이처럼 사실은 전부 들어내고 세상 자체를 추상화시키는 법학을 보고 미국이나 영국의 법률가들은 깜짝 놀라지 않을 수 없다. 개념법학이 만들어낸 이론에서 사실관계나 역사적 맥락 같은 것은 의미가 없다. 구체적인 사실은 중요한 것이 아니다. 개념법학의 목적은 실제 사건을 해결하는 것이 아니라 법 이론을 완성하는 것이기 때문이다. 구체적인 사실을 다 들어내고 최대한 추상화하다 보면 모든 사건에 고루 통용되는 법적 진실에 도달한다고 믿는다. 그렇기 때문에 개개의 사건에 집중할 일이 아닌 것이다.

개념법학의 방법론으로는 주로 형식논리가 이용된다. 개념법학자들은 법률이나 재료를 잘 주물러서 그 전체에 적용되는 상위 원칙을 만든다. 그 과정에서 잘 안 맞는 원칙 한두 개쯤은 억지로 묶기도 한다. 이 상위 원칙들을 잘 따져보면 그들을 다시 한데 묶을 더 상위의 원칙이 발견되고, 이런 식으로 거듭하다 보면 가장 윗자리에 "국법질서의 일반원칙"이 자리를 잡는다. 제7장에서 본 것처럼 적용할 법률이 없는 경우에 판사는 이 일반원칙에 따라 문제를 해결해야 한다. 이와 같은 법 이론의 체계화 과정에서 무의식이나 직관 같은 이질적인 요소는 낄 자리가 없다. 인간의 삶에서 때때로 아주 중요한 의미를 가지는 것인데도, 무의식은 이 과정에서 의미가 없다. 막스 베버의 말대로 개념법학은 "논리적이고 형식적인 합리주의"를 추구하기 때문이다.

또한 개념법학은 순수한 법학이어야 한다. 법과 관련 없는 것은 제외된다. 가령 사회과학 이론, 통찰력, 분석자료 등 법과 관련 없는 것은 고려 대상이 아니다. 개념법학의 창시자라고 할 수 있는 사비니와 그 추종자들이 역사법학파라고 불리지만 역사마저도 개념법학에서는 설 자리가 없다. 개념법학에서 역사란 역사학자나 법사학자가 신경 쓸 문제이지 법학자가 신경 쓸 문제는 아니다. 법학자는 오로지 법에만 관심을 가지고 법적 가치만 중시한다. 결국 다른 사회문화와는 섬처럼 동떨어진 법 이론이 만들어지고 마는 것이다.

이처럼 이데올로기나 사상으로부터 자유로운 법학을 추구해왔지만, 그 속내를 들여다보면 개념법학은 이데올로기에서 자유롭지 못하다. 그것 역시 시대적 산물이고, 정확히 말하면 19세기 후반 유럽자유주의의 풍토 속에서 태어난 사상이기 때문이다. 유럽자유주의의 특징은 개인과 개인의 자기결정권을 극단적으로 강조한 데 있었다. 사적 소유권과 계약자유의 원칙은 아주 예외적인 경우에만 제한될 수 있는 가장 중요한 기둥이라고 생각했다. 이른바 극단적 자유주의의 시대였다. 당시에는 법 중에 으뜸은 로마민법이라고 생각했고, 로마민법은 소유권에 관한 물권법과 계약법이 핵심이다. 개념법학자들은 이 법들을 공부하면서 더욱더 당대의 이데올로기에 깊이 물들었다. 법학이라는 이름으로 자유주의의 사상을 담아 법 이론을 만들고 대학에서 학생들에게 가르쳤다. 법학자들은 자유주의의 선봉에 섰고, 아는 법원의 법 해석과 적용에도 그대로 영향을 미쳤다. 판례에도 영향을 미쳤고, 거래 실무에도 영향을 미쳤다. 법 제도 전체가 자유주의로 물든 것이다. 그렇게 이데올로기에 물들어 있으면서도, 순수하고 과학적인 법학을 한다는 가림막을 쳤다. 결국 19세기 개념법학은 자유주의의 산물이면서, 가장 중립적이고 엄정한 과학인 것처럼 포장이 되었다.

독일 판덱텐학파가 싹을 틔우고 개념법학으로 완결된 이 사조 속에는 몇 가지 단어가 눈에 띈다. 과학주의, 체계화, 개념, 추상화,

형식주의, 순수학문 등이 그것이다. 대륙법을 공부한 법률가들 스스로도 이런 특징을 잘 알고 있다. 그래서 그 가운데 몇몇은 개념법학의 취지에 반기를 들고 나서기도 했다. 특히 2차 세계대전 이후에 이런 사람들이 목소리를 드높였다. 하지만 그렇다고 해서 개념법학이 시들어간 것은 절대 아니다. 대륙법계 국가 중에서 가장 발달된 국가를 빼고 나머지 국가에서는 요지부동이다. 일단 교수들이 개념법학자이고, 교과서도 개념법학에 맞추어 쓰였다. 개념법학이 흔들릴 이유가 없다. 법학을 공부하는 학생들은 일찍부터 개념법학물이 들어 의심조차 하지 않는다. 그들이 아는 법학이 그들에게는 전부나 다름없다.

이런 법학에 대한 반론은 여러 군데서 터져 나오고 있다. 먼저 개념법학이 구체적인 문제 해결에 도움이 안된다는 점과 무의식, 직관과 같은 엄연히 존재하는 것을 무시한다는 점, 사회 문제 해결을 위해 법만 바라보고 있어서는 답이 없다는 점, 법학자도 공공정책에 관해 목소리를 내고 경제 문제 해결에 대해서도 고민해야 한다는 점 등이 신랄하게 지적되고 있다. 하지만 대다수 법률가는 그들이 배운 법학에 매몰되어 있다. 다음 장부터 이게 어떤 결과를 가져왔는지에 대해서 살펴볼 것이다.

영미법 진영에서도 개념법학과 궤를 같이하는 생각들이 없었던 것은 아니다. 하지만 많은 세력을 확보하진 못했다. 그 이유는 아마도 개념법학이 교수들의 작품인데 반해서 영미법은 기본적으로 판사들이 주도하는 법이고, 판사들이 이론보다는 문제 해결에 더 관심이 많기 때문일 것이다. 개념법학이 주장하는 과학주의, 체계화, 형식주의는 문제 해결에 오히려 방해가 된다. 또 개념법학은 태생적으로 사법제도 내에서 판사가 아니라 학자와 입법자의 역할을 강조한다. 반면에 영미법의 주류를 이루는 법사회학(추상화, 형식주의, 순수법학과는 거의 반대되는)이나 법현실주의(과학주의와 체계화를 부정하는)에서는 법과 이론보다 절차가 훨씬 더 중요하다. 미국법과 개념법학은 그런 의미에서 어울리지 않는 것이다.

미국에서도 한때 독일법학의 영향을 받은 일련의 교수들이 소위 사례교육방법론을 도입했던 적이 있다. 법의 일부를 이루는 판례를 재료로 삼아서 그 안에서 공통 이론을 추출해내고 이를 체계화하는 일에 몰두한 것이다. 지금도 로스쿨 도서관에 가면 찾을 수 있는 《리스테이트먼트(Restatement of Law)》 시리즈가 바로 그 결과물이다. 그런데 이 책이 나오자마자 법현실주의자들의 신랄한 비판이 쏟아졌다. 결국 미국에서는 개념법학이 자리를 잡지 못하고 교육의 중점이 조금씩 달라졌다. 물론 지금도 판례를 공부하기는 하지만 그것은 어떤 사회 문제가 어떻게 풀려갔는지를 보여주는 기록이며, 법 절차가 어떻게 진행되는지를 보여주는 사례로 읽힌다. 판례를 관통하는 공통의 법 이론을 찾겠다는 생각은 아닌 것이다.

개념법학자인 루돌프 좀은 《로마법제요(Institutes of Roman Law)》에서 다음과 같이 주장한다. "법의 지배를 구현하는 방법은 두 가지다. 하나는 구체적인 사건에서 옳은 결정을 내리는 것이고, 다른 하나는 법 질서 전체를 지배하는 원칙을 발견하는 것이다. 둘 가운데 훨씬 더 중요한 것은 두 번째다. 우리가 적용하는 법률 전체를 관통하는 대원칙을 발견해야 한다. 과학의 힘으로 법 안에 들어 있는 최고의 법을 찾아 구현해야 한다." 미국은 법의 지배가 이런 뜻이라고 생각하지도 않고, 법의 지배를 구현하는 방법이 앞에서 말한 두 가지만 있다고 생각하지도 않는다. 하지만 굳이 좀의 설명에 따른다면 미국의 법학자, 판사, 법률가는 두 번째보다는 첫 번째에 치중하고 있다. 그런데 최근에는 개념법학이 지배하는 독일법학에서도 법사회학이라는 새로운 사조가 나와서 형식주의법학의 대항마로 떠오르고 있다. 점점 세력을 불려가고 있는 이 사조에 대해서는 이 책의 마지막 장에서 설명하고자 한다.

제11장 민법총칙

대륙법에서 법은 공법과 사법으로 나뉘고, 사법 안에는 민법과 상법이 있다. 민법은 다시 사람에 관한 법(법인 포함), 가족법, 상속법, 물권법, 채권법으로 나뉜다. 이런 목차는 유스티니아누스의《법학제요》도 같고, 19세기 민법전도 같다. 그 외 다른 법, 즉 행정법이나 형법 등도 전부 이 민법 체계로부터 발달해왔다는 믿음도 대륙법의 또 하나의 특징이다. 대륙법에서는 민법 공부가 우선이다. 민법을 보면 개념에 익숙해지고, 법의 기본 구조를 알며, 사법기관의 모습을 이해할 수 있다. 민법 외의 다른 법학은 전부 민법에 엄청난 빚을 졌다. 민법을 통해서 익힌 법의 기본 개념과 기본 구조를 받아 다른 법 연구에 쓰기 때문이다. 민법 학자는 선구자다. 가장 열심히 법 이론을 발전시켜가는 사람들은 늘 민법 학자다. 현대 사회로 오면서 소위 공법 영역이 눈부시게 넓어지며 이런 신념이 약간 흔들릴 만한 상황이 되기도 했지만, 근본적으로 바뀐 것은 없다. 민법은 여전히 기본법이고, 민법 공부가 우선이다. 대륙법계의 법학자들은 다 이렇게 생각한다.

민법에도 당연히 주요 법전으로서의 민법이 있고, 그를 보충하는 민사에 관한 특별법이 있다. 하지만 그보다 먼저 알아야 할 것이 바로 기본 개념과 이론이다. 이는 전부 학자들의 작품이며, 제9장에서 본 것처럼 학자들의 권위는 이 연구에서 나온다. 학자는 결국 개념을 정리하고 이론을 세우는 사람이다. 개념과 이론은 실정법인 민법에 적혀 있지 않고, 실정법을 기초로 학자들이 과학적 방법으로 추출해내서 체계화한 것이다. 자료를 통해서 추출해낸 일종의 진리, 그것이 바로 개념이고 이론이다.

개념과 이론이 무엇인지 알려면 세 가지 문헌을 들추어보면 된다. 첫째, 1896년 독일민법과 그 체계를 이어받은 다른 국가 민법에서 찾아볼 수 있는 소위 '총칙' 규정이다. 둘째는 법학자들이 심혈을 기울여 재구성한 복잡한 민법 이론서이고, 셋째가 법학을 처음 가르칠 때 학생들에게 소개하는 '법학개론'이다. 서로 다른 곳에 산재해 있는 것처럼 보여도 결국 이 세 가지는 같은 내용을 담고 있다. 민법총칙, 민법 이론서, 법학개론 이 3종 세트는 19세기 이후 독일법을 그대로 받아들였거나 독일법의 영향으로 기존의 민법을 개정한 국가에서 공히 확인할 수 있다. 독일법을 본뜨지 않은 국가도 자기 국가 법이 '과학적'이라고 여긴다. 여기서 말하는 과학성이란 총칙, 민법 이론서, 법학개론이 얼마나 잘 정리되어 있는지를 평가한 결과다. 그 세 가지가 체계적으로 정리가 잘되어 있으면 법은 과학적인 것으로 평가받는다. 그리고 기왕이면 민법전 총칙보다 민법 이론서나 법학개론이 잘 정리되어 있는 것이 더 높은 점수를 받는다. 학자들이 눈여겨보는 것은 민법전이 아니라 이론서나 교과서이기 때문이다.

자, 그럼 지금부터 대륙법계 국가의 민법총칙이 어떤 모습을 하고 있는지 알아보기 위해 법과대학에서 실제로 쓰는 한 교과서를 잠깐 들추어보자. 이를 통해 대륙법계 민법을 이해하는 데 가장 중요한 열쇠인 개념과 이론이 무엇인지 살펴볼 것이다. 이 교과서와 프랑스, 독일, 이탈리아의 교과서는 지엽적으로 조금씩 다를 수 있어도 기본적인 내용은 같다.

먼저 교과서는 기본 개념인 '법 질서(legal order)'에 대해 "사람이 사회생활을 하려면 사람들 사이에 충돌하는 이해를 조절하고 다툼을 피하기 위하여 일정한 규준(사회생활의 준칙), 즉 법이 필요하며, 구성원들은 법이 각자에게 지시하는 바를 이행해야 한다"라고 설명한다. 이걸 그대로 국가에 적용하면 국가는 '국가가 정한 법을 시민들이 잘 지키는지 감시하기 위하여 법 제도와 기관을 만들어 법을 집행하는 것'이다[이와 같은 법 질서에 대한 설명 가운데 절차에 대한 논의는 없다. 대륙법의 전통적인 설명에 의하면 대륙법에서 말하는 법 질서란 실재하는 법과 그걸 집행하는 기관 및 제도의 총합이다. 즉, 법 질서가 고정되어 있는 것처럼 설명한다. 법이 필요한 이유는 분쟁이 발생했을 때 그걸 해결하기 위함인데, 대륙법에서는 이에 대한 설명이 없다. 국가기관이 사인 간의 분쟁을 어떻게 인지하는지, 어떻게 법을 만들고 해석하는지, 궁극적으로 어떻게 법을 적용해서 분쟁을 해결하는지에 대한 설명은 없는 것이다. 오로지 법 질서를 이루는 고정된 법에 대한 설명만 있다].[*]

이어서 교과서는 법의 특징을 "법은 개인에게 어떤 행위를 할지 강제하는 명령규범"이라고 설명한다[실제로 모든 법이 다 명령규범은 아니다. 민법을 보면 '어떤 상태에 있으면 어떤 결과가 발생한다'고만 적힌 법도 있다. 가령 '사람이 유언 없이 죽으면 그 재산은 자손에게 상속된다'는 규정은 개인에게 특정한 행위를 하게 하는 명령규범과는 아무 상관이 없다]. 전통적인 설명에 따르면, 민법을 포함한 많은 법은 특정한 행위를 요구하거나 금지하며, 그럼으로써 "누군가에게 권리를 부여한다". 즉, 빚을 진 자가 빚을 갚아야 하기 때문에 빚을 준 자는 원금을 받을 권리가 생긴다는 식이다. "법이 개인에게 특정 행위를 요구하는 순간, 이로 인해 한 개인에게는 다른 개인에게 행위를 요구할 권리가 발생한다." 단, 여기서 말하는 법에 자연법은 포함되지 않는다. 대륙법은 오로지 실정법만 가지고 이야기하기 때문이다[이런 지적을 통해 대륙법의 두 가지 특징을 언급할 수 있다. 첫째, 대륙법은 개인의 권리를 중심으로 만들

---

[*] 본장의 대괄호 안 내용은 예시로 든 법학 교과서의 내용에 대해 저자가 덧붙인 해설이다. —역자

어진 법이라는 것이다. 물건이나 계약에 대한 권리, 가족법상의 권리 등 개인이 가지는 권리가 민법의 중심이다. 둘째, 국가가 제정한 실정법 외에 자연법은 전혀 고려사항으로 두고 있지 않다는 것이다〕. 법 규범은 단순한 권고가 아니다. 법을 어길 경우에는 "공권력이라는 필요악이 발동한다". 이런 의미에서 법은 양심의 가책이나 사회적인 비난이 뒤따르는 도덕이나 에티켓, 계명, 윤리와 다르다〔법 규범 가운데 '국가공권력의 제재가 발동하지 않는' 규범도 아주 많다. 유언 없는 상속의 경우 소유권이 누구한테 가는지, 계약에는 어떤 종류가 있는지, 민사나 형사사건, 소액사건의 관할법원은 어딘지를 정해주는 조항들 모두 제재와는 아무 상관이 없다〕. 민법총칙에 따르면 법 규범은 추상적이다. 특정 행위자를 지정하지 않고 '일반적인 예'만 보여준다. 즉, 채무자가 빚을 갚지 않으면 손해를 배상해야 한다고 선언하는 것이다. 예를 들어 스미스라는 사람이 존스라는 사람에게 빚을 갚지 않는 상황이 발생하면, 그 규정을 그대로 적용해서 '스미스는 존스에게 손해를 배상해야 한다'고 명한다〔이런 설명을 보면 대륙법에서 법관을 어떻게 이해하고 있는지 바로 눈치챌 수 있다. 대륙법 법관은 어떤 사건이 발생하면 재빨리 그 사실관계가 법에 정해져 있는 '사례'와 들어맞는지 확인한 다음 법에 정해진 결론을 읊어주는 사람에 지나지 않는다〕. 그런데 일반적인 예를 구체적인 사실관계에 적용하는 것의 가장 큰 문제점은 "그 결과 정의와 상식에 반하는 결론이 도출될 수도 있다"라는 데 있다. 이때 형평의 원칙을 적용하고, 이를 통해 "구체적 사건에서 정의가 구현될 수 있다"라는 점은 앞에서 설명한 바와 같다. 하지

민 대륙법에서는 "이와 같은 구체적 타당성이란 법적 안정성에 우선할 수 없다. 그렇게 되면 객관적인 법 질서를 판사의 구미에 맞게 바꾸는 것과 다를 바 없기 때문이다. 그보다는 오히려 지켜야 할 법규범을 알려주고, 그걸 지키지 않을 경우 어떤 결과가 따르는지 명확하게 정해놓는 것이 훨씬 더 바람직하다"라고 한다(제8장 참조).

이러한 '기본 개념'을 설명한 다음, 교과서는 본격적으로 '민법총칙'을 소개한다. 먼저 공법과 사법의 구별을 이야기한다. "공법은 국가와 기타 공공기관의 조직에 관한 법으로서, 그들과 사인 간의 관계를 규율한다. 이때 국가 및 공공기관은 개인보다 우월한 지위에 있으며, 개인은 국가에 종속하고 복종한다. 반면에 사법은 개인 간의 관계를 규율하는데, 공법과 비교할 때 사법의 가장 큰 특징은 평등한 관계에 적용되는 법이라는 데 있다"(공사법의 구별에 관한 자세한 논의는 제14장을 참조할 것). 교과서는 이 가운데 사법에 대한 설명에 집중하겠다고 하면서 사법규정 가운데는 임의규정과 강행규정이 있다고 한다. "임의규정은 개인 간의 합의 또는 협의가 있으면 그에 의하되 반드시 따를 필요가 없는 규정을 말하고, 강행규정은 공공의 질서와 관련된 조항으로서, 개인이 마음대로 바꿀 수 없는 규정을 말한다."

다음은 법원(法源, 법을 생기게 하는 근거 또는 존재 형식)에 대한 설명으로 이어진다. 대륙법에서 법원은 순서대로 법률, 명령, 관습법이다(제4장 참조). 그다음 법의 시간적 효력에 대한 이야기가 나온다.

법은 언제부터 효력이 있는지, 법을 폐지하려면 어떻게 해야 하는지, 과거의 일에도 지금 만든 법이 적용되는지, 사실관계는 그대로 진행 중인데 법만 바뀌면 어떻게 되는지 등등에 대한 이야기다. 이어서 법의 해석[제7장 참조] 문제를 설명하고, '법의 장소적 효력'을 두 국가 이상의 법이 적용 가능한 상황에서 어느 국가의 법을 적용해야 할지를 보여주며 설명한다.

법 일반에 대한 설명을 마치고 교과서는 법률관계에 대한 설명으로 들어간다. "사람 사이에는 다양한 종류의 관계가 있다. 사랑·우정 등 감정에 의해 지속되는 관계, 이해관계, 공통의 생활관계, 문화적 호기심에 따라 맺어진 관계 등이 그것이다. 누구나 이런 일반적인 관계와 채권자와 채무자 사이의 관계에 어떤 차이가 있는지는 쉽게 이해할 수 있을 것이다. 채권자와 채무자 사이의 관계는 법의 적용을 받는다. 법에 따르면 채권자는 채무자에게서 빚을 돌려받을 권리가 있고, 채무자는 빚을 갚을 의무가 있다. 이처럼 법률관계는 법에 따라 정해지는 두 사람 사이의 관계를 말한다. 가령 계약과 같은 법률관계를 맺고자 하는 대상을 당사자(parties)라고 하고, 계약으로 묶여 있는 당사자 외에는 제3자(third persons)라고 한다. 당사자와 제3자 간에는 법률관계가 없기 때문에 보통 법률관계에서 일어나는 법률효과가 긍정적으로든, 부정적으로든 제3자에게 미치지 않는다."[여기에도 많은 예외가 있어서 이 원칙이 맞는지 의문이다. 개인 간의 법률관계로 인해 제3자에게 법적인 효과가 발생하는 경우가 적지 않다.

너무 원칙만을 강조하고 예외는 등한시하는 잘못이 여기서도 반복되고 있다. 그런 일반화의 오류는 차치하고도, 어떤 상황에서, 어느 정도로 사인 간 법률관계로 인한 영향을 제3자가 받아야 하는지와 같은 중요한 문제에 대한 언급이 없다. 학자는 제3자에게 실질적으로 미치는 영향 따위는 생각하지 않고, 법적인 효과가 제3자에게 나타나는지만 생각한다. 그런 다음 제3자에게는 영향을 미치지 않는다고 단정해버린다. 그건 학자만의 생각이지 실제로는 그렇지 않다. 그럼에도 '존재(is)'라고 말을 함으로써, 그게 사실은 '당위(ought)'였다는 걸 은폐한다. '사인 간 계약은 제3자에게 영향을 미치지 않아야 한다(ought)'는 말을 '사인 간 계약은 제3자에게 영향을 미치지 않는다(is)'라고 단정해버리는 것이다.〕

원래 '권리(subjective right)'라는 개념은 '사법상 법률관계로부터 개인이 누리는 법적 이익'을 의미한다. "법 규범의 궁극적인 목적은 일반인의 이익을 보호하는 데 있다. 이를 달성하기 위한 가장 좋은 방법은 개인이 각자 이익을 추구하도록 두고, 그 이익을 법이 보장하는 데 있다. 따라서 법 질서는 개인의 이익을 중요한 가치로 여기고 법률관계에서 그것을 실현하는 일을 적극적으로 돕는다. 학자들의 견해에 따르면 권리란 개인이 이익을 추구해 만족을 얻을 수 있게 하기 위해 법이 인정하는 힘이라고 정의된다."〔여기서 우리는 다시 사법에서 권리 개념이 얼마나 중요한지 확인할 수 있다. 특히 개인의 의사에 관해서는 오랫동안 학자 간의 논쟁이 있었다. 어떤 사람들은 권리와 의무 모두 그 창설에 동의하는 당사자의 의사에 의해서만 정당화된다고 주장했다. 그 결과로 개인 간 법률관계의 근저에는 '의사'가 있다고 봤다. 이와 같은 의사설의 입장과 법률관계의 제3자효는 밀접한 관련이 있다. 즉, 자유로운 의사에 따라 법률관계를 창설하지 않은 제3자는 그 법률관계로부터 권리를 향유하거나 의무를 부담할 수 없다는 결론이 나오기 때문이다. 하지만 의사설이 아니라, 권리와 의무가 법률관계에서 표현된 개인의 의사와 관계없이 법 질서 자체의 판단으로 부과되는 것이라고 하면, 제3자에 대하여도 논리적으로 법률관계의 효과가 나타날 수 있다는 주장이 가능하다. 그러면서 논의의 중심이 앞에서 본 것처럼 어떤 상황에서, 어느 정도로 사인 간 법률관계로 인한 영향을 제3자가 받는지에 대한 실질적인 문제로 옮겨갈 것이다. 학자 중 다수는 이 점을 간과하고 있다.〕

권리자는 권리를 남용한 경우를 제외하고는 권리 행사로 인해 타인에게 발생한 손해를 책임지지 않는다〔이 명제는 정확하지도 않고, 충분한 논의 없이 내린 잘못된 결론에 가깝다. 앞서 사인 간의 법률관계가 제3자에게 어떤 영향도 미치지 않는다는 명제에 대한 비판은 여기서도 비슷하게 적용된다. 무엇보다 이 진술은 동어반복 이상의 의미가 없다. 권리를 남용한 경우를 제외하고는 권리 행사에 대해 책임지지 않는다는 말은 '권리 행사로 인해 책임지는 경우를 제외하고는 책임을 지지 않는다'라고 바꿀 수 있는데, 이는 아무런 의미가 없는 공허한 말이다. 중요한 것은 언제 책임지고 언제 책임지지 않느냐는 것인데 이 내용은 빠져 있다〕. '권리 남용'에 대해서 프랑스 같은 국가는 무엇이 권리 남용인지 학자들이 정의한 내용을 법원이 적용한다. 하지만 어떤 국가에서는 "그 판단을 판사의 재량과 들쭉날쭉한 기준에 맡기고 있어 위험해 보인다"라고 한다. 명확성의 원칙에 따라 입법자가 미리 제시해준 기준에 맞춰 판단해야 한다는 주장이다〔제8장에서 설명한 것처럼 여기서 다시 판사에게 재량권을 주는 것과 명확성의 원칙이 부딪친다).

　"권리를 나누는 가장 기본적이고 기초적인 방법"은 "절대권과 상대권으로 나누는 것"이다. "절대권은 특정한 상대방이 없고, 일반인을 의무자로 하여 모든 사람에게 주장할 수 있는 권리이며, 상대권은 특정인을 의무자로 하여 그에게만 주장할 수 있는 권리"를 말한다. 가장 대표적인 절대권은 '물건에 대한 권리'인 물권이다. 물권은 권리자가 물건의 전부(소유권) 또는 일부(제한물권)를 직접 지배해서 이익을 얻는 배타적 권리를 말한다. 물건과 그 권리자의 관계는 직접적이며, 권리의 향유를 위해서 타인의 도움이 필요치 않다. 다른 사람들은 그 권리자가 물건을 지배하는 데 방해하지만 않으면 되는 것이다. 반면에 권리의무관계에서는 의무를 지닌 자의 행위가 제일 중요한 의미를 가진다. 이렇게 특정인의 행위를 요구할 수 있는 권리를 채권이라고 한다. 즉, 물건에 대한 절대적 권리는 물권, 사람에 대한 상대적 권리는 채권이라고 부른다. 채권은 어떤 사람의 행위만 요구하는 것이라는 점에서 사람의 인격, 성명, 초상 등을 배타적으로 누릴 수 있는 인격권과는 내용이 다르다. 한편 절대권이든 상대권이든 불문하고 권리의 반대편에는 의무(duty)가 있다. 어떤 물권을 다른 사람이 침해하면 안 된다는 점에서 물권에 대한 의무자는 물권자 외 전부이고, 채권에 대한 의무자는 정해진 행위를 해야 하는 채무자에 국한된다.

이렇게 정의한 다음 교과서는 법률관계에 대한 설명으로 이어간다. "법률관계에서는 법익의 주체가 권리를 취득한다. 권리의 취득으로 인해 주체에게 권리가 발생하고, 권리자는 소유자가 된다. 즉, 권리는 주체가 향유하는 재산 중 일부가 되는 것이다. 권리의 취득은 다시 원시취득과 승계취득으로 나뉘는데, 원시취득은 타인의 권리를 바탕으로 하지 않고 원시적으로 취득하는 것이며, 승계취득은 타인의 권리를 바탕으로 하여 취득하는 것이다. 승계취득에서 권리자에게는 타인이 가지고 있는 이미 존재하는 권리를 이어받음으로써 권리가 발생한다. 따라서 두 가지 점을 주의해야 한다. 첫째, 승계취득에서 신(新)권리자는 구(舊)권리자가 가지고 있었던 권리 이상의 권리를 취득하지 못하고, 둘째, 구권리자의 권리에 제한이나 흠이 있으면 신권리자의 권리도 같은 제한이나 흠이 생긴다는 점이다."〔여기서 이 원칙에 대한 의문이 생긴다. 신권리자는 구권리자가 가지고 있던 것보다 큰 권리를 갖거나 더 작은 권리를 가지는 경우가 아주 많고, 신권리자의 권리가 전(前) 권리에 붙은 제한이나 흠 외에 다른 사유에 의하여 제한받는 경우도 많다는 점이다. 민법총칙 교과서의 저자의 승계취득에 관한 설명이 정확하고 충분한지에 대해서는 여러 가지 사례를 통한 검토가 필요하다.〕

다음 주제는 권리의 주체, 즉 권리를 갖게 되는 자연인과 법인(사단법인과 재단법인)의 종류와 특징에 대한 이야기다. 그런 다음 '권리의 객체'라는 제목하에 물건(유체물과 무체물, 동산과 부동산, 유형물과 무형물, 가분물과 불가분물, 소비물과 비소비물)을 나누어 설명한다.

이렇게 사법상 법률관계와 권리의무 등 대륙법이 자랑하는 기본적인 개념에 대해서 설명한 다음, 가장 중요한 개념인 "법률행위"로 들어간다[이것 역시 제10장에서 본 전형적인 개념법학의 성과물로서, 개념법학에 대해서 이야기하는 책들은 빠짐없이 이 개념을 중심에 둔다. 심지어 독일과 같은 국가에서는 법조문에 '법률행위(Rechtsgeschäft)'라는 개념이 적혀 있고, 그 외의 국가에서는 법 이론서에 설명이 들어 있다. 거의 대부분의 대륙법 국가에서 법률행위는 두 가지 의미가 있다. 하나는 학자들이 머릿속에서 만들어서 전파하고 있는 '법 질서'의 가장 중심에 있는 개념이고, 또 하나는 권리 개념과 더불어법 질서에서 개인이 주도적인 역할을 하기 위한 수단이다].

법률행위라는 개념은 '법률사실'이라는 개념에서 나온다. 앞에서본 법 이론에 대해서 잠시 생각해보자. 원래 법이란 일정한 사실관계에 적용되도록 만들어졌다. 법학자가 상상해낸 어떤 사실관계가존재하는 경우 그에 맞는 법률이 적용되어 결과가 나오는 것이다.이때 법적으로 의미를 가지는 사실관계가 바로 법률사실이다. 사람이 태어나는 것도 법률사실이고, 계약도 법률사실이다. 그런 사실이 있으면 법이 적용되어 법률효과가 발생한다. 가령 사람은 태어남으로써 권리능력을 가지고, 계약이 있음으로써 국가가 그 계약의이행을 강제하게 된다. 그런데 법률사실은 크게 두 가지로 나뉜다.사람이 병에 걸려 죽는다든가, 지진이 난다든가 하는 것처럼 사람의 의지와는 상관없이 발생하는 사실이고, 또 하나는 사람의 의지와 생각에 따라서 발생하는 사실이다. 앞의 것을 '사람의 정신작용에 의거하지 않은 법률사실'이라고 하고, 뒤의 것을 '사람의 정신작용에 의거한 법률사실'이라고 한다.

"법률행위에는 법률이 가치 있는 것으로 인정해 법률효과를 허용하는 적법행위와, 법률이 허용할 수 없는 것으로 평가해 행위자에게 불이익한 사실을 발생하게 하는 위법행위가 있다. 그리고 적법행위는 다시 물건을 소유한다든가 배를 만드는 것과 같이 외부세계의 변화를 일으키는 행위가 있고, 외부세계의 변화 없이 사람의 생각, 마음이나 의사를 타인에게 전달하는 데 그치는 행위가 있다. 이 가운데 사람의 마음이나 생각을 전달하는 것을 관념의 통지(declarations of knowledge)라고 하고, 사람의 의사를 표시하는 것을 법률행위(juridical acts)라고 한다. 이상의 논의 가운데 가장 중요한 것은 법률행위인 것과 법률행위가 아닌 것을 구별하는 것이다. 법률행위는 그 안에 표시된 의사대로 법률효과가 발생하는 데 반해, 그 외의 행위는 설령 의사나 생각이 표시된다고 해도 그것대로 효과가 발생하지 않고 법이 정한대로의 효과만 발생한다. 가령 어떤 사람이 서면을 통해서 혼인관계 외에서 생긴 아이가 자신의 아이라고 확실하게 선언하는 경우, 설령 그럴 마음이 본인에게는 없었다고 하더라도 그 아이에게 부양을 청구할 권리가 법적으로 발생하는 것과 같다. 따라서 이건 법률행위가 아니라 관념의 통지가 된다. 의사대로 결과가 발생하지 않기 때문이다."

"무수히 많은 법률요건 가운데 가장 중요한 것이 법률행위다. 법의 세계에서 일어나는 활동 가운데 가장 전형적인 것이다. 정확히 법률행위가 무엇인지 알기 위해서는 다음과 같은 사례를 살펴볼 필요가 있다. 어떤 사람이 유언장을 작성하거나, 둘 이상의 사람이 계약을 맺는 것은 일정한 법률효과가 발생하기를 원하기 때문이다. 사망의 순간 자신의 재산을 일정한 비율로 나누어 후세에게 넘기는 것이 유언이 의도하는 법률효과이고, 어느 정도 금액에 어떤 물건에 대한 소유권을 넘겨받는 것이 계약이 의도하는 법률효과다. 따라서 법률행위란 법률이 인정하고 보장하는 법률효과를 발생시킬 목적으로 의사를 표시하는 것이라고 정의할 수 있다. 법률행위에서는 행위자가 원한 대로의 법률효과가 발생하지만 그 외의 경우에는 행위자가 원한 대로가 아니라 법에서 정한 대로의 법률효과가 발생한다는 점은 앞에서도 본 바와 같다. 마찬가지로 법률행위에서 발생하는 법률효과는 법률이 인정하고 보장하는 것이라는 점에서 위법행위와 다르다. 법률행위란 실은 어떤 법적인 사실, 예를 들면 계약이나 유언 등을 보고 학자들이 분석해서 만들어낸 개념이다. 그 근저에는 '법은 개인이 원하는 대로의 효과를 발생하도록 한다는 점에서 개인에게 일종의 권리를 주는 것과 같다'는 사상이 들어 있다. 다만 무조건 권리를 주는 것이 아니라 법이 요구하는 일정한 기준을 맞추어야 한다. 가령 부동산을 양도하고자 하는 자는 서면으로 계약서를 작성해야 한다. 그리고 법률행위라고 해서 무조건 법률이 인정하는 것이 아니라 법률이 추구하는 목적에 어긋나지 않아야 한다. 이처럼 법률행위의 조건, 한계, 목적, 효과 등에 대해서 민법총칙에 자세한 내용이 적혀 있다. 개념법학의 관점에서 보면 법률은 결국 개인의 의지대로 이루어지도록 조력하는 것이 목적이기 때문에 법률행위는 법 질서의 형성에 가장 중요한 개념으로 볼 수 있다."〔이런 문단을 보면 개념법학의 기본적인 특성이 고스란히 드러난다. 개념법학은 '개인'의 법률행위와 그로부터 발생하는 '개인'의 법률관계를 약간의 거리를 두고 바라본다. "법률행위란 실은 어떤 법적인 사실, 예를 들면 계약이나 유언 등을 보고 학자들이 분석해서 만들어낸 개념이다"라는 설명에서 학자들은 있는 그대로를 기록하는 역할밖에 하지 않는다. 이처럼 개념법학에는 중요한 논점이 하나 빠져 있다. 바로 법 질서가 어떤 행위를 인정하는 것의 결정을 누가 할지에 대한 점이다. 법률행위의 유·무효는 누가, 어떤 기준으로 정하는가? 사법제도는 어떤 식으로 개인의 자주적인 결정권에 제한을 둘 수 있는가? 이런 구체적인 문제들에 대한 해명 없이 법 질서가 아무런 문제없이 존재하고 있는 걸로 생각하는 것이 개념법학의 맹점이다.〕

교과서는 이어서 법률행위를 단독행위와 합동행위, 생전행위와 사후행위, 무상행위와 유상행위로 나누어 설명한다. 그런 다음 법률행위의 요소에 대한 설명이 이어진다. "법률행위에는 그것이 없으면 법률행위 자체가 무효가 되는 필요적 요건이 있고, 법률행위의 유·무효와는 상관없는 임의적 요소가 있다. 필요적 요건 가운데 모든 종류의 법률행위에 적용되는 일반적 성립요건으로는 목적, 의사표시 등이 있으며, 각개의 법률행위의 성립에 필요한 특별성립요건이 있다. 가령 매매의 경우는 목적과 의사표시 외에 목적물과 가격이 특별성립요건이 된다." 일반적이고 필요적인 성립요건으로서는 목적과 의사표시가 있고, 일반적이고 임의적인 성립요건으로서는 조건과 기한, 방식 등이 있다. 그리고 법률행위의 무효와 취소, 해석과 효력에 대한 설명이 이어진다.

이 교과서는 민법총칙 마지막 부분에서 다시 한 번 권리의 보호에 관해 설명하며 민사소송의 사실 입증 문제를 짧게 다루고 마친다. 민법총칙은 교과서 전체의 4분의 1이 조금 넘는 대략 236쪽으로 구성되어 있다. 그 가운데 100쪽 이상이 법률행위에 대한 설명이고, 어디에도 권리나 사법제도에 대한 구체적인 설명은 없다. 일반적이고 추상적인 것에서 덜 일반적이고 덜 추상적인 것으로 설명이 진행되는데, 총칙에서 논의한 것을 기초로 뒷부분의 설명이 이어지는 식이다. 한 가지 특기할 것은 뒷부분으로 가더라도 논의의 패턴은 같다는 점이다. 먼저 개념을 정의하고, 그것을 분류한 다음에, 일반원칙을 나열한다. 실무에 직접 대입해보는 내용은 없다. 법률가의 머릿속에 개념과 구조를 넣을 목적으로 만든 책이기 때문에, 예외보다는 원칙을 강조하고 원칙에 잘 맞지 않는 부분은 생략하고 넘어간다.

결국 민법총칙에서 말하는 법은 이론으로서의 법이고, 이는 철저하게 학자들의 작품이다. 민법총칙에 나온 이야기가 독일처럼 실정법에도 등장하는 이유는 입법자들이 학자들의 책을 보고 법을 만들었기 때문이다. 그래서 총칙 부분이 따로 없는《독일민법전》이전의 법도 어디까지가 법 이론으로부터 온 것이고, 어디부터가 실제 법률인지 알 수 있다. 즉, 대륙법은 아무 이야기가 없더라도 앞서 소개한 민법총칙 내용을 염두에 두고 만들어진다. 법을 제정하고 해석하고 적용하는 사람 모두 학자들이 만든 민법총칙을 잘 알고 있고, 그것이 기본이고 진리라는 점에 동의한다. 학교 수업에서 배운 법학이 현실 세계의 법을 지배하고 있고, 법률가와 입법자, 행정가, 판사가 생각하고 일하는 방식 전부를 지도하고 있는 셈이다.

영미법에도 이처럼 법에 관한 기본 이론을 체계적으로 소개하려는 시도가 있었다. 19세기 말 영국과 미국 법학자들 가운데 독일 개념법학의 성과에 영향을 받은 사람들이 있었다. 1870년대 하버드 로스쿨이 도입한 사례연구 방식 역시 개념법학적인 사고를 일부 받아들인 것이었다. 그리고 20세기 초 영미 해석법학자들이 여러 가지 면에서 대륙법과 비슷한 방식으로 이론서를 펴냈고, 가끔 학자들의 주목을 끌기도 했다. 이런 노력이 집대성되어《리스테이트먼트》라는 일종의 법 이론서가 출간되었는데, 미국의 유명 로스쿨 교수들이 모여서 본장에서 설명한 민법총칙과 유사하게 미국법을 정리한 책이다. 나름 의미 있는 작업이기는 하지만 이론에 치중하느라 놓친 점이 적지 않다. 가령 이 책을 두고 법현실주의나 사회주의법학 관점의 법 영역에서는, 학자의 이론보다 실제 문제를 해결하는 판사의 역할이 중요하다는 점이나 미국의 법학교육제도가 대류법과는 근본적으로 다르다는 점을 지적하는 견해가 있었다. 영미 학자들도 질서와 체계를 갖춘 법학이 필요하다는 점을 부정하지는 않지만 그로 인해 잃어버리는 것이 너무 많다고 생각한다. 공고한 법 이론에 치중하다 보면 점점 법이 더 복잡해지고, 나날이 변화하는 사회의 요구에 부응하지 못할 가능성이 높아지는 것이다. 사회가 순수한 법학 이론에 몰두하도록 내버려둘 것 같지가 않다. 그런 의미에서 미국은 아직 학자가 아니라 실제 문제를 해결하는 판사가 주연 역할을 맡고 있는 시스템이라 볼 수 있다.

제12장 법의 적용

이번 장에서는 실제 사건에서 누가, 왜, 무슨 일을 하는지 각자의 역할 분담에 대해서 살펴보기로 한다. 그런데 이런 역할 분담 역시 국가마다 조금씩 차이가 난다. 먼저 법 절차가 무엇인지 공통적으로 합의된 개념이 없다. 그리고 그 절차가 어떻게 작동하는지도 국가마다 다르다. 혁명 이념과 개념법학을 공통 기반으로 하기 때문에 사람들 생각이 다 비슷할 것이고 이런 점이 당연히 절차에도 영향을 미쳤겠지만, 그럼에도 불구하고 국가마다 다른 점이 생기는 건 어쩔 수가 없다.

대륙법계에 속한 사람들은 보통 법 질서 전체를 구상하는 것은 학자의 몫이라고 생각한다. 학자는 법적 진리라고 할 수 있는 기본 원칙을 중심으로 이론적인 틀을 만들고, 책이나 논문을 통해서 이를 발표하며, 학생들에게도 이 이론을 가르친다. 절차도 이론의 영향을 벗어날 수 없다. 사실 학자가 만들어낸 이론은 말 그대로 이론이지 실제 사건에 적용되는 법률이 아니다. 그럼에도 학자들은 이론을 우선시하고, 실정법은 오히려 곁다리라고 생각한다. 학자는 철저히 현실과 동떨어져 있다. 구체적인 사건에서 법률을 적용하고 판결하는 것은 자기들이 해서는 안 되는 일이라고 생각한다(법전을 제정하거나 법 정비 작업을 하는 것에는 참여하겠지만). 그러면 학자의 최고 덕목이라고 여겨지는 객관성과 통찰력이 떨어지기 때문이다. 대신 더 근본적이고 가치 있는 일에 몰두해야 한다고 믿는다. 정치, 경제, 사회 등 법 외의 세계에 관심을 두지 말고, 정의론이나 이데올로기에도 관여하지 않아야 한다. 학자는 진리를 최우선으로 여기면서 순수 과학에 전념해야 한다. 이게 단순한 엔지니어에 불과한 판사나 입법자와는 다른 학자의 소명이다.

국민의 대표자로서 실제 정치를 담당하고 있는 국회의원은 역할이 다르다. 사회·경제적인 요구를 법률에 반영하고 사람들이 원하는 바에 부응하는 법률을 만드는 것이 그들의 임무다. 물론 그 과정에서 학자가 설명하는 법의 기본 원칙을 무시하면 안 된다. 원칙이란 학자들이 주장하는 이론에만 있는 것이 아니기 때문이다. 지금의 학자가 그렇듯이 이전 세대의 학자도 법 이론을 만들어냈고 그를 기반으로 체계적으로 법전을 편찬해왔다. 따라서 과거의 법전에도 만고의 진리라고 할 수 있는 기본 원칙이 들어 있다. 입법자가 할 일은 학자들이 연구를 통해서 미비점을 찾아내면, 그 미비점을 보완함으로써 기존의 법전과 그 안에 구현된 기본 원칙을 더 충실하게 완성하는 것이다. 이 역할을 잘해내기만 하면 완전하고 명확하고 체계적인 법, 법다운 법을 가질 수 있다. 학자가 입법자들이 만든 법률을 비판하는 이유는 그것이 사회·경제적인 요구를 반영하지 못했기 때문이 아니라 법 이론과 부합하지 않거나 주류 법학의 아이디어를 제대로 반영하지 못했기 때문이다.

통설에 따르면 판사는 '학자들의 설계에 따라 입법자가 만든 기계를 조작하는 사람'에 지나지 않는다. 대륙법계에서 판사를 "법을 말하는 입"이라고 설명하는 이유가 이것이다. 재판할 때 판사는 사실관계로부터 필요한 사실을 추출해서 그를 기초로 문제의 본질이 무엇인지 파악하고, 거기 적용될 법을 찾아내서 적용한다. 학자와 입법자가 자기 일을 충실히 했다면 판사의 일은 전혀 복잡할 것이 없다. 정답은 하나밖에 없고, 다른 고민을 할 필요가 없다. 혹시라도 판사가 적용할 법을 찾지 못하거나 그 법을 주어진 사실관계에 적용할 때 어려움을 겪는다면 그 이유는 간단하다. 판사가 시키는 일을 잘할 줄 모르거나, 입법자가 사실관계에 적용될 정확한 법을 만들지 못했거나, 학자의 이론에 흠결이 있어서 판사나 입법자를 잘못 가르쳤기 때문이다. 다른 이유는 없다. 각자가 주어진 역할을 잘 수행했다면 판사는 어려움 없이 법을 찾아서 적용할 수 있었을 것이다. 해결이 어려운 사건은 그야말로 예외에 불과하고, 그런 사건이 있다고 해서 대륙법이 잘못 작동하고 있다는 증거가 되지도 않는다. 해결이 잘 안 되는 사건이 나오면 학자들이 재빨리 해결책을 마련해서 입법자들에게 건네주면 되는 것이다. 법 질서가 완전한 것이 아닌 이상 이론의 힘을 빌려서 올바른 해석과 적용 방법을 고민해내면 된다. 법이 새로 나오기까지 판사들이 새로운 해석 이론의 도움을 받을 필요가 조금 있을 뿐이다.

대륙법 세계에서 가장 중요한 것은 법적 안정성을 확보하는 것이다. 학자는 법이라는 구조물을 가장 완벽하게 쌓아 올려서 늘 확실한 결과가 나오도록 노력한다. 그러기 위해서는 우선 법 자체가 완전하고, 분명하며, 흠결이 없어야 한다. 즉, 입법자의 역할이 가장 중요하다. 판사는 법적 안정성을 최고의 목표로 두고 법을 해석, 적용해야 한다. 가혹한 결과가 나온다고 해서 법을 바꿀 일은 아니고, 모든 비법률적인 고려도 재판에서 제외된다. 다른 어떤 목적보다 우선시되는 것이 법적 확실성 또는 안정성이다. 비현실적이고, 가혹하고, 부당한 결론이 나오는 것은 어쩔 수 없다.

조금 과장해서 말하기는 했지만 바로 이것이 대륙법 세계에서 보는 법의 작동 방식이다. 사법제도 내에서 일하는 사람은 전부 이 이론에 따라서 움직인다. 다만 그럼에도 불구하고 이론과 실제가 약간 차이가 나는 경우가 있다. 그 이유는 대체로 다음과 같다.

첫째, 학자라고 해서 다 같은 목소리를 내는 것은 아니기 때문이다. 법 이론에 대해서는 물론이고 개개의 법률과 판결의 옳고 그름에 대해서도 견해가 다르다. 어떤 시대를 막론하고 대륙법 내에서 법적 문제에 대해 생각이 다른 그룹이 존재했다. 편차라는 것이 존재하지 않을 것 같은 순수법학 분야도 마찬가지다. 조금만 들여다보면 말로는 객관적이라고 하면서도 학자들의 생각에 나름대로의 가치 판단이 개입되는 경우가 많다. 좌파 법학자들은 벌써 100년 넘는 시간 동안 개념법학이 숨기고 있는 유럽자유주의 사상을 비판해왔다. 19세기와 20세기에 순수법학이라는 이름으로 부르주아 자유주의가 주창되어왔다는 점을 꼬집고 있는 것이다.

둘째, 입법자들이 아무리 모든 법률 문제에 대해서 정확한 해답을 주려고 해도 그게 늘 성공하는 것은 아니다. 그래서 판사가 할 일이 많아진다. 법 해석이 필요한 것이다. 사실관계에 적용할 법을 찾아놓고 보면 그 법이 불분명하고 애매하게 아주 추상적인 방향만 제시하는 경우가 많다. 판사가 지금 맞닥뜨린 문제를 입법자가 미리 예상해서 법을 만들 수는 없었기 때문이다. 그렇다고 해서 법이 불분명하고 애매하다는 이유로 판결을 하지 않을 수도 없다. 판사는 어떻게든 결론을 내려주어야 한다. 요컨대 법이 애매하면 판사가 법을 만들 수밖에 없다. 판사는 당연히 법의 지침을 따랐다고 할 테지만, 법이 말하지 않는 것을 말했다는 점만큼은 부정할 수 없다. 특히 프랑스처럼 오래된 법전을 사용하고 있는 국가에서는 이런 문제가 자주 일어난다. 예를 들면 프랑스는 《나폴레옹민법전》에 있는 단 몇 개의 불법행위 조문으로 지금 일어나는 수많은 사건을 해결하고 있다.

이와 같은 판사의 '법 만들기' 관행은 대륙법에 속한 대다수 국가에서 판결문이 출판되어 공개되고 있다는 점을 고려하면 그 문제가 더 심각해진다. 영미법 세계처럼 사실관계까지 포함해서 아주 자세한 판례가 나오는 것은 아니지만, 상급법원은 물론이고 하급심 법원의 판례도 공개된다. 변호사들은 이런 판례를 보면서 판사가 법률을 어떻게 해석하는지 힌트를 얻는다. 판사들 역시 똑같은 방식으로 영향을 받는다. 판사는 원래 기존 판례에 따를 의무가 없다. 하지만 그건 이론상 그럴 뿐이고, 실제로는 이론과 다른 일이 벌어진다. 특히 하급심 판사는 자기 생각과 다른 결론이 나와도 상급심 판례를 따르지 않을 수 없다. 그랬다가는 나중에 판결이 뒤집힐 것이기 때문이다. 말로는 해석이 같다고 하지만 실제로는 무작정 판례를 쫓아가고 있다.

셋째, 실제 사법제도 안에서 사람들의 행동은 이론에서 말하는 것과 확연한 차이가 있다. 학자들은 그 차이가 얼마 안 나는 것처럼 열심히 주장하고 다니지만, 실제 사건을 맡고 있는 판사는 물론이고 입법자나 학자까지도 많은 수가 전통적인 이론이 잘못되어가고 있다는 점에 동의한다. 미국과 스칸디나비아에서 지지자를 많이 확보했던 법현실주의는 개념법학이 정의 구현에 실패했다는 점, 일반 국민이 법에 대해 불만이 많다는 점, 사회·경제적인 발전 속도를 법이 따라가고 있지 못하다는 점 등을 지적했다. 과연 지금과 같은 법 이론 교육이 맞는지, 이를 통해서 공사 모든 영역에서 올바른 결정이 내려지고 있는지 의심하는 목소리가 커지고 있다. 순수법학을 주창하는 학자들은 현실 세계에 적용 가능한 법 이론을 만들 능력이 있는지 의심을 받고, 이론의 무결성에 대한 신뢰도 이미 많이 흔들리고 있다. 혁명기 프랑스와 19세기 독일에서 발달한 법학이 과연 지구 반대편 다른 국가에서 제대로 작동할지 의문이다. 그 틈에 개념법학 대신 새로운 사조가 나와 그 영역을 확대해나가고 있다. 다만 아직까지도 많은 학자가 기존 이론의 틀에서 벗어나지 못하고 있어서 새로운 사조가 도래하는 데 방해가 되고 있을 뿐이다.

결국 문제는 학자이고, 그 학자들의 독점구조다. 학자 간에 이견이 있음에도 불구하고 본장에서 설명한 대륙법의 기본 작동 원리 자체를 송두리째 바꾸고자 하는 시도는 성공하지 못하고 있다. 이익법학이나 법현실주의, 법사회학, 법경제학, 법정책학적 시도 등도 모두 주류 법학자의 반발에 부딪히고 있다. 학자들은 이런 시도를 의미 없다고 보지 않으면서도 섣불리 혹은 흔쾌히 받아들일 생각은 없다. 새로운 시도가 법학과 다른 학문 간의 융합을 요구하고, 판사의 역할에 대한 재평가를 요구하고 있기 때문이다. 대륙법이 기초한 법 원칙에 대한 부정으로 비추어지기도 할 것이다. 학자들은 이론적인 성벽을 너무 높이 쌓고 있고, 그들에게 배운 법률가들은 이미 너무 늙어버린 것인지도 모른다.

다만 품을 수 있는 희망이 하나 있다면 대륙법 전통 안에서 기발하고 똑똑한 학자들이 많이 성장하고 있다는 점이다. 아직 전쟁이 다 끝난 것은 아니다. 지금도 계속되고 있는 새로운 사상전에 대해서는 마지막 두 장에서 다시 한 번 설명할 기회가 있을 것이다.

제13장 관할 배분

전형적인 영미법 국가의 경우 관할이 한 개이고, 그 정점에 대법원이 있다. 이런 구조를 소위 피라미드 구조라 한다. 이 피라미드 구조의 아래쪽인 하급심에 얼마나 많은 법원이 있고, 그들 사이의 역할 분담이 어떻게 되어 있는지와 상관없이, 사건의 최종 목적지는 대법원이다. 형사사건, 자동차 사고나 계약과 관련된 민사사건, 행정부의 행위의 위법성을 다투는 행정소송, 헌법상의 기본권 관련 소송, 행정법원의 보상 결정에 대한 이의제기와 같은 모든 분쟁은 최고법원의 심사를 받을 가능성이 있다. 그래서 영미법 세계에서는 형사나 민사, 행정, 헌법 등 다양한 분쟁에 관해 마지막 목소리를 내는 곳이 대법원이라고 알려져 있다.

그런데 대륙법 세계는 조금 다르다. 일단 법원이 여러 종류가 있고, 그 각 법원이 다루는 문제가 다르며, 법원에 배속된 판사, 절차, 각 법원별 심급 구조가 다르다. 그중 한 법원에서 다룬 문제는 다른 법원에서 다룰 수 없고, 다른 법원으로 항소할 수도 없다. 전형적인 영미법 국가의 법원을 하나의 피라미드로 표현할 수 있다면, 대륙법 국가의 법원은 피라미드를 여러 개 그려야 한다.

이 여러 법원 가운데 가장 중요한 것은 일반법원으로, 주로 보통 시민의 삶과 관련된 사건을 다루는 곳이다. 거기서는 '일반' 판사가 민형사상 각종 사건에 대해서 재판을 한 다음 판결을 선고한다. 일반법원은 혁명 이전 유럽의 보통법 시대부터 존재하던 민사법원의 후손으로, 대륙법에서 판사라고 하면 보통 이 일반법원의 판사를 가리킨다. 우리가 보통 이야기하는 삼권분립이론에 따른 사법부의 독립은 일반법원의 독립을 의미한다. 일반법원 판사의 가장 기본적인 직무는 기본법을 해석해서 적용하는 것이다. 민족국가가 출현하면서 교회와 지방 영주, 일반 사인의 재판권은 없어졌고, 일반법원이 모든 사건을 관할하면서 국가의 법 질서가 통일되었다. 여기에다가 법을 만드는 기능까지 국가가 장악함으로써 사법제도 전체를 국가가 독점하게 되었다는 것은 주지의 사실이다. 사법의 국가 독점을 보여주는 것이 바로 일반법원이다.

프랑스를 예로 들면, 프랑스의 일반법원은 종래 다양한 형태로 존재하던 여러 법원을 한데 묶은 것이다. 원래 프랑스 법원의 중심은 영주법원이었다. 영주법원은 보통법이 유럽 전역에 적용되던 시기에 민사나 형사분쟁을 주로 다루던 법원이었다. 나중에 교회법원의 관할권이 점점 없어지면서 교회법원이 다루던 사건도 영주법원의 관할이 되었고, 국가가 법원 시스템을 통합하면서 이 영주법원을 일반법원으로 재편했다. 한편 상인 간의 분쟁은 영주법원이 아닌 상사법원에서 다루었는데 이탈리아는 상사법원까지 전부 일반법원에 편입시킨 반면, 프랑스에서는 상사법원이 별개로 존재하는 대신, 2심 이상은 상사법원 사건도 일반법원이 다루게 만들어놓았다. 상사법원을 그대로 두어 상인 간의 분쟁을 주로 다루도록 하고, 그 옆에 영주법원을 이어받은 일반법원을 둔 것이다.

프랑스와 프랑스법의 전통을 이어받은 국가에서는 일반법원 시스템 위에 파기법원이 있다. 파기법원은 앞에서 본 것처럼 일반법원 판사들이 법 해석에 어려움을 겪을 경우 유권해석을 하던 기관으로, 처음부터 법원으로 만들어진 것이 아니었다. 그래서 지금도 주 임무가 '파기'이지 재판이 아니다. 가령 프랑스의 영향을 받은 이탈리아 파기법원은 오로지 '법 적용과 해석 문제'에만 관여한다. 하급심 법원이 법률이나 명령, 관습법을 잘못 해석했을 경우에 한해 파기법원에 사건을 가져갈 수 있다. 계약서나 유언, 정관 등을 잘못 해석한 것은 파기법원이 다루지 않는다. 그건 법의 해석 문제가 아니기 때문이다. 사실관계를 잘못 이해했다는 것도 파기법원이 관여할 문제가 아니다.

파기법원은 법 해석 문제만 다루고 구체적 사건에 판결을 내리지 않는다. 하급심 법원의 해석이 맞으면 맞다고 하고, 오류가 있었으면 정확한 해석이 무엇인지 설명한 다음 사건을 하급심 또는 그와 동급 법원에 돌려보낸다. 다시 판단할 기회를 주는 것이다.

일반법원이 중세 보통법 시대의 영주법원과 교회법원, 상사법원을 한데 모은 것이라면, 파기법원은 프랑스 혁명 이후 법 해석 문제만을 다루기 위해 새로 만든 특별법원이다. 일반법원은 민사사건에 민법과 상법, 민사특별법을 적용하고, 민사소송법에 정한 절차에 따라 재판한다. 형사사건은 형법과 형사특별법을 적용하고 형사소송법에 정한 절차에 따라 재판한다. 결국 각각 민법, 상법, 형법, 민사소송법, 형사소송법이라는 다섯 기본 법전과 이를 보충하는 법률을 주로 다루는 일반법원은 대륙법의 사법제도에서 가장 핵심적인 지위를 차지하고 있다.

이외에 대륙법 국가에는 행정법원이라는 또 하나의 법원이 있다. 일반법원과 전적으로 분리된 법원이다. 프랑스 혁명 이전의 일반법원에 당시 사람들이 가진 불만 가운데 가장 큰 것은 법원이 정부가 하는 일에 자꾸 간섭한다는 점이었다. 그래서 법원으로 대표되는 사법과 행정을 분리하는 권력분립의 가치 아래 법원이 정부가 하는 일을 판단한다거나 정부에 특정 행위를 명할 권리를 박탈해버렸다. 영국 법원이 아직도 정부에 의무이행명령을 내리거나 행정부의 직무수행 행위 위법성을 판단하는 것과 비교되는 대목이다. 프랑스에서는 판사가 법을 만드는 일을 못하게 하는 것은 물론이고, 정부가 하는 일에도 일체 간섭하지 못하게 했다. 그럼으로써 삼권분립을 완성한 것이다.

입법기관이 모든 법의 원천이고 행정부도 법에 정한 한도 내에서만 행위할 수 있으므로 사실 행정에 관한 판단을 법원에 맡길 필요도 없다. 법에 어떻게 적혀 있는지만 보면 되기 때문이다. 프랑스에서는 이런 판단을 하는 기관으로 국무원(Council of State)이 있다. 원래 왕에게 조언을 하는 기구였는데 점차 행정부 내 최고기관으로 성격이 바뀌었고, 행정행위의 적법성과 관련한 이의제기를 듣고 판단하는 등 법원과 비슷한 역할을 하게 되었다. 이렇게 시작된 행정법원은 독자적인 절차법과 구제수단을 갖추었다. 실제로 적용하는 법조문 자체는 몇 개 되지 않지만, 그동안 국무원이 내린 중요한 판결이 쌓여 오늘날 행정법이라는 독자적인 법 체계가 구축되었다. 프랑스법을 계수한 벨기에와 이탈리아 역시 국무원을 행정법원처럼 운영하고 있고, 독일과 오스트리아 역시 행정법원을 새로 만들었다.

대륙법에서 이처럼 일반법원과 행정법원은 서로 다른 조직이고, 각각 독자적인 관할권을 행사한다. 한 사건이 두 군데 모두 가는 일은 없다. 만약 성격이 모호한 사건이 발생해서 행정법원으로 갈 경우 피고인은 그 사건은 행정법원 관할이 아니라 일반법원의 관할이라고 주장할 수 있다. 학자와 입법자가 아무리 열심히 노력해도 관할이 불분명한 사건이 있을 수는 있다. 이런 문제를 해결하기 위해 이탈리아의 경우 파기법원에게 사건이 어느 법원의 관할인지 결정할 권한을 부여했고, 프랑스의 경우는 이 문제만 전담하는 '관할결정재판소(Conflicts Tribunal)'를 따로 두었다. 반면에 독일의 경우는 처음 소송을 제기한 법원에서 일반법원 관할인지 행정법원 관할인지 결정할 수 있게 하는 대신, 그 결정에 대해서는 상급심에서 한 번 더 다툴 수 있도록 한다.

최근 들어 삼권분립의 원칙에 따라 일반법원에서 행정만 전문적으로 다루는 행정법원을 분리한 정책에 균열 조짐이 보이고 있다. 일례로 2차 세계대전 이후 독일과 이탈리아에서는 헌법을 개정해서 국회가 제정한 법률의 헌법 위반 여부를 심사하는 헌법법원제도를 도입했다. 법률이 위헌이라는 판단을 받으면 그 판단은 모든 국가기관을 기속하고, 판례도 그 취지를 거스를 수가 없다. 이런 제도는 입법권의 절대적 우위를 규정한 삼권분립이론에 정면으로 배치된다. 심지어 여기서 한 걸음 더 나아가 독일과 이탈리아에서는 행정부의 행위가 위법한지 여부도 헌법법원이 심사할 수 있도록 했다. 사법기관의 일종인 헌법법원을 만들어 입법과 행정을 제어한다는 것은 삼권분립하에서는 도저히 생각할 수 없는 일이다. 그래서 전통적인 이론을 고집하는 쪽에서는 헌법법원은 법원이 아니며, 그 안에서 결정하는 사람은 판사가 아니라는 식으로 그 의미를 폄하한다. 헌법법원의 출현에도 불구하고 사법, 입법, 행정을 나누는 삼권분립은 여전히 작동하고 있다는 점을 애써 강조하는 것이다.

어쨌든 대륙법에서는 법원이 행정과 입법에 관여할 수 없도록 구획을 나눈 반면에 영미의 보통법(common law)에서는 법원이 모든 문제를 다루도록 하는 단일관할 시스템을 구축했다. 그 중간쯤에 있는 것이 라틴아메리카다. 라틴아메리카는 기본적으로 대륙법을 받아들였지만 미국의 영향도 강하게 받아서 일반법원에 위헌법률심사권을 부여한 바 있다. 민사법은 몰라도 최소한 공법이나 헌법에 관한 한 미국법의 영향을 많이 받았다는 뜻이다. 법원이 법률의 위헌심사를 할 수 있다는 것은 전적으로 미국의 아이디어다. 다만 아직까지 미연방대법원처럼 헌법의 수호자로서 법원의 이미지가 강한 것은 아니다. 대륙법의 원칙인 '법원은 다른 권력에 개입할 수 없다'는 생각에서 완전히 자유롭진 않은 셈이다.

제14장 공법과 사법

    법을 나누는 방법도, 이유도 여러 가지다. 법을 어떻게 나누느냐에 따라 전체적인 법 체계를 이해하는 방법도 달라진다. 대륙법에서는 법을 나누는 방법 자체가 하나의 법이다. 아무렇게나 나누는 것이 아니라 일관된 원칙하에서 나눈다. 법을 나누는 방법은 사건을 어떻게 분류할지, 교육 과정을 어떻게 구성할지, 학자들의 전공을 어떻게 나눌지, 책이나 학회지의 주제를 어떻게 정할지, 도서관 서가에 책을 어떻게 배열할지에 영향을 미친다. 법률가 사이에서 오가는 대화조차도 법의 분류와 관련이 있다.

    영미법에서는 어떤 원칙을 세우고 법을 나누지 않는다. 역사나 관습, 습관 등의 영향을 받아서 다양한 기준으로 나눈다. 하지만 대륙법은 법을 나누는 것 자체가 학자들의 오랜 연구의 결과물이고,

단순히 나누는 데 그치는 것이 아니라 나눈 부분이 전체 법 체계에서 어떤 위치를 차지하는지를 심각하게 고민한다. 제10장에서 본 것처럼 법학자들은 각종 법 관련 자료로부터 법의 기본 개념을 추출한다. 그걸 모아서 범주화하다 보면 완성된 법 체계가 된다. 즉, 개념과 범주는 체계의 한 요소이자 속성이 된다. 처음에는 단순히 설명 목적으로 나눠본 것이었는데, 그것 자체가 하나의 규범이 되어 달리 나누는 방법은 없는 듯한 느낌을 준다. 개념과 범주를 특히 강조하다 보면, 체계화, 추상화, 형식주의, 순수법학 등 대륙법의 특징이 고스란히 묻어 나온다. 학자들이 학생들에게 주로 가르치는 것도 이 개념과 범주다. 그것이 모든 법의 기초이기 때문이다.

대륙법은 법을 공법과 사법으로 나눈다. 대륙법 국가의 법률가들이 보기에 이는 가장 기본적이면서도 명백한, 꼭 필요한 분류법이다. 적어도 논문이나 책, 교재 등도 전부 이 이분법에 기초하고 있다. 유럽과 라틴아메리카에서 법학을 배우는 학생은 아주 어린 나이부터 공법과 사법으로 법을 나누고 공부를 시작하기 때문에 그 분류법에 문제가 있다고 생각하지 않는다. 영국 법학자 홀랜드(T.E. Holland)를 비롯한 많은 학자가 공법과 사법으로 나누는 것에 심각한 결함이 있다고 지적하며, 그런 구별은 필요하지도 않고, 원칙도 아니며, 분명하지도 않다고 주장한다. 하지만 이런 분류는 대륙법계 법률가에게는 전혀 의심할 여지가 없다. 그들에게 공법과 사법은 물과 기름이다. 그들은 공법인지 사법인지 헷갈리는 영역이 생기면 분류법이 잘못되었다고 생각하지 않고 현실이 잘못 돌아간다고 생각한다. 그리고 더 열심히 공부해서 둘 사이를 더 확실히 나누려고 하며, 법률이나 판례, 이론 등 모든 면에서 공사(公私) 이분법을 관철하려고 한다. 분류가 안 되면, 분류법을 의심하는 것이 아니라 공부가 덜 되었다고 생각하는 것이다.

공사법 구별론은 대륙법 전통 안에서 오랜 역사를 가지고 있다. 이 구별이 로마 시대 고전주의 법학에서 시작되었는지, 아니면 유스티니아누스 시대의 《로마법대전》에 처음 등장하는지 여부는 분명치 않지만, 최소한 주석학파와 후기주석학파의 저술에는 이 구별법이 자리 잡은 것을 확인할 수 있다. 중세 보통법 시대 내내 공법과 사법이 구별되었고, 19세기 법전 편찬과 사법개혁의 틀 속에서도 이 구별은 지속되었다. 같은 세기 개념법학자들이 나와서 법학 전체의 체계를 다시 세울 때도 공법과 사법은 준별되는 것이었고, 학자들의 저술에서 거듭 강조되면서 이 구별은 아주 기본적이고, 필요하며, 명확한 것으로 인식되기에 이르렀다.

공사법 구별론은 그 안에 특정 이데올로기를 담고 있다. 17세기와 18세기 유럽의 정치, 경제, 사회적 분위기를 반영하는 것이고, 19세기 프랑스, 오스트리아, 이탈리아, 독일에서 제정된 민법전의 기본 이념을 대표한다. 원래 민법전은 사법 가운데 가장 핵심이 되는 것으로서 개인의 소유권과 계약자유를 그 내용으로 한다. 당시 합리주의와 세속적 자연법에 따라 국가는 개인의 불가침의 소유권과 자유로운 계약을 간섭해서는 안 된다는 주장이 세를 얻었다. 국가가 할 일은 개인의 권리를 인정하고 보장하는 것이며, 이를 명시해놓은 민법은 헌법과 다름없는 기본권의 보루로서 의미를 가지는 것이었다.

공사법 구별론은 자유주의 사상과 당대의 특유한 생각에 기반하고 있다. 예를 들면 경제가 아직 비약적으로 발전하지 않은 시대답게, 경제활동의 주체는 개인이고 국가의 역할은 아주 미미한 것으로 전제하고 있다. 개인만 중요하고 개인이 모인 법인이나 회사, 노동조합은 사회·경제적인 의미에서 주요 참가자가 아니라고 생각했다(21세기를 사는 우리의 생각과는 너무 동떨어져 있지만). 법적으로 보면 세상에는 개인과 국가가 있을 뿐이다. 그런 생각이 그대로 반영된 것이 공사법 구별론이다.

19세기에는 대부분이 이런 생각을 하고 있었던 때라 법학자들도 이를 의심 없이 받아들였고, 19세기 자유주의가 그대로 녹아든 법학이 나왔다. 당시 독일 판덱텐주의자들은 법학 분야에서 19세기적인 생각을 가장 체계적이고 추상적인 법 규범 속에 구현하는 데 공헌했다. 그 기술이 얼마나 교묘했는지 독일이 만든 법전을 20세기 유럽과 라틴아메리카가 큰 반감 없이 받아들일 정도였다. 독일식 사고란 법의 영역에서 개인의 자유를 확고히 하는 것이었으며, 이런 사상은 민법이 아닌 다른 법에도 적지 않게 녹아 들어가 있다.

한편 사법의 세계와 달리 공법의 세계는 전혀 다른 생각이 지배하고 있다. 국가의 역할은 개인의 권리 보호와 공익 실현이다. 보통 공법이라고 하면 국가의 조직 원리를 담은 헌법과 국가 운영 및 정부와 국민 간의 관계를 규율하는 행정법을 말한다. 사법에서는 모든 당사자가 평등하고 국가는 그들 사이에 심판 역할을 하는 데 반해, 공법에서는 국가가 공익의 대표자로 당사자가 되고 개인보다 우월한 지위에 선다. 이처럼 서로 다른 원리가 지배하는 법 체계인 공법과 사법이 합쳐져 하나의 국법질서를 이루게 된다.

앞서 제13장에서 한 국가 내에 행정법원과 일반법원이라는 두 개의 다른 법원이 존재한다고 했고, 그 이유는 권력분립 때문이라고 설명했다. 이렇게 법원이 두 종류로 존재할 필요가 있는지를 두고 논쟁이 많은데, 법의 태도 역시 모호한 곳이 많다. 하지만 정확하게 맞아떨어지지 않는다고 해도, 공법은 행정법원, 사법은 일반법원으로 간다는 사실은 틀림없다(하나의 예외라면 공법에 해당하는 형사사건이 일반법원으로 간다는 점이다). 좀 더 정확히 말하자면, 공법과 관련된 문제 모두가 행정법원으로 간다고 말할 수 없을지는 몰라도, 유럽에서 개인 간에 벌어지는 사법상 다툼은 전부 일반법원으로 간다. 공사법 구별론은 대륙법 국가 내에서의 권력분립이론, 그리고 법원 구조와도 맥을 같이하는 것이다.

대륙법 국가에서 공사법 구별이 시작되어 교조가 된 데에는 몇 가지 요인이 작용했다. (1) 학자들이 이론의 체계화를 위해 공사법을 구별하고 이를 특히 강조한 점, (2) 약 1400년 동안 학자들의 이론이 계속 재생산되어온 점, (3) 가치중립적인 과학이라는 이름으로 이를 정당화해온 점, (4) 공사법 구별과 부합하는 행정법원·일반법원의 이원적 사법제도가 운영되어온 점 등이 그것이다.

하지만 최근 들어 정부의 역할, 경제상황, 사회제도 등에서 많은 변화가 있었고 이론과 실제가 제대로 들어맞지 않는 부분이 속속 늘어가고 있다. 공사법 구별 자체가 위기에 처했고, 이를 둘러싼 논의가 유럽 법조계에서 계속되고 있다. 그 달라진 환경을 정리하면 다음과 같다.

첫째, 대륙법계 법률가들이 영미법을 전보다 더 많이 알게 되었다. 19세기 고리타분한 대륙법 학자들은 영미법을 대륙법에 비해 조잡하고 투박하다고 생각했다. 하지만 두 법 제도 간 교류, 특히 대륙법과 영미법의 비교 연구를 통해 대륙법이 영미법에서 말하는 보통법(common law)보다 더 정교하고 효율적이고 공정하다고 할 순 없다는 점이 확인되었다. 민주주의와 자본주의의 꽃을 피운 영미에서 공법과 사법의 구별이라는 쓸데없는 고집을 피우지 않고도 안정적이고 선진적인 법 제도를 구현하고 있다는 점을 인정하지 않을 수 없었던 것이다. 물론 그렇다고 해서 공사법 구별론을 버려야 한다고 성급하게 결론을 내리지는 않지만, 공사법 구별이라는 것이 어느 시대에나 통용되는 진리라는 생각에서 대륙법계 법률가들이 조금씩 벗어나는 계기가 마련된 것만큼은 틀림없다.

둘째, 독일의 나치, 이탈리아의 파시스트, 소련의 소비에트, 20세기 라틴아메리카 국가들의 독재정권에서 보듯이, 공법과 사법의 구별이라는 거짓 진리를 방패막이 삼아 대륙법계 국가에서 국가권력이 남용된 역사가 있다. 이미 오래전부터 눈치 빠른 법률가들은 법을 공법과 사법으로 나누는 것의 바탕에 어떤 이데올로기가 깔려 있지 않은지 의심을 품었다. 레닌이 "사법은 부르주아를 위한 법이다"라고 말한 것과 혁명가들이 "법은 결국 공법이다"라고 지적한 것도 같은 맥락이다. 사법우월주의는 부르주아를 위한 극단적인 자유주의를 은폐하기 위한 개념이고, 반대로 혁명가들이 주장하는 공법우월주의는 개인보다 국가를 우위에 두는 전체주의를 구현하기 위한 시도였다. 즉, 어느 쪽을 강조하든 철저한 공사법 구별론은 그 배경에 모종의 의도가 있다. 특히 20세기 들어서면서 국가가 사법에 개입하지 말아야 하고, 그럼으로써 개인의 자유가 보장된다는 식의 생각은 시대착오적이라는 점이 확인되고 있다.

셋째, 정부의 성격 자체가 바뀌었다. 이제는 국가가 사회·경제적인 활동에 참여하는 것이 당연시되는 시대다. 19세기 경찰국가는 20세기 복지국가로 바뀌었고, 국가의 역할이 확대되면서 개인이 마음대로 좌지우지하던 영역도 점차 축소되었다. 기본적인 사법 이론이 후퇴한 자리에 공법적 요소가 가미되고 있는 것이다. 사법의 '공법화' 또는 '사회법화'는 이런 경향을 나타낸다. 1917년 멕시코 헌법과 1919년 바이마르 헌법은 공공의 이익을 위해 개인의 권리가 제한될 수 있다고 공개적으로 선언했다. 학자들 말로 소유권을 포함한 사적인 권리의 '사회적 기능'이 강조되는 시대가 된 것이다. 아직도 전통적인 공사법 구별론에서 벗어나지 못한 사람들은 사회·경제적인 면에서만 변화가 있을 뿐 법적인 면에서는 시대가 바뀌었다고 해서 민간이 누리는 행동의 자유가 제한되지 않는다고 우기기도 한다. 하지만 현실은 그렇지 않다. 금융, 전력 생산, 유통, 통신, 운송, 언론 같은 영역의 거대 기업들이 사인인지 아니면 공적 기능을 수행하는 공인인지 헷갈릴 정도다. 국가는 이들을 규제하고 통제한다. 순수한 사법 영역이 그만큼 줄어들고 있다고 보아야 한다.

넷째, 국가가 이제는 적극적으로 경제활동에 가담하고 있다. 상업과 제조업에 국가의 이름으로 직접 참여하는 경우도 있고, 공기업을 만들거나 사기업이라는 우회로를 통해 참여하기도 한다. 국가가 예전처럼 행정법을 통해서 시장에 개입하는 것이 아니라 공기업이나 국가기관이 시장에 참여하는 방식으로 국가 정책이 추진되고 실현되기 때문에 사법이 오히려 정책 수단으로 선호된다. 이런 현상에 주목해서 일부 행정법 학자들은 "사법이 행정법의 일을 대신하고 있다"거나 "사법과 행정법의 영역이 모호해졌다"고 이야기한다. 행정법과 헌법의 성격 자체가 바뀌기도 했다. 원래 행정법은 국가의 특권과 그 제한에 관한 법이고, 헌법은 국가의 구성에 관한 법이다. 그런데 헌법법원이 나오고 인권법원이 다양한 판결을 내놓으면서 국가와 행정이 아니라 국민의 기본권과 법치주의가 우선이라는 생각이 헌법과 행정법을 지배하게 되었다. 즉, 공법이 예전 우리가 알던 그 단호한 어조의 공법이 아닌 세상이 되었다.

　다섯째, 20세기에 우리가 목격한 또 다른 현상 중 하나는 법인의 역할과 중요성이 비약적으로 커진 점이다. 예전에는 법에 개인과 국가만 있었고, 개인과 국가가 해야 할 일이 명확히 정해져 있는 것처럼 보였다. 그런데 지금은 다르다. 법인, 기업, 노동조합, 협동조합, 종교 단체, 컨소시엄 등 개인과 국가 어느 쪽에도 속하지 않는 존재들이 우후죽순처럼 생겨났다. 이들의 힘이 얼마나 센지는 정당과 노동조합, 대기업을 떠올려보면 바로 알 수 있다. 이들은 한마디로 민간 '정부' 급이다. 개인의 삶에 미치는 영향으로 보면 그냥 정부라고 해도 무방하다. 이런 상황에서 법을 사법과 공법으로 나누는 것은 너무 단순한 생각일 수 있다.

　여섯째, 유럽과 라틴아메리카의 헌법을 보면 소유권과 법률행위 자유의 원칙 등 사법에 있어야 할 내용이 대거 들어가 있다. 개인의 권리 보호를 위해 꼭 지켜야 할 원칙이 사법에 들어간 것이 아니라 가장 공법적인 헌법에 들어간 것이다. 이걸 학자들은 사법의 '헌법화' 또는 '공법화'라고 부른다. 과거 개인의 권리 보호를 위해 사법과 공법을 나누자고 했던 사람들의 생각이 이제는 설득력이 약해진 또 하나의 이유다.

　일곱째, 유럽과 라틴아메리카 대부분의 국가에서 법률에 대한 위헌심사가 이루어지고 있다. 이를 위해 따로 헌법법원을 만들기도 했지만 어떤 국가에서는 일반법원이 위헌법률심사를 한다. 입법에 사법이 관여할 수 없다는 삼권분립의 원칙과 공사법 구별에 집착하는 사람들의 눈으로 보면 이해할 수 없는 일이 이미 벌어지고 있는 것이다.

여덟째, 내용상으로도 공법과 사법의 구별이 점차 희미해지고 있다. 공법의 핵심 내용은 원래 국가가 우월하다는 점을 기본으로 한다. 그런데 법치주의의 관념이 널리 퍼지면서 공법의 영역에서도 국가가 우위에 있지 않고, 국가라고 해서 특별한 취급을 받을 수 없다는 생각이 지배하고 있다. 국가는 그저 비중이 큰 당사자에 지나지 않는다. 학자들은 국가와 개인이 본질적으로 대등하다는 점을 강조해왔고, 이로 인해서 '공법의 사법화'가 급속도로 진전되었다.

아홉째, 학자 세계에서도 미묘한 변화가 있었다. 19세기에는 판덱텐학파 일색이었으나 20세기에 신진 세력이 가세했다. 종래의 개념법학이 아직 유효한 건 맞지만, 거기에만 매몰될 수 없다는 생각에서 법 이외의 다른 영역으로 법학자들의 관심이 확대되었다. 문제가 발생하는 것은 현실 세계이고, 따라서 현실 세계가 돌아가는 것도 알아야 한다고 생각하는 사람들이 나와 법과 현실의 관계를 깊이 연구하기 시작했다. 개념법학의 딱딱한 논리에 답답해하는 사람도 많아졌다. 법학의 관심사가 넓어지고, 유연한 사고가 법학에도 도입되기 시작한 것이다. 그에 따라 낡은 공사법 구별론의 입지가 그만큼 줄어들었다.

마지막으로 대륙법 국가 내에서 공법과 사법 어느 쪽에 속한다고 단정할 수 없는 분야가 늘어났다. 가령 노동법이나 농업법은 공사 구별법에 딱 들어맞지 않는 분야다. 하지만 이런 법에도 교수가 있어야 하고, 교육 과정, 연구소, 학회지가 있어야 한다. 공법과 사법의 구별만 강조할 상황이 아닌 것이다.

이런 여러 가지 이유를 들어 어떤 학자는 이제 공법과 사법이라는 구별법을 포기해야 한다고 주장한다. 또 둘 사이의 애매한 영역이 점점 더 늘어나서 유연한 법률가일수록 공법과 사법을 굳이 구별할 필요가 없다는 생각을 많이 한다. 그럼에도 불구하고 공법과 사법은 여전히 구별되고 있고, 이런 생각이 여전히 다수의 견해다. 두 법은 내용도 다르고, 대부분의 법률 문제는 둘 중 하나로 바로 분류되어 해결되곤 한다. 법 관계자들의 관심마저도 결국은 공법적인 관심, 사법적인 관심으로 나뉜다.

게다가 구별을 통해서 얻는 이득도 있다. 가르치거나 연구하거나 토론할 때 공법과 사법을 나누는 것을 기초로 법을 더 세분화해 분업의 원리를 극대화할 수 있다. 문제는 이게 지나치다는 데 있다. 대륙법 세계에서 민법 교수는 공법을 가르치지 않는다. 부동산 소유권은 열심히 가르치지만, 부동산에 대한 과세, 부동산을 둘러싼 도시 계획과 수용 문제, 소유권의 헌법적 보호에 대해서는 말하지 않는다. 이런 부분은 공법 전문가에게 맡길 일이라고 보는 것이다.

공법과 사법만 나누는 것도 아니다. 그 안에서 다시 실체법과 절차법을 나눈다. 대륙법에서는 이런 구별이 통할지 몰라도 영미법에서 보기에는 너무 어색한 일이다. 어떤 법률 문제를 쫓아가다가 경계를 넘는다고 멈추어 서는 것은 미국 변호사 입장에서는 말이 되지 않는 일이다. 그런데 대륙법에서는 그것 자체가 법이다. 세상에 처음부터 공법 영역과 사법 영역이 있었던 것처럼 말한다. 더 웃긴 것은 새로 생긴 분야가 있으면 그것이 어느 쪽인지 토론한다는 점이다. 각 분야마다 고유한 역사가 있을 텐데 그런 것은 무시하고 공법 쪽인지 사법 쪽인지 편을 가른다.

대륙법 법률가들은 공법과 사법, 혼합 이렇게 세 가지로 나누는 것이 철칙인 줄 안다. 공법을 헌법과 행정법, 형법으로 나누고, 형법과 관계가 있다는 이유로 형사소송법까지 공법에 넣는다. 민사소송법을 공법에 넣을지에 대해서는 지금까지도 논의 중이지만, 공법에 넣자는 쪽이 다수다.

사법은 민법과 상법이다. 이 가운데 민법의 비중이 훨씬 큰데, 이는 당연히 로마법의 영향이다. 교회법이 관할권의 대부분을 빼앗긴 후로 교회법도 민법으로 흡수되었다. 그 바람에 민법은 내용이 더 풍부해졌고, 교회는 법과 관련해서 발언권의 대부분을 잃어버렸다. 요즘은 상법까지 전부 민법에 편입될 기세다.

상법은 앞에서 본 것처럼, 상인이 자신의 사건 처리를 목적으로 창안한 법이다. 나름의 법과 관습이 있고, 법원과 판사, 판결과 집행 절차, 관할이 있다. 민법, 형법, 교회법 어디에도 속하지 않는 분야다. 그런데 이런 특징은 점점 사라졌고, 민족국가의 태동과 함께 국법질서 안으로 편입되었다. 상사법원도 민사소송법 규정을 적용하기 시작했고, 상법만의 독자적 관할권은 옅어졌다. 상사법원이 따로 없는 국가나 이름만 존재하는 국가도 있다. 판사 중에 상인을 한 명 앉힌 것 외에 다른 점을 발견하기 어려운 국가도 있다. 상소심에서는 상인을 빼서 일반법원과 전혀 차이가 없다. 민사와 상사를 거의 구별 없이 보는 것이다. 상사법원이 별개의 법원이라기보다 민사법원의 한 분과처럼 된 셈이다.

물론 대부분의 국가에서는 아직 상사법원이 따로 존재한다. 하지만 그런 곳마저도 예전과는 상사법원의 상황이 많이 달라졌다. 예를 들면 스위스와 이탈리아는 상법전을 폐기하고 상사에 관한 내용을 민법전에 규정한다.

이처럼 대륙법 세계에서 상법이라는 분야는 설 자리를 거의 잃었다. 대학에 상법 전공이 따로 있고 도서관에 상법 서가가 따로 있지만, 보통은 대학에서 민법을 연구하는 사람과 공법을 연구하는 사람이 대다수이고, 상법은 민법에서 연구된 것을 가져다 쓴다. 한편 사법 내에서 '회사법'이라고 하는, 민법과 상법은 물론이고 세법과 노동법까지도 아우르는 새로운 학문 분야가 급속히 성장하고 있다. 아무튼 상법이 사실상 민법에 편입되면서 사법과 민법이 동의어가 되어가고 있다.

상법이 대부분 민법으로 편입되면서 교회법이 민법에 편입될 때와 비슷한 현상이 벌어지고 있다. 민법의 구성과 내용이 풍부해진 것이다. 보통 민법에서 사인 간 거래는 그다지 활발하지 않은 데 반해 상인 간의 거래는 활발할 뿐만 아니라 정형화되어 있다. 이것은 수백 년 동안 민법과 상법을 나누는 기준이었다. 그런데 이제 그 의미가 없어졌다. 현대 산업사회에서는 민법에서도 상법처럼 활발한 거래가 이루어지고 있다. 사법이 '상법화'되기도 한 것이다.

전통적으로 사법에 속해 있던 두 분야, 민법과 상법에서 대조되는 움직임이 있었던 셈이다. 민법은 상법을 흡수하면서 내용이 풍부해졌고, 상법은 민법에 영역을 빼앗기면서 그 독자적인 의미를 많이 잃어버렸다. 이렇게 민법과 상법은 통합의 길을 거쳤고, 통합된 사법은 민법과 같다는 결론으로 향해 가고 있다.

이처럼 종래의 분류법은 다 뒤죽박죽이 되어버렸다. 사법은 공법화되고, 공법은 사법화되고, 절차가 헌법에 규정되는 등 많은 변화가 있었다. 그런데도 여전히 대륙법은 과거에 묶여 있다. 대학에는 여전히 사법학과와 공법학과가 있고, 헌법 교수, 행정법 교수, 형법 교수, 상법 교수가 있다. 정책 실현에서의 법의 역할, 사회·경제적 문제 해결을 위한 법의 역할에 더 관심을 가지게 된 세상에서, 사실 공사법 구별론은 과거의 잔재다. 지금 누가 노동법과 재정법이 사법인지를 고민하겠는가. 통합의 시대가 왔고, 법도 경제학과 사회학, 인류학과 나란히 연구하는 세상이다. 법을 안쪽에서 나누는 것이 도대체 무슨 의미가 있는지 끊임없는 비판이 제기되고 있다.

다음 장에서 이 문제를 다시금 되짚을 것이다.

제15장 법률 관련 직업군

제13장과 제14장에서 살펴본 관할과 법의 분류처럼, 대륙법 세계의 법 관련 직업을 나누는 방식은 영미법계, 그중에서도 미국에서 공부한 사람들이 보기에는 이상하게 느껴진다. 미국 사람 눈으로 보면 법과 관련해서 일하는 사람들은 전부 'lawyer', 즉 변호사이자 법률가다. 지금 법과 관련된 일을 한다면 그가 세부적으로 무슨 일에 종사하고 있는지와 상관없이 법률가라고 부른다. 로스쿨을 졸업해서 개인변호사가 되든, 정부 부처에 근무하든, 사내변호사가 되든 평생 그 일만 할 수도 있겠지만 많은 경우 변호사는 이쪽저쪽으로 영역을 바꾸어가면서 일하는 것이 보통이다. 졸업 후 한두 해정도 주 판사나 연방법원 판사의 서기로 일하고, 그다음은 지방검찰청, 시검찰청 검사로 일하거나 주 정부나 연방 정부, 대기업 법무

팀에 근무하며, 그 후에는 나가서 개인 사무실을 여는 식이다. 그렇게 경력이 쌓이고 좋은 평가를 받으면 주나 연방법원 판사 자리를 차지한다. 미국 사람들은 이런 것을 당연하게 여긴다. 변호사란 자리를 옮겨 다니는 사람이고, 변호사가 판사나 검사 역할도 당연히 할 수 있다고 생각한다. 변호사가 한 가지 일만 해야 한다고 생각하지 않고, 판·검사가 되기 위해서 따로 교육받아야 한다고 생각하지도 않는다.

그런데 대륙법 세계는 다르다. 거기서는 대학을 졸업하면서 어느 곳으로 갈지 정해야 한다. 판사나 검사가 될 수도 있고, 정부기관에서 일할 수도 있고, 변호사나 공증인이 될 수도 있다. 무슨 일을 할지 빠르게 정해야 한다. 그다음에는 평생 그 일을 한다. 자리를 옮기는 것이 이론상으로는 가능하다. 다만 흔치 않을 뿐이다. 대부분의 경우는 처음 결정한 곳에서 끝을 맺는데, 가장 낮은 자리에서 시작해 연공서열형으로 승진한다. 다른 분야에서 일한 경험이 있다고 해서 가점을 주지도 않고, 승진 심사 때도 이를 반영하지 않기 때문에 더더욱 다른 자리로 갈 생각을 하지 않는다. 그럴 경우 자기만 손해니까 말이다.

결과적으로 모든 직역 사이에 벽이 생긴다. 한 직역에 종사하는 사람은 다른 직역에 종사하는 사람을 다른 분야의 사람이라고 생각한다. 따로 전문성을 키우고, 따로 직업의 이미지를 그리고, 따로 모임을 갖는다. 미국처럼 모든 변호사가 같은 취급을 받는 국가와는 달리 직역 간 반목도 심하고, 관할 문제도 심하고, 의사소통도 쉽지 않다. 변호사를 법정변호사(barrister)와 일반변호사(solicitor)로 나누는 영국은 굳이 말하자면 영미법과 대륙법의 중간에 위치한다고 볼 수 있지만, 직역 간 분리 정도에서 보면 영국 역시 대륙법과는 비교가 되지 않는다. 직역 간 이동이 경직된 국가와 직역에 상관없이 자유롭게 이직하는 국가 사이의 차이는 상당하다.

이렇게 특정 직역에 배치되어 평생을 같은 일만 하고, 결과적으로 직역 간에 벽이 생김으로써 발생하는 폐해는 아주 크다. 그중에서도 가장 큰 게 직업 선택의 문제다. 대륙법 국가의 젊은 법학도들은 어느 직역이 가장 잘 맞는지 경험도 해보기 전에 갈 곳을 정해야 한다. 게다가 같은 데 모여 있다 보니 하는 일도 비슷하고 관심도 비슷해져서 편협한 시각을 가지기 십상이다. 이런 일이 심해지다 보니 어떤 국가에서는 정부 부처, 법원, 개인변호사 사무실 등에서 일정 기간 동안 직업교육을 의무적으로 거치게 한다. 예를 들어 독일은 대학 졸업 후 2년의 수습 기간(Referendarzeit)을 두어 다양한 직역에 대한 경험을 쌓게 한다.

대륙법 세계의 이런 문제를 가장 흥미롭고도 명확하게 보여주는 예가 법원이다. 법과대학을 졸업하고 나서(수습 기간을 거쳐야 하는 국가에서는 그 기간이 지나면) 판사가 되기를 원하는 학생은 법관 지원서를 낸다. 경쟁이 치열한 시험을 치르고 합격하면 판사 중 가장 낮은 자리로 배치된다. 어떤 국가에서는 판사를 가르치는 학교를 다시 다녀야 하는 경우도 있고, 그렇지 않으면 먼 지방법원의 낮은 직급에서 판사 일을 바로 시작한다. 이후 연차와 실적을 기준으로 조금 더 좋은 자리로 차차 올라가다가 은퇴할 나이가 되면 옷을 벗는다. 승진 과정에서 누구나 탐내는 자리, 즉 최고법원의 대법관 자리로 가기 위해서는 판사들끼리 경쟁해야 한다. 변호사나 교수 중에서 뛰어난 사람이 바로 높은 자리의 판사로 가기도 하지만 아주 드물다. 그래서 최고법원도 결국 법원 내에서 승진해온 사람들의 차지가 된다. 판사들은 수습 기간을 제외하고는 평생 다른 곳에서 일해본 적이 없는 사람들이다. 이들은 평소에 보는 것도 늘 같은 판사이고, 판사 시각으로만 법을 본다. 자기도 모르게 '진짜 판사'가 되어가는 것이다.

공무원이면서 법률가인 검사에게는 두 가지 다른 역할이 주어진다. 하나는 형사사건에서 피고인의 반대편에 서는 것이다. 법정에서 피고인에 맞서서 입증을 하고 증거를 제출한다. 전형적인 미국의 주에서 지방검찰청 검사가 하는 일과 똑같다. 또 하나는 국가를 대표하는 법률가로서의 역할이다. 개인과의 다툼에서는 공익을 대표한다. 재판에서 보통은 한쪽 당사자가 자신의 이익을 주장하기 위해 하는 일을 검사도 국가의 대표자로서 해야 한다. 특히 가족관계나 개인의 신분에 관한 소송에서 당사자로 재판에 참여한다. 법이 그렇게 요구하고 있다. 또한 검사는 최고법원에 출석해서 법의 해석과 적용에 관한 의견을 제시할 수 있다. 원래 최고법원은 정당한 법의 해석과 적용 문제를 다루는 곳인데, 재판 당사자가 그와 관련된 의견을 충분히 제시하지 못하는 경우 검사는 공익의 대표자로서 의견을 낼 수 있다.

보통 검사가 되고자 하는 학생은 학교를 졸업하거나 의무연수 기간을 거치고 난 다음 검사 시험을 본다. 그 시험에 합격하면 가장 낮은 직급에서 시작해 평생 검사로 일한다. 최근 대륙법계 내에서는 검사의 지위에 관한 논쟁이 한창이다. 검사도 준사법기관으로서 사법기관인 판사와 비슷한 역할을 하기 때문에 독립성과 신분 보장을 해주어야 한다는 주장이 있다. 특히 이탈리아가 가장 적극적인데, 여기서는 검사도 법원 소속으로 되어 있다. 물론 같은 소속이라고 해서 정확하게 같은 길을 가는 것은 아니다. 법원 내에서 검사와 판사는 여전히 다른 직역으로 취급된다. 특히 법무부장관과 검사는 지휘복종관계다. 법무부장관과 판사의 관계와는 성격이 다르다. 다만 검사와 판사 사이에 이동 가능성이 더 커졌다는 것은 주목할 만한 대목이다.

몇몇 대륙법 국가의 예를 보면, 정부 부처의 법률가라는 직업군은 따로 존재하지 않는다. 개별 부처와 사무실에서 각각 변호사를 채용하고 있으며, 보직과 승진, 급여, 근무조건 등도 서로 다르다. 거기서 일하는 변호사는 자신이 국가에 고용된 법률가라고 생각하지 않고 개별 사무실에 속한 사람이라고 생각한다. 반면에 어떤 국가에서는 정부 부처 법률가라는 직군이 따로 있다. 결과적으로 두 사례에 큰 차이는 없다. 정부에서 일하는 변호사는 보직과 승진 등에서 관료화를 피할 수 없다. 다른 곳으로의 이동이 제한되어 그 자리에서 평생 공무원 생활을 하다가 퇴직하는 경우가 대부분이다. 정부 부처로 가고 싶은 학생들도 판사와 검사처럼 졸업 후나 의무연수 기간 종료 후 시험을 쳐서 가장 낮은 자리부터 시작한다.

그나마 개인변호사의 경우가 미국과 가장 비슷하다. 예전에는 프랑스와 이탈리아에서 변호사를 법정변호사와 일반변호사로 나눈 적이 있었다. 하지만 지금 이런 구분은 거의 사라졌거나 차이가 옅어졌다. 이제 변호사들은 의뢰인을 만나 상담하고 법정에서 의뢰인을 대리한다. 사업계획을 짜거나 자산을 관리하는 일에도 관여한다. 이들은 대학에서 법학을 배우고 나서 경험 많은 변호사에게 일종의 도제 수업을 받아 변호사 일에 종사하게 될 것이다.

변호사들은 보통 대표 변호사 한 명에 소속 변호사가 한두 명 있는 작은 사무실에서 일을 한다. 어떤 국가에서는 로펌 설립 자체가 아예 금지된 경우도 있다. 그러다가 유럽이 통합되고 세계화가 진행되면서 유럽의 대도시에서도 영미처럼 대형 로펌들이 생기기 시작했다. 다른 국가에 지사를 두는 경우도 있고, 영미 대형 로펌들이 유럽에 사무실을 두는 경우도 있다. 이런 흐름에서 작은 사무실도 예외는 아니다. 외국 대형 로펌과 협력해서 일하는 경우가 점점 많아지고 있다. 유럽과 라틴아메리카에서도 이제 국적이 다른 변호사들이 다른 언어를 사용하면서 송무에 관해 이야기하는 모습을 자주

볼 수 있다.

변호사 직역에 대한 기대도 달라졌다. 원래 프랑스에서는 사내변호사를 변호사라고 부르지 않고 '법률자문'이라고 불렀다. 이 법률자문은 법정에 나가는 법정변호사도, 서류를 작성하고 소송을 준비하는 일반변호사도 아닌, 제3의 직역으로 이해되었다. 변호사는 본질적으로 자유로운 직업이고 사건 처리를 어떻게 할지에 대해 독자적인 결정을 내리는 것을 생명으로 한다. 돈은 의뢰인에게 받지만 독립적인 지위에서 정의 구현을 위해 애쓰는 사람으로 여겨지는 것이다. 그래서 한 회사에 속한 법률자문은 변호사가 아닌 것으로 취급되었으나, 이제는 법률자문도 변호사로 분류된다.

새로운 시대의 변호사는 기업이 규제의 숲에서 잘 헤쳐나가 성공적으로 사업을 진행하는 데 도움을 줄 수도 있다. 변호사의 역할은 기본적으로 분쟁이 발생했을 때 이를 효과적으로 잘 해결하는 일이지만, 분쟁이 발생하지 않도록 미연에 방지하는 일이기도 하다. 법정에 갈 일이 없게 하는 것이다. 법률자문도, 법정변호사도, 일반변호사도, 고객의 이익이라는 공통된 목표를 위해 움직인다는 점에서 차이가 없다. 사내변호사도, 대형 로펌 변호사도 마찬가지다. 변호사가 성직이라는 생각보다는 일종의 비즈니스라는 생각이 자리를 잡아가고 있다.

변호사는 대게 변호사협회의 회원이 된다. 협회는 수임료 등 직업 수행과 관련된 규칙을 만들고 시행하는 모임이다. 미국도 마찬가지지만 대륙에서도 변호사협회에 속한 사람이 정치인이나 고위 공직자가 되는 비율이 높다. 대륙법계에서는 일반적으로 고위 공직자 중 많은 수가 변호사로 채워져 있다.

이처럼 개인변호사는 미국과 대륙법계 사이에 차이가 크지 않다. 그런데 공증인이라는 직역으로 오면 이야기가 많이 달라진다. 미국의 공증인과 유럽의 공증인은 뿌리가 같지만 세월이 지나면서 전혀 다른 방향으로 진화되어 현재에 이르렀다. 미국의 공증인이 중요도가 아주 낮은 사람이라면, 유럽의 공증인은 지위가 확고한 사람이다.

대륙법에서 공증인이 수행하는 역할은 크게 세 가지다. 첫째, 공증인은 유언이나 회사정관, 부동산양도증서, 계약서 등 중요한 법률 문서를 작성한다. 변호사가 이 일에 관여하는 경우도 있지만 아직까지 대륙법에서는 공증인의 일로 알려져 있다(이와 관련해서 공증인과 변호인 간에 간헐적으로 직역 다툼이 벌어진다).

둘째, 공증인은 문서 공증을 한다. 공증인의 공증을 거친 문서는 특별한 증거법상 효과가 있다. 문서가 진짜이고, 당사자들이 한 말이 정확히 기록되어 있으며, 이를 공증인이 확인했다는 점이 인정된다. 공증된 문서와 반대되는 증거는 증거능력이 없고, 입증책임이 반대사실을 주장하는 자에게 전환되는데, 이를 충족하는 것이 아주 어렵다. 그만큼 공증된 문서를 높게 보아주는 것이다.

셋째, 공증인에게는 기록보존의무가 있다. 그들이 작성하고 공증한 모든 문서의 원본을 보관할 의무를 지며, 고객의 요구가 있을 때는 사본을 제공해야 한다. 이때 사본은 원본과 동일한 증거법적 가치가 있다.

공증인의 직무는 사실상 독점에 가깝다. 공증 업무와 관련해서 전국적으로 관할이 나뉘어 있고, 각 관할 안에는 공증인 수가 정해져 있다. 변호사는 의뢰인의 수임 요구를 거절할 수 있지만 공증인은 그럴 수 없다. 기록보존의무와 독점권을 조건으로 일반 사인에 불과한 공증인을 공인으로 취급하는 것이다. 보통 공증인 수가 얼마 되지 않기 때문에 공증인이 되는 것은 쉽지 않다. 공증인이 되려면 법과대학을 졸업하고 공증인 사무실에서 경력을 쌓아야 한다. 보통은 국가가 주관하는 시험을 보는데, 시험에 합격해도 공증인 자리가 비어야 새로 업무를 시작할 수 있다. 어떤 국가에서는 기존의 공증인으로부터 사무실을 '구매'하게 하는 경우도 있다. 공증인도 변호사, 판사, 검사, 정부 부처 변호사처럼 따로 협회가 있다.

법 관련 직업 가운데 마지막으로 살펴볼 것은 학생을 가르치고 논문을 쓰는 학자다. 제9장에서 본 것처럼 대륙법에서는 학자의 영향력이 아주 크다. 이들은 로마 법학자의 후손이면서, 법정에서 판사들을 기속하는 의견을 낼 수 있었던 중세 법학자의 후예다. 실정법상 어떤 권한이 있는지와 상관없이, 학자는 법률가 전체의 생각을 좌지우지한다. 특히 기본법과 관련해서는 그들이 쓴 책이나 논문, 입법의견서, 특정 사건의 처리 방향을 적은 자문의견서가 엄청난 영향력을 발휘한다. 영미 로스쿨의 법학 교수와는 비교가 안 되는 권위가 있는 것이다.

대륙법 국가에서 법과대학 교수가 되는 건 보통 어려운 일이 아니다. 시간도 오래 걸리고 변수도 많고 운도 따라야 한다. 보통 교수가 되고 싶은 학생들은 교수 옆에서 일을 거들어야 한다. 그에 대한 보수가 있는 경우도 있고 없는 경우도 있다. 법이 정한 자격 요건을 갖추고 국가에서 치는 시험을 통과하면 일단 '강사(private docent)'가 된다. 강사가 되면 교수 자리로 가는 자격이 주어진다. 교수 공석이 생기면 여러 강사가 경쟁한다. 괜찮은 자리인 경우에는 현직 교수들과도 경쟁해야 한다. 선발 과정에서 학자로서 얼마나 능력이 있는지도 중요하지만 누구 제자인지도 중요하다. 이 때문에 학생들은 교수 눈치를 보지 않을 수 없다. 결과적으로 학계에는 교수와 그 추종자 무리가 생긴다. 추종자들이 교수와 똑같은 방식으로, 똑같은 의견을 냄으로써 궁극적으로 학파가 된다. 교수는 학생들에게 이론적으로는 물론이고 개인적으로도 충성심을 보여주기를 요구한다. 학생들 입장에서는 이를 거역할 수 없는 구조다.

학계에서 자리를 잡고 교수가 되는 것 자체가 불확실해서 여기에만 오롯이 매달릴 수 없다. 많은 국가에서 교수가 모든 시간을 학생에게 투자하는 것을 요구하지 않는다. 오히려 다른 데 더 많은 시간을 쏟는 교수도 많다. 특히 라틴아메리카에서는 교수 급여가 아주 적다. 이 급여는 다른 데서 돈을 버는 것을 감안하고 책정된 금액이다. 교수는 보통 일주일에 한두 번 정도 강의하고, 조교들의 도움을 받아 1년에 두세 번 정도 시험을 낸다. 그 대가만으로는 생활이 안 된다. 그래서 변호사 일을 하거나 판사나 정부 부처 법률가로 일한다. 그리고 남는 시간을 투자해서 자기 논문을 쓰거나 제자들 논문을 봐준다. 독일 같은 국가에서는 교수가 전일제로 일하고 있고 전임교수제가 새로운 경향 중 하나이기는 하지만, 아직 대륙법계의 국가 대부분은 전임교수제를 택하고 있지 않다.

교수 직함은 변호사 일에도 엄청난 도움이 된다. 어느 학교 교수라고 하면 굵직한 의뢰인들이 찾아오고, 심지어 변호사나 판사도 자문의견을 구하러 온다. 그 보수 역시 무시할 수 없는 수준이다.

영미법의 시각에서는, 학자이면서 변호사인 대륙법계 교수들이 일종의 정신분열증을 앓는 것처럼 보일 수도 있다. 변호사는 실용적이고 구체적이며 성과 중심적이어야 한다. 이런 시각에서는 공사법 구별을 따질 일이 없다. 문제가 있으면 다른 법을 공부해서라도 해결해야 한다. 이를 위해 사실과 판례가 중요하다. 한쪽 편을 들어 열심히 싸우기도 할 것이다. 하지만 교수는 다르다. 법학자로서 이론을 연구하고 가르치는 일에 치중해야 한다. 교수가 가르치는 이론은 주류 법학의 도그마처럼 여겨진다. 이들의 글과 가르침은 모두 대륙법 세계의 전형적인 학문적 특성을 두드러지게 보여줄 것이며, 본인들의 변호사 활동에 대한 과한 보상으로서 이러한 특성을 과장할 수도 있다. 이들은 자신들의 실무에 대한 반발적 반응으로서 더 적극적으로 학문적 입장을 취하게 된다. 정확하게 다른 두 삶을 사는 것이다.

교수라고 해서 다 같은 교수도 아니다. 쌓아놓은 권위가 중요하다. 권위가 있어야 목소리에 힘이 실린다. 가장 좋은 로스쿨의 교수이면서 논문이나 저서 등 연구 실적이 있어야 한다. 그래야 실무가나 동료 교수에게 존경을 받는다. 보통은 여러 권의 주석서를 펴낸 경력이 권위를 증명한다. 다만 최근 들어서는 방송에 얼마나 나오는지, 국제저널에 글을 얼마나 실었는지 등도 평판을 결정하는 한 요소가 되고 있다.

지금까지 판사, 검사, 정부 부처 변호사, 개인변호사, 공증인, 학자 등 대륙법계에 존재하는 법 관련 직업군을 살펴보았다. 전부 한 분야에 치중하는 전문가들 일색이다. 영미법에서는 법조가 일원화된 데 반해 대륙법에서는 나뉘어 있다. 이 차이는 두 전통의 본질적인 차이를 보여주고 있다. 가령 판사를 예로 들어 설명하면 다음과 같다.

우리는 앞에서 대륙법계 판사가 사법제도 내에서 덜 중요한 역할을 수행하고 있다고 했다. 보통 말하기를 판사 일은 단순하다고 한다. 정책을 입안하고 추진하는 것도 아니고, 남이 만든 법률을 정해진 절차에 따라 적용하기만 하면 되는 것이다. 그래서 사람들이 보기에, 판사가 공무원과 다를 바 없다고 생각한다. 젊은 판사는 낮은 자리로 들어가서 연공서열에 따라 승진한다. 정해진 절차에 따라 평가를 받고 자리를 옮긴다. 판사 일이 그다지 창의적인 것이 아니기 때문에 경험이 없는 젊은 사람에게 맡겨도 된다. 처음에는 작은 일을 맡다가 경험이 쌓이면서 중요한 자리로 옮긴다. 법원 바깥의 다른 자리로 갈 필요가 없다. 판사로서의 세월과 경험만이 중요하기 때문이다.

대륙법에서 판사의 이미지는 이런 것이다. 안정된 직장을 선호하는 사람에게 적합한 직업이다. 개인변호사로서 치열한 경쟁을 뚫거나 학자로서 이름을 날릴 생각이 없는 사람들이 판사를 한다. 근무 환경이나 급여도 그저 그렇다. 성적이 좋은 졸업생은 다른 곳으로 눈을 돌리는 게 당연하다. 예외가 없지는 않지만 유명한 법률가는 변호사나 학자 가운데서 나온다. 군이 등급을 따지자면 판사는 그보다는 낮은 쪽에 속한다.

판사가 그 국가에서 어떤 취급을 받느냐를 보면 법학 풍토가 어떤지를 짐작할 수 있다. 일례로, 라틴아메리카에서 판사는 아주 낮은 직급에 속한다. 이는 라틴아메리카에서는 그만큼 개념법학과 삼권분립이론의 영향이 크다는 이야기다. 사회에서 보는 시각도 그렇다. 교육 수준도 높고 사교 범위도 넓은 상류 계층은 개인변호사나 학자를 선호한다. 판사직은 기껏해야 낮은 계급에 속한 사람이 중류층 이상으로 올라가기 위해 딛는 발판에 지나지 않는다.

다만 이런 전통이 변하고 있다는 점 또한 지적해야 할 것 같다. 대륙법에 속한 많은 국가에서 정통 법학의 장악력이 떨어지고 혁명적 삼권분립이론의 여파가 줄고 있다. 그와 더불어 능력이 출중하고 신분이 높은 법관들이 속속 나오고 있다. 이런 경향은 특히 일반법원이 아닌 특별법원에서 뚜렷하다. 오스트리아, 독일, 이탈리아, 스페인 등에서 만들어져(제18장에서 설명한다) 다른 국가로 퍼진 헌법법원이나 프랑스의 국무원을 비롯한 행정법원 판사들이 그렇다. 유럽법원, 유럽인권법원, 미주인권법원 판사도 높은 권위를 인정받고 있다. 세상이 변해서 일반법원 판사에 대한 시각도 많이 좋아졌다. 《나폴레옹법전》이 침묵하고 있거나 제대로 된 지침을 내려주지 않는 사안과 관련해서 프랑스 판사들이 보여준 활약상은 이미 잘 알려져 있다. 이탈리아 판사들은 민사 또는 형사소송에서 법률의 위헌성 여부가 명백하게 문제 되는 경우 이를 판단할 권한도 갖는다. 법률의 위헌심사 결과에 판사들이 촉각을 곤두세우고, 법률해석을 할 때도 위헌성 여부에 늘 신경 쓰는 것도 예전과는 다른 풍경이다. 아직 영미법계에서 활약하는 판사들과 비교하면 차이가 있을지 몰라도 대륙법계에서 판사를 보는 시선이 많이 달라지고 있다는 점만큼은 분명하다.

제16장 민사소송

대륙법 전통 내에서 민법이 실체법의 중심에 있다면 절차법의 중심에는 민사소송법이 있다. 엄밀하게 말해서 민사소송법은 사법 가운데도 민법과 관련된 사인 간 권리의무에 관한 분쟁이 생길 때만 적용된다. 형사법 관련 문제는 형사소송법이 다루고, 행정 관련 문제는 행정절차법이 다룬다. 그런데 문제는 대륙법에서는 모든 법률이 로마법과 교회법, 중세 이탈리아법이라는 공통의 기원을 가지고 있다는 사실이다. 그러다 보니 자연스럽게 민법 중심이고, 형사나 행정도 절차법을 만들 때 민사소송법을 따른다. 즉, 민사소송법이 모든 절차법의 기본이다.

대륙법에서는 형사소송과 민사소송이 다르다. 특히 혁명기 이후 형사소송은 독자적인 법 영역으로 분화되었다. 민사소송법과 형사소송법은 각각의 법전이 있고, 대학 커리큘럼도 다르며, 각각 독자적인 학회와 저널을 갖추고 있다. 하지만 절차법의 일반원칙 또는 일반이론에 대해서 생각해보면 민사소송과 형사소송은 큰 차이가 없으며, 공통분모가 많다. 앞에서 설명한 것처럼 민법 학자들이 법의 일반원칙을 만드는 데 중요한 공헌을 했듯이, 절차법의 일반원칙은 민사소송법 학자들이 만들어왔다.

대륙법에서 보통 민사소송절차는 셋으로 나뉜다. 먼저 준비기일 단계에서는 합의부원의 진행하에 준비서면을 교환한다. 증거 수집 단계에서는 재판장이 증거를 수집해서 조서를 작성하고, 마지막으로 판결 선고 단계에서는 이미 작성된 조서와 당사자의 의견서를 보고, 각각의 주장을 들은 다음 판결을 선고한다. 언뜻 보기에도 '재판'이라는 글자가 보이지 않는다는 점이 중요하다. 대체적으로 영미법계 법률가들이 이야기하는 '재판'은 대륙법의 민사소송절차에서는 존재하지 않는다. 그 이유는 영미법에서는 당연하다고 생각하는(몇몇 국가에서는 없어지기도 했지만) 배심제도가 대륙법에 없기 때문이다. 미국에는 아직 민사배심이 남아 있고, 대부분의 주에서 헌법상 권리로 규정되어 있다.

영미법의 민사소송절차를 중심으로 보면, 배심이 있는 것과 없는 것에는 큰 차이가 있다. 여러 명의 시민을 법정에 오게 해서 증인의 진술을 듣고, 증거물을 확인하고, 사실관계를 검증한 다음 재판장의 설시에 따라 법률을 적용할 때, 비로소 재판이 완성된다. 배심은 사실 모으는 것 자체가 쉽지 않고, 재판을 연기했다가 다시 소집하는 건 거의 불가능에 가깝다. 당사자, 변호인, 판사, 배심원 모두 한날한시에 모여 사건을 끝낼 수밖에 없다. 이를 우리는 재판이라고 부른다.

하지만 전통적으로 민사배심이 없는 대륙법에서는 민사소송이 아주 다른 방식으로 진행된다. 재판이 없기 때문에, 같이 모이는 행사도 없다. 전통적으로 대륙법의 민사소송은 당사자와 판사 간의 간헐적이고 짧은 모임과 서면 교환의 연속이다. 그때 증거가 제출되고, 증인이 진술하며, 각종 신청과 그에 대한 결정이 내려진다. 영미법에서라면 한날한시에 끝났을 일을 여러 날에 걸쳐 분산해서 진행한다. 증거를 조사하는 판사 앞에 짧게 나와 진술하고 서면을 낸다. 비교법을 전공한 법률가가 영미법의 재판을 '집중'형이라고 부르는 이유가 이 때문이다. 영미법계 법률가가 집중된 재판을 선호하는 데 반해 대륙법은 그렇지 않다. 그나마 최근 들어 독일과 오스트리아가 집중형으로 변모하고 있지만 아직도 대다수 국가에서는 종래와 같다.

집중형이 아닌 재판은 대체로 다음과 같은 특징이 있다. 먼저, 쟁점이 명확하지 않다. 처음에는 대략적인 청구를 해놓은 다음 나중에 추가하는 식으로 소송이 진행된다. 미국에서는 준비기일에 쟁점을 명확하게 하는 것이 가장 중요하다. 그래서 준비에 오랜 시간이 걸린다. 하지만 대륙법계 변호사는 재판 준비에 많은 시간을 투자

하지 않는다. 증거조사라고 해봐야 하루에 증인 한 명을 부르거나 증거를 한두 개 확인하는 것으로 끝난다. 재판 초기 미국 변호사가 재판 준비 때문에 받는 스트레스를 대륙법 변호사는 받지 않는다. 불의의 일격을 준비할 필요도 없다. 워낙 짧은 시간 동안 사건의 일부에 관한 조사만 이루어지고 다음 기일에 반론을 제기할 충분한 시간도 있다. 또 집중형이 아닌 재판에서는 증거개시(상대방 증인과 증거에 대한 정보를 교환하는 것)와 변론준비기일(양 당사자의 변호인이 쟁점을 정리하면서 재판을 위한 준비를 하는 것)의 중요성이 훨씬 떨어진다. 불의의 타격을 가할 목적이라면 상대방에 대한 충분한 정보를 수집해야 하겠지만, 그게 아니라면 상대방 정보에 목말라할 이유가 없다. 게다가 매 기일이 다음 기일에 대한 준비기일이나 다름없기 때문에 따로 준비기일을 열 필요도 없다.

집중형이 아닌 대륙식 재판의 또 하나의 특징은 증거를 보고 조서를 작성하는 판사와 그걸 보고 승패를 결정하는 판사가 다르다는 점이다. 앞서 제2장에서 본 것처럼 대륙법의 소송절차는 교회법의 영향을 많이 받았다. 중세 교회법에서 증거는 판사가 아니라 서기가 보고 기록했고, 이걸 기초로 판사가 재판했다. 나중에 절차가 바뀌어 증거조사도 서기가 아니라 판사의 주도하에 진행되었지만 지금도 기록을 작성한 판사가 아니라 다른 판사 또는 합의부가 결정을 내리는 경우가 대부분이다. 비교법 학자들은 이를 두고 "영미법의 판사는 현장에서 '직접' 증거를 조사하지만 대륙법 판사는 '간접'적으로 조사한다"고 표현한다. 영미법이 직접(immediacy)재판이라면 대륙법은 간접(mediacy)재판이라는 것이다. 양쪽을 비교해본 법률가들은 대체로 영미법의 재판 방식이 더 나은 것으로 여긴다. 그래서인지 최근에는 대륙법도 직접성을 높이는 쪽으로 방향을 틀고 있다. 애초 당사자와 판사 사이에 '문서 장벽'을 치고 문서를 통해 당사자가 판사와 소통하도록 한 취지는, 재판의 공정성을 높이고 당사자의 입김이 재판에 작용하지 않도록 하려던 것이었다. 하지만 이제 그럴 필요가 없는 세상이 되었다. 판사에 대한 압력과 회유를 걱정할 계제가 아니다. 직접 승패를 결정하는 판사가 당사자 이야기를 직접 듣고, 태도를 관찰하고, 진술의 신빙성을 판단하도록 하는 것이 더 바람직하다는 결론을 내린 것이다.

간접재판은 문서가 중심이 되는 재판이다. 영미법에서는 재판에 증인이 나와서 선서한 후 판사와 배심원 앞에서 구두로 진술하고 이에 대해 상대방이 반대신문하는 식으로 재판이 진행된다. 변호인도 구두로 각종 신청과 이의제기를 하고, 판사도 구두로 답한다. 그래서 '구두'재판이라고도 한다. 반면 대륙법에서는 증인에게 하는 질문조차도 당사자가 준비한 질문지를 판사가 읽는 방식으로 진행한다. 게다가 증거조사를 하는 사람과 조서를 꾸미는 사람, 재판하는 사람이 각각 다를 경우에는 구두보다는 서면이 중심일 수밖에 없다. 대륙법도 최근 들어 집중적인 재판, 구두재판으로 방향을 틀고 있다. 집중심리주의, 직접주의, 구두주의라는 새로운 목표를 설정하고 이를 구현하기 위해 노력 중이다.

바깥에서 볼 때 대륙법의 이상한 점 하나는 증인에게 당사자가 질문하지 않고 판사가 질문하는 것이다. 대륙법에서는 영미법과 달리 무엇을, 어떤 범위에서, 어느 정도로 물어볼지를 판사가 결정한다. 대륙법은 판사가 물어보는 '직권주의' 시스템이고, 영미법은 당사자가 물어보는 '당사자주의' 시스템이다.

하지만 이건 너무 성급한 결론인 것 같다. 적어도 민사재판에 관한 한 이런 구별법이 현실을 정확하게 반영하는 것 같지 않다. 민사는 대륙법과 영미법이든 기본적으로 '처분권주의'를 따른다. 처분권주의에 따르면, 쟁점이 무엇인지, 그에 대한 증거가 무엇인지, 어떤 주장을 펼칠지는 전부 당사자 마음이다. 당사자가 결정하고 처분한다. 거기에 두 법 전통 모두 판사에게 탐구의 역할을 약간 부여할 뿐이다. 대륙법 국가 중에서도 독일은 판사가 그 역할을 좀 더 많이 하고, 다른 국가에서는 판사가 역할을 조금 덜 하는 정도의 차이만 있다. 반면에 영미법에서는 판사가 끼어드는 경우가 훨씬 적다. 두 법 전통 간에는 그 정도의 차이만 있다. 영미법 판사는 청소년 혹은 소송 능력이 제한되는 자의 재판이나 당사자가 제대로 입증을 못하는 경우에만 공익적 차원에서만 판사가 마지못해 끼어든다. 대륙법에서 검사나 이와 비슷한 직위를 가진 자가 공익의 대표자로서 소송에 참가하는 것과 크게 다르지 않다. 이처럼 대부분은 당사자가 주도해서 소송을 한다. 양쪽 모두 재판에서 어떤 결과가 나올지는 당사자들이 어떻게 하느냐에 주로 달려 있다. 그래서 당사자가 신청하는 경우에만 판사가 증인에게 질문을 하고, 질문 내용도 당사자가 준비한다.

다만 여기서 대륙법이 구두주의에 의하지 않는다는 점이 또 한 번 드러난다. 보통 증인에게 질문하려는 변호인은 먼저 질문사항을 적은 '질문지'를 작성하고, 증인신문기일 이전에 판사와 상대편 변호인에게 질문지를 제출한다. 따라서 상대편 변호인(가끔은 증인조차도)은 어떤 내용에 대한 질문이 오갈지 미리 알아서 그에 대한 준비를 한다. 질문하는 변호인이나 대답하는 증인이나 무엇을 할지 알기 때문에 미국 재판처럼 직접적인 구두신문과 반대신문의 긴장감은 한껏 줄어들 수밖에 없다. 심지어 질문도 판사가 하기 때문에 당사자끼리 부딪치는 장면은 잘 연출되지 않는다.

반대신문이라는 것도 대륙법계 변호인에게는 낯선 절차 중 하나다. 대륙법에서는 배심원도 없고, 증인을 탄핵할 일도 별로 없다(실무에서는 당사자나 변호인, 친인척, 기타 이해관계인이 증인으로 나올 수 없다). 재판을 주재하는 재판장은 관련성 있는 사실을 능숙하고 공정하게 취합하며, 질문 내용도 적절하게 거른다. 질문이 적절치 않으면 재판장에게 '이의제기서(offer of proof)'를 낼 수 있어서 느닷없는 질문 때문에 당황할 이유도 없다. 상대방 변호사가 할 일이라는 것도 증인신문조서에 기재될 어구를 지적하는 것이 전부다.

집중심리주의, 직접주의, 구두주의와 관련해서 대륙법과 영미법의 차이를 예를 들어 설명하면 다음과 같다. 대륙법에서는 먼저 원고 측 변호인이 주로 서면으로 증인신청서를 판사에게 전달한다. 그 신청서 사본을 판사가 피고 측에게 전달하면, 피고 측 변호인은 가령, 증인이 원고와 친족관계 또는 가족관계가 있어서 적절치 않다는 식으로 반론을 제기한다. 보통 증인신문 청구를 받은 판사는 2~3주 후로 기일을 잡고 기일 전에 양측 변호인이 서면을 제출한 다음 기일에 출석해 구두로 의견을 나눈다. 의견을 다 듣고 판사는 다시 2주 정도 후에 증인신청에 대한 결정을 내리며, 인용 결정이 나면 몇 주 후에 증인신문 기일을 잡아 증인의 진술을 듣는다. 이와 같이 증인을 신청해서 증인신문을 하기까지 짧게는 몇 주, 길게는 몇 달이 걸린다. 판사와 변호인 사이에 불과 몇 분 오가는 대화로 결론이 나는 미국법에서는 상상도 못 할 일이다. 원고 측 변호인이 판사에게 증인을 신청하고, 피고 측 변호인은 이의를 제기하면서 간단하게 이유를 대고, 이에 원고 측이 다시 반박한 다음 판사가 결정을 내린다. 증인 채택 결정이 나면 바로 옆에서 기다리고 있던 증인을 출석시켜 진술을 들으면 된다. 이것이 미국법이다.

대륙법 국가의 법원에서 실제로 증인을 소환해서 진술을 듣는다고 가정해보자. 그러면 판사는 이를 메모해서 증인의 진술 취지를 서기에게 낭독해준다. 서기가 적은 데 대해서 양측 변호인이 맞다고 동의하면 적은 것이 기록되어 재판부에 전달된다. 기록을 받은 재판부는 기록에 적힌 대로 사실을 인정해야 하고, 다른 결론을 내려서는 안 된다. 심지어 이탈리아처럼 증인신문을 진행한 판사가 재판부 중에 포함되어 있어도 결론은 같다. 증인이 주저하고 진실되어 보이지 않다든가, 증인의 태도가 이상해 보였어도 기록에 그 사실이 적혀 있지 않으면 기록대로 사실인정을 할 수밖에 없다. 반대로 영미법의 배심재판에서는 기록도 필요 없고 사실 확정도 필요 없다. 증인의 태도나 다른 정황들을 배심원이 체크한다. 평결문에는 그걸 적을 필요조차 없다. 보고 느낀대로 판단하면 된다. 배심원이 아닌 직업법관이 재판할 때도 그렇다. 영미에서는 증인의 진술을 직접 들은 법관이 판단한다. 증인의 말을 듣고 그 태도를 잘 관찰한 다음 최종 결정을 내리도록 법이 요구하고 있다.

대륙법과 영미법이 증거법과 관련해서 차이 나는 이유는 여러 가지가 있겠지만 가장 중요한 것은 배심원 유무의 문제다. 영미법의 민사재판에서는 제출한 증거 가운데 일부를 배심원이 보지 못하게 하는 '증거제한법칙'이 존재한다. 오랫동안 재판을 해보니까 어떤 증거는 배심원에게 보여서는 안 되겠다고 생각한 것이다. 증거의 오염 가능성은 경고하되 증거 자체는 보게 하자는 주장이 있었지만 받아들여지지 않았다. 신빙성이 적은 증거는 아예 배심원에게 보여주지 않기로 한 것이다.

대표적인 것이 전문증거(남에게 들은 내용을 그대로 전달하는 것)다. 증인이 다른 사람들이 이야기하는 것을 들었고 법정에서 그 들은 바를 증언한다고 치자. 영미에서는 변호인이 바로 "재판장님, 이의 있습니다! 이 진술은 전문증거입니다!"라고 제지한다. 다른 사람이 말한 것을 들어서 전달하는 것은 안 된다는 게 전문법칙이기 때문이다. 이 법칙에 따르면, 증인은 직접 법정에 나와서 증언해야 하고, 그에 대해 상대방 변호인이 반대신문을 하고, 그 전 과정을 배심원이 보아야 한다. 그럴 기회가 없는 전문진술은 증거에서 제외된다. 배심원이 아닌 직업법관의 재판에서는 전문진술을 받아도 되지 않느냐는 견해도 있었지만 채택되지 않았다. 또 전문법칙에는 여러 가지 예외가 있다. 하지만 그럼에도 전문법칙은 법칙으로 엄연히 존재한다. 충분히 믿을 만한 증거임에도 전문이라는 이유로 증거로 쓸 수 없는 경우가 지금도 아주 많다.

대륙법에는 반대로 전문법칙이 없다. 민사에 관해서는 배심재판이 없기 때문이다. 물론 그렇다고 해서 대륙의 재판에서 모든 증거가 자유롭게 법정에 들어오는 것은 아니다. 대륙법에도 증거제한법칙은 있다. 다만 그 기원과 목적이 다르다. 가령 대륙법에서 말하는 증거제한법칙 가운데 하나인 '증거법정주의'는 이런 내력을 가지고 있다.

증거법정주의는 중세 초 결투(battle)나 신판(ordeal)에 의한 재판말고 이성적이고 합리적인 재판제도를 도입하고자 한 노력의 결과다. 이는 양측의 주장을 객관적으로 검증해서 진실에 도달하는 방편이었다. 당시에도 대륙법 판사는 그다지 힘 있는 사람이 아니었다. 아무리 단단하게 마음을 먹어도 뇌물이나 권유, 협박 등에서 자유로울 수 없었다. 특히 돈 많고 힘센 사람의 협박에는 판사가 견딜 재간이 없었다. 그래서 판사가 그런 외부적인 압력에 버틸 수 있도록 재판제도를 개혁했고, 그 결과 증거법정주의, 증거제한법칙, 선서제도가 도입되었다.

이 중 먼저 증거법정주의는 증인의 수, 신분, 나이, 성별 등을 기준으로 증인의 진술에 일정한 비중을 의무적으로 부여하는 제도다. 가령 어떤 사실을 진실로 인정하기 위해서는 일정한 수의 증인이 필요했고('증인 둘의 법칙' 등), 귀족이나 성직자, 토지 소유자의 증언은 일반 시민, 평민, 무소유자의 증언보다 신빙성에서 높은 점수를 주었으며, 청년보다 노인의 진술에 무게를 두고, 여자의 진술은 아예 믿지 않거나 믿더라도 남자의 진술보다 덜 믿게 했다. 이처럼 증거를 평가할 때 각각 완전한 증거, 절반의 증거, 4분의 1의 증거로 차이를 둔 것은 오랜 재판경험을 통해 얻어낸 결론이었다.

증거제한법칙은 어떤 증인은 아예 증언대에 설 수 없게 한 것이다. 재판 당사자나 그들의 친족, 이해관계인의 증언은 기본적으로 믿을 만한 것이 아니기 때문에 증언할 자격도 주지 않은 것이다. 재판에서 이기기 위해서 당사자 등이 양심에 반하는 증언을 할 기회 자체를 봉쇄하는 효과가 있다. 그들이 법정에 서면서 판사를 미리 매수할 가능성도 없앨 수 있었던 것이다.

마지막으로 선서제도는 다음과 같이 재판이 진행되도록 하는 것이었다. 당사자 일방 A가 상대방 B와 다투고 있는 쟁점 사실(가령 돈을 빌린 적이 있는지)에 관해 선서하에 사실대로 진술할 것을 요구한다. 만약 B가 선서를 거부하면 B에게 불리한 사실이 있었던 것으로 간주된다. 반면에 B가 선서하에 진술을 하면 B에게 유리한 사실이 있었던 것이 된다. 이때 B가 사실이 아님에도 불구하고 선서하에 거짓진술을 하면 B는 종교적으로도 문제가 될 뿐만 아니라, 형법상 위증죄로 처벌받고, 그로 인하여 발생한 손해까지 배상할 책임이 있다.

영국에서는 일찍부터 배심제도가 발달해서 대륙법에서 이와 같이 증거의 제출 및 평가와 관련하여 만든 증거제한법칙이 적용될 여지가 없었다. 여러 명의 배심원에게는 한 명의 판사에게 했던 것처럼 협박하기가 쉽지 않고, 배심원이 외부 사람의 영향을 받는 것이 제한적이라고 생각했기 때문이다. 게다가 배심원을 시민 가운데서 뽑았기 때문에 증거법정주의라는 이름으로 증거를 제한할 이유가 직업법관에 의한 재판보다는 훨씬 적었다. 이해관계인을 증인으로 부르지 않고, 증인의 진술 가운데 일부는 증거로 쓸 수 없게 하는 것만으로 충분했던 것이다. 배심에 의한 재판이 사실확정에 유효한 수단이었던 점, 그리고 판사에 비해서 외부 영향을 덜 받는다는 점에서 영미의 배심제도는 대륙법의 다른 장치, 즉 증거법정주의나 선서제도보다 나은 제도라고 여겨졌다.

대륙법 세계에는 지금도 중세 시대 증거법의 흔적이 남아 있다. 가령 증거법정주의는 현대 대륙법에서 추정의 법칙(어떤 사실이 있으면 상대방이 반대로 입증하기 전까지 사실로 추정된다는 법칙)으로 남아 있고, 몇몇 국가에서 당사자에게는 지금도 증인자격이 주어지지 않으며, 선서제도가 공격방어 전략의 하나로 프랑스나 이탈리아, 스페인에서 여전히 쓰이고 있다. 그런데 최근 대륙법이 '자유심증주의'라는 새로운 증거법칙을 도입했다. 기본적으로 능력이 부족하고, 국민들의 신뢰도가 높지 않지만, 증거 판단을 판사에게 전적으로 맡기자는 취지에서 전향적으로 도입한 것이 바로 자유심증주의다. 판사가 자유로운 심증(마음의 확신)으로 증거를 평가해서 판결을 하도록 하는 제도다.

또 하나 대륙법의 민사소송제도에서 특이한 것은 변호사 수임료다. 보통 미국에서 민사소송을 제기하는 사람들은 재판에서 이기든 지든 상관없이 자기 변호사에게 수임료를 낸다. 그런데 영국과 대륙법에서는 패소한 쪽이 승소한 쪽의 수임료까지 내야 한다. 졌으니까 이긴 사람의 변호사 비용까지 내는 것이 당연하고, 실무에서도 이를 당연하게 생각한다. 그런데 한 가지 문제가 있다. 패소한 자에게 너무 심한 부담이 되지 않도록 하기 위해 법원이 수임료를 일정 금액으로 정한다는 점이다. 승소한 변호사는 보통 자신이 투자한 비용 전부를 청구하지만, 법원은 조견표에 따라 지불할 변호사 비용을 정한다. 의뢰인에게 더 많은 돈을 받기로 약정했어도 별수 없다. 진 쪽으로부터는 약정한 액수의 일부만 보전받고, 그 차액은 이긴 쪽 의뢰인이 직접 부담한다. 또 대륙법은 소송 결과에 따라

변호사의 금전적 이익이 늘었다 줄었다 하는 것을 비윤리적이라고 생각해서 성공보수 약정을 금지하고 있다. 미국에서 공공연히 성공보수를 받는 걸 보면 깜짝 놀란다. 성공보수를 받을 자격이 있는 대륙법 변호사 자신들도 생각이 같다. 변호사가 돈 때문에 일을 더 열심히 해서는 안 된다고 믿는 것이다.

원칙적으로 대륙법의 민사소송에서는 상소할 권리가 보장된다. 이것이 또 미국법과 중요한 차이점이다. 미국에서 상소란 1심 법원이 법적으로 잘못한 경우에만 인정된다. 하지만 대륙법에서는 법률 문제뿐만 아니라 사실관계를 다시 봐달라는 것도 항소 이유가 된다. 물론 사실관계를 검토할 때도 주로 1심이 봤던 기록에 의하겠지만, 상소심에서 1심에서 내지 않았던 새로운 증거를 제출할 수 있게 하는 국가도 아주 많다. 상소법원이 모든 증거를 다시 검토해서 사실이 무엇이고, 법적으로 어떤 판단이 맞는지 처음부터 다시 정해도 된다. 상소심 재판부도 판결문을 다시 쓰는데, 여기에는 법적 쟁점뿐만 아니라 사실적 쟁점도 포함된다.

보통법(common law)에서는 배심재판을 원칙으로 하기 때문에 상소심에서 사실관계를 또 다시 판단하는 것 자체가 불가능하다. 사실 1심에서조차 배심원은 어떤 사실을 발견해야 할 의무를 지는 게 아니고, 당사자들의 태도나 여러 가지 정황을 보고 평결을 내릴 뿐이다. 평결 내용을 설명할 의무도 없으며, 재판절차가 기록으로 남지도 않는다. 1심 평결문에 어떤 사실이 있다고 적히는 게 아니기 때문에, 배심재판에 대해서 상소심이 다시 보겠다는 이야기는 배심의 결정을 전부 무시하고 새로 판단하겠다는 것과 다를 바 없다. 영미에서 사실에 대한 상소를 인정하지 않는 이유가 그것이다.

반면에 대륙법에서는 사실에 대한 상소를 폭넓게 인정할 뿐만 아니라, 법률 문제에 대한 상소를 따로 둔다. 프랑스나 이탈리아의 파기제도나 독일의 파기환송제도가 그것이다. 간단하게 말하면, 법적인 쟁점에 관하여 상급법원이 최종적으로 결정을 내려준다. 영미법에서는 보통 상소라고 하면 법률 문제만을 다루기 때문에 대륙법의 파기제도나 파기환송제도는 그와 기본적으로 아주 비슷하다. 다만 이런 제도가 만들어지게 된 역사적인 경위가 조금 다르다.

우리는 제7장에서 혁명기의 이념은 법원의 법률해석권을 전부 부정하는 데 있다고 했고, 그래서 프랑스의 파기원은 엄밀히 말하면 법원이 아니라, 법원이 제기한 법률해석 문제에 대하여 최종적인 유권해석을 해주던 별개의 기관이라고 했다. 그런데 시간이 흐르면서 프랑스와 프랑스의 모델을 따른 국가들에서 파기원이 법원의 일부인 파기법원으로 성격이 변해갔다. 이름이 바뀌어 일반법원의 정점에 위치하게 된 것이다. 임무도 당연히 법률의 정확한 해석에 둔다. 프랑스처럼 독일이나 오스트리아, 스위스에서도 법원은 법령의 통일된 해석을 책임지고 있고, 이론적으로는 법원의 결정은 자신이나 하급법원을 기속하지 않지만, 실제로는 최고법원의 해석이 법원의 해석으로 공인되고 있다.

또 하나, 대륙법의 민사소송에서는 1심은 물론이고 상소심에서도 반대의견이 없다. 예외가 없는 것은 아니지만 원칙적으로 만장일치를 요구한다. 투표도 없다. 판사가 자신이 속한 법원의 결정에 반대하는 것 자체를 적절치 않은 행동이라고 생각하기 때문이다. 법은 모름지기 확실하거나 최소한 그렇게 보여야 하는데, 반대의견을 적거나 따로 출간을 하게 되면 법의 확실성에 흠이 생긴다고 믿는다. 다만 최근 들어 일부 국가에서 헌법법원을 중심으로 반대의견과 보충의견을 적거나 공표하기 시작한 것은 의미 있는 변화라고 할 수 있다.

어떤 국가에서는 다수의견에 반대하는 판사들이 별도로 학회지 등에 논문을 출간함으로써 약한 의미의 항명을 하는 사례가 있다. 본인들은 그것이 순전히 '이론적'인 목적이었다고 말하겠지만 동료 판사와 다른 변호사는 그것이 학문적 목적이 아니라 반대의견을 표명하기 위한 것임을 잘 알고 있다.

집행 면에서도 대륙법과 영미법은 차이가 있다. 대륙법에서는 먼저, 영미법에서 말하는 '법정모독죄'가 없다. 제8장에서 우리는 미국의 경우 법원이 개인에게 어떤 행위를 하라고 명하거나 하지 말라고 명할 수 있다는 점을 확인했다. 그걸 어기면 법정모독죄, 즉 법원의 명령을 어긴 죄로 징역형이나 벌금형에 처한다. 이처럼 영미법에서는 사람에 대한 강제조치가 가능하다. 그런데 대륙법은 그렇지 않다. 대륙법의 민사소송에서는 법정모독죄도 없고, 사람이 아닌 물건에 대한 강제조치만 가능하다. 쉽게 말하면 상대방에 대해서 무엇을 청구하든 그로부터 얻을 수 있는 것은 금전배상밖에 없다. 이 차이는 그대로 절차의 차이를 낳고, 계약의 정의 차이로 귀결된다. 가령 대륙법에서는 금전으로 배상이 가능한 것만 법적으로 강제할 수 있는 계약이라고 생각한다.

대인적 강제, 즉 사람에 대한 강제가 불가능하다는 점은 절차 면에서 여러 가지 차이를 낳는다. 영업장부 같은 서류나 기타 증거를 내라고 하거나 재산을 조사하는 것도 대륙법에서는 영미법만큼 단호하게 요구할 수 없다. 민사소송에서 배상은 원칙적으로 피고 소유 재산의 경매, 피고 물건의 인도, 주거로부터의 퇴거 같은 피고의 재산에 대해 집행 가능한 배상만 가능하다. 아니면 불법건축물의 철거와 같이 피고가 아닌 제3자가 대신해줄 수 있는 것만 요구할 수 있다. 민사소송에서 패소한 피고인에게 손해배상을 청구할 수는 있지만 판사가 사람에 대해 형벌을 부과할 수는 없는 것이다. 판사가 형사법원에 고발하는 것이 대륙법에서 아마도 사람에 대해 할 수 있는 최대한일 것이다. 라틴아메리카에서는 '강제명령(amparo)'이라고 해서, 헌법적 권리를 침해하지 말라고 명했음에도 이를 어길 경우 판사가 아주 예외적으로 피고를 체포하는 경우가 있지만, 그것 역시 영미법에서 법정모독으로 판사가 직접 형벌을 부과하는 것과는 큰 차이가 있다.

이와 같은 영미법과 대륙법의 차이를 약간 거리를 두고 전체적으로 조망하면 그 바탕에 이념의 차이가 있다는 점을 확인할 수 있다. 영미법에서 판사는 법의 집행자이면서 도덕과 유사한 성격을 갖는 형평법의 집행자이기도 하다. 판사는 원고와 피고의 이웃들로 구성된 배심원을 모아놓고 공동체가 바람직하다고 생각하는 결과를 이끌어내고 집행할 수 있는 힘이 있다. 법정모독죄라는 것도 결국은 피고가 공동체의 결정에 반하는 행위를 하는 경우 피고를 처벌하거나 피고에게 특정한 행위를 강제할 수 있는 권한이다. 공동체 구성원인 배심원이 모인 자리에서 판사가 '어른'으로서 여러 가지 명령을 내리는 것이다. 반면 대륙법에서 판사는 영미법과 같은 어른은 아니다. 판사의 결정에 반한다고 해서 당사자나 증인이 판사에게 혼난다는 생각 자체가 존재하지 않는다. 대륙법상 소송절차는 그만큼 윤리와 도덕의 색채가 엷은, 단순한 공적 절차에 지나지 않는다.

이런 차이는 손해배상에서 고스란히 드러난다. 영미법에서 고의 또는 중과실 책임이 있는 피고에게 형벌과 유사한 징벌적 손해배상이나 피해 규모 이상의 삼배손해배상을 부과하는 일이 흔히 있다. 하지만 대륙법에서는 이런 식의 배상이 최소한 민사에서는 있을 수 없다. 민사와 형사의 차이가 분명하기 때문에 고의나 중과실은 형사가 다룰 문제지 민사가 다룰 문제가 아니라고 생각한다. 민사에서 원고가 받을 수 있는 것은 정확하게 손해에 해당하는 금액이다. 피고가 도덕적으로 위반되는 행위를 했다고 해서 공동체가 그에게 벌을 내리는 것은 '형벌은 행위 시 법률에 따라서 범죄로 인정되는 행위를 한 때에만 부과한다'는 죄형법정주의에 어긋난다. 대륙법에서 형벌은 법에 정한 것만 부과할 수 있다. 판사가 원한다고 할 수 있는 일이 아니다.

제17장 형사소송

혁명 이념은 대륙법 곳곳에 영향을 미쳤지만 특히 공법에 가장 큰 영향을 미쳤다. 그중에서도 형사소송법에서 절대왕정에 대한 비판이 많았고, 개혁 요구가 높았다. 18세기 혁명 이념의 전파에 일조한 철학자와 사상가들은 형법과 형사소송법의 폐해를 집중적으로 거론했다. 가장 유명한 사람이 바로《범죄와 형벌(Of Crimes and Punishments)》이라는 책을 쓴 체사레 베카리아(Cesare Beccaria)였다. 1764년 출간된 이 책은 유럽의 형법 및 형사소송법 개혁에 엄청난 영향을 미쳤다.

형법의 내용으로 보면 대륙법은 영미법과 큰 차이가 없다. 비슷한 행위를 다 범죄로 규정하고 있고, 형벌 부과에 대해서도 서구 사회의 일원으로서 비슷한 접근방법을 사용하고 있다. 그런데 형사소송은 다르다. 영미법과 대륙법상 형사소송의 차이를 살펴보면 혁명 이념이 얼마나 크게 대륙법에 영향을 미쳤는지 확인할 수 있다. 과연 그 내용이 무엇인지 베카리아의 《범죄와 형벌》과 비교해서 설명하기로 한다.

베카리아는 책에서 먼저 "법률이 없으면 형벌도 없다"라는 점을 강조한다. 그의 책을 보면 "법률로만 범죄와 형벌을 정할 수 있고, 법률제정권은 오로지 사회계약에 따라 전체 국민을 대표하는 국회에 있다"라고 한다. 즉, 법 가운데도 법률만 범죄와 형벌을 적을 수 있다. 그런 다음 베카리아는 법률의 해석에 대해서 설명한다. 그에 따르면 "판사는 법을 만드는 사람이 아니기 때문에 법률을 해석할 권한이 없다". 그리고 "법률을 곧이곧대로 적용함으로써 혹시라도 생길 수 있는 폐해는 판사들이 법률을 해석함으로써 생기는 폐해와 비교가 되지 않는다. … 공표된 법은 글자 그대로 적용되어야 하고, 판사가 할 일은 어떤 행위가 법에 적용되는지 또는 적용되지 않는지를 말해주는 것에 국한된다"라고 선언한다. 이어서 베카리아는 같은 문단에서 "판사라는 폭군이 지배하는 전체주의 국가"라고 목소리를 높인다. 불명확한 법에 대해서 비판하면서 "판사의 법률 해석이 악이라면, 또 다른 악은 말하는 바가 명확하지 않은 법이다. 그런 법 때문에 판사가 해석을 하게 된다. 그럴 바엔 차라리 모르는 언어로 쓰인 것이 더 낫다. 내용이 명확하지 않은 법 아래 사는 사람들은 법을 해석하는 사람에게 운명을 맡기고 살아야 한다. 보편

적이어야 할 법이 가장 주관적이고 독단적인 법으로 전락하는 이유가 그것이다"라고 강조하고 있다. 그리고 추가적으로 베카리아는 두 가지 원칙을 강조하는데, 첫째는 범죄와 형벌은 비례해야 하기 때문에 중범죄에 대해서는 중형이 규정되어 있어야 한다는 것이고, 둘째는 범죄자의 부, 사회적 지위, 신분과 관계없이 형벌은 누구에게나 공평하게 부과되어야 한다는 것이다.

이런 베카리아의 생각은 여러 가지 면에서 제3장에 살펴본 혁명 이념과 맥을 같이한다. 법실증주의, 합리주의, 자연법학파가 이야기하는 천부인권론과 문맥상 같은 이야기다. 베카리아의 생각은 동시대 영미의 형사소송절차 개혁에도 큰 영향을 미쳤다. 다만 유럽에서는 프랑스 혁명과 국가와 법에 대한 혁명적 발상의 전환 등과 합쳐져서 더 크게 강조되었을 뿐이다. 가령 모든 범죄와 형벌은 국회가 제정한 법률에 규정되어야 한다는 생각은 대륙법에서 거의 신앙에 가깝다. 그래서 대륙법계 법률가들은 영미의 민사소송에서 징벌적 손해배상이나 삼배손해배상, '보통법'상 범죄를 따로 정하는 것, 법정모독이라는 이유로 자의적으로 형벌을 부과하는 것에 대한 반감이 아주 크다.

대륙법은 일찌감치 베카리아의 영향으로 형벌제도 개혁에 착수해서 18세기 투스카니 지방에서는 사형이 폐지되었고, 죄질이 약한 범죄에는 경미한 형벌을 부과하도록 하는 조치가 이루어졌다. 영국과 미국보다 훨씬 앞선 때의 일이다.

베카리아가 말한 죄형법정주의(범죄와 형벌은 국회가 제정한 법률에 규정되어야 한다는 것)와 모든 국민이 알 수 있는 글로 형법이 제정되어야 한다는 생각 등이 합쳐져 법전 편찬 사업이 시작되었다. 실제로 혁명기 프랑스에서 가장 먼저 만들어진 것이 형법전인데, 혁명이 진행되는 와중에 벌써 신(新)형법이 쓰였다. 형법과 형사소송법에서 시작한 법전화 작업은 판사에 대한 신뢰가 적고 입법자가 영웅시되는 사회 분위기를 타고 다른 영역으로 급속도로 번져나갔다. 혁명기 입법이 시작된 것이다.

우리는 영미와 대륙의 형사소송법을 대륙법은 '직권주의'를 표방하고, 영미법은 '당사자주의'를 표방한다는 것으로 이해한다. 지금에 와서 각 국가 형사소송법의 성격을 파악해보면 딱히 맞는 말은 아니지만 역사적인 맥락에서 보면 어느 정도 근거가 있다. 지난 200년은 대륙법으로서는 극단적이고 가혹한 직권주의 체제에서 벗어나려고 노력한 역사였고, 영미법은 당사자주의의 폐해에서 벗어나고자 노력한 역사였다. 즉, 두 법 전통이 다른 곳에서 시작해서 직권주의와 당사자주의가 적절하게 섞인 형사소송제도를 향해 달려왔다고 할 수 있다.

먼저 당사자주의에 대해서 생각해보자. 인류학자들은 당사자주의가 사적 복수의 진화된 형태라고 생각한다. 당사자주의하에서는 범죄 피해를 본 사람이 고소하며 사건이 시작된다. 그러다가 고소를 제기할 권리가 피해자의 친척으로 확대되고, 사회적 연대의 사상과 사회방위의 필요에서 전체 구성원의 권리로 승화되었다. 국가를 대표하는 자, 즉 판사가 증거를 듣고, 유무죄를 정하고, 판결을 선고한다. 하지만 판사는 소송을 제기할 권한도 없고, 쟁점이 무엇인지 특정할 권한도 없고, 증거를 제출할 권한도 없다. 원칙적으로 수사권 자체를 가지고 있지 않다. 이런 권한들은 전부 당사자인 고소인과 피고인 손에 쥐여 있다. 형사재판은 판사를 심판으로 둔 고소인과 피고인 사이의 다툼이다. 사법기관이나 경찰이 미리 수사를 해서 증거를 준비하는 일 없이 재판 당일 공개 법정에서 당사자의 구두변론으로 진행된다.

중세 시대 유럽의 형사소송제도도 당사자주의를 취했다. 13세기 카스티유의 주요 법률집인 《칠부법전(Siete Partidas)》에도 당사자주의가 원칙이었고, 국왕에 대한 범죄에 대해서만 예외적으로 판사가 직권으로(판사의 주도하에) 증거조사를 할 수 있다고 적고 있다. 직권주의는 이단범죄와 관련해서 가톨릭 교회법원에서 발전하기 시작했고, 16세기 민족국가의 출현과 더불어 대륙법 형사제도의 특징으로 자리를 잡게 되었다.

사적 복수의 시대에서 합리주의 시대로 사회가 변화한 것과 더불어 추가적으로 몇 가지 요인이 작용해서 직권주의 체제가 정착되었다. 먼저 고소인의 역할이 줄고 그 일을 국가기관이 하게 되었다는 점과, 판사가 객관적인 심판의 지위에서 벗어나 적극적으로 증거를 조사하고 사건의 범위와 목표를 정하는 능동적인 역할을 하게 된

점이 그것이다. 이때쯤 국가 대 개인의 싸움으로 형사재판의 구도가 바뀌었다. 원래 역사적으로 직권주의는 비공개 서면주의를 표방하고 있다. 직권주의하에서는 자칫 피고인에게 불리한 재판이 자행될 우려가 컸다. 피고인의 자백을 이끌어내는 것이 직권주의의 가장 큰 목표였고, 그러다 보니 고문이 정당화되는 폐해가 있었다. 거짓 자백도 횡행했다. 이를 극복하고자 당시 유럽 국가들은 법에 정하지 않은 고문은 금지하는 식으로 형사제도의 개혁을 시도하기도 했다.

영미에서도 대륙과 유사한 직권주의를 채용한 재판을 하던 곳으로 성청법원(Star Chamber)이 있다. 하지만 영미에서 성청법원은 극히 예외에 지나지 않았다. 기본적으로는 당사자주의를 취했고, 일찍이 배심제도가 도입되면서 영국의 형사절차가 대륙식의 강압적인 절차로 변질되는 것을 막는 역할을 했다. 피고인의 유무죄를 결정할 권리가 배심원에게 있는 이상 재판이 배심원 앞에서 구두로 진행될 수밖에 없었던 것이다. 영미에서 직권주의 전통은 한참 후의 일이다. 초창기에는 고소인이 변호사를 사서 고소해야 할 의무도 없었고, 검사라는 직업 자체가 없었기 때문에 당사자주의의 틀을 벗어날 상황이 아니었다. 기본적으로는 개인이 주도권을 쥐고 배심원 앞에서 구두로 재판을 하는 것이 영미식이었다. 거기에 공공기금으로 법정변호사가 개인 편을 들어주는 정도로 도움을 주었다. 그러다가 아주 최근 들어 검사와 경찰 직업이 생겨나고, 국가가 고용한 사람들이 개인을 대신해서 수사와 공소유지 업무를 하게 되었다. 영국이 직권주의 색채를 가미하기 시작한 것은 아주 최근의 일이다.

반면에 대륙의 직권주의는 세 가지 요소가 작용하면서 더욱 극단으로 치달았다. 로마법의 부활, 교회법원의 영향, 민족국가의 등장이 그것이다. 특히 민족국가체제로 들어서면서 직권주의가 크게 강화되었다. 재판은 국가가 피고인인 개인을 상대로 벌이는 싸움이라는 생각이 지배하게 되었다. 형사절차는 비공개 서면주의였고, 피고인은 변호인의 조력을 받을 권리도 없었다. 선서(위증할 경우 처벌받겠다고 선언하는 것)하에 증언해야 했고, 진술을 이끌어내는 고문이 일상적으로 시행되었다. 판사는 재판에서 중립적 역할에 그치는 것이 아니라 적극적으로 심리의 범위와 성격을 정할 수 있었다. 국가를 대표하는 국왕은 법을 소급적용해서 국민들을 처벌할 권한까지 가지고 있었다. 모든 국민이 평등하고 정의를 구현해야 한다는 명분이었지만 실상은 국왕 마음대로 형벌을 부과하고 면해주기 위함이었다.

그러다가 18세기 들어 베카리아 등의 영향을 받아 형사절차에 대한 국민의 반감이 폭발하고, 형사절차 개혁이 유럽 혁명의 주요 쟁점으로 떠올랐다. 개혁사상가들은 영국의 형사절차를 정의롭고 민주적인 형사제도의 모범이라고 생각하고 대륙법을 영국법처럼 개혁할 것을 주장했다. 그 주요 골자는 ⑴ 배심제도의 도입, ⑵ 비공개 서면주의 대신 구두주의 재판제도의 확립, (3) 피고인에 대한 변호인 조력권 보장, (4) 판사의 직권조사 기능 제한, (5) 피고인에 대한 선서하의 진술 강요 금지, (6) 고문 폐지, (7) 사면 및 처벌을 비롯한 국왕의 자의적인 형사절차 개입 금지 등이었다.

프랑스 혁명기에는 절대왕정의 형사절차를 전부 폐기하고 영국식의 새로운 모델을 도입하려는 노력이 있었다. 그러다가 그것이 좌절되면서 반혁명 세력의 목소리가 커지기도 했다. 결국 혁명기 전과 후의 제도가 혼합된 형사절차가 프랑스에 도입되었다.

전형적인 대륙법의 형사절차는 크게 수사 단계, 예심 단계, 재판 단계로 나뉜다. 수사 단계는 검사의 주도하에 이루어지는데, 검사는 예심판사가 주도하는 예심 단계에서도 적극 참여한다. 예심은 비공개 서면주의로 진행되며, 예심판사의 역할은 사안을 완벽하게 파악해서 조서를 작성하는 데 있다. 그 결과 예심이 끝나고 나면 모든 증거가 조서에 정리되며, 예심판사가 그에 근거해서 범죄가 있었고 범죄행위자가 피고인이라는 결론을 내리면 사건은 재판으로 간다. 반면에 범죄가 없었다거나 범죄행위자가 피고인이 아니라는 결론이 나면 예심에서 종결된다.

독일은 이와 같은 예심제도를 1975년에 폐지했고, 모든 수사를 미국처럼 예심판사가 아닌 검사와 경찰이 담당하는 것으로 바꾸었다. 그리고 중요한 범죄의 재판에서는 판사와 시민법관들이 평결을 내린다. 집중심리로 열리는 재판 부담을 줄이기 위해 작은 범죄에 대해서는 미국식의 유죄협상제도(plea bargaining, 피고인이 유죄를 인정하거나 다른 사람에 대해 증언하는 대가로 검찰 측이 형을 낮추거나 가벼운 죄목으로 다루기로 거래하는 것)를 도입했다. 이와 같은 독일 모델은 20세기 말 이탈리아와 라틴아메리카를 비롯한 대륙법 국가에 도입되었다. 20세기 후반기는 대륙의 형사소송법에 대한 과감한 개혁이 진행된 시기였다.

지난 약 150년간 보다 공정하고 인간적인 형사소송제도를 향한 유럽의 개혁 작업은 주로 수사와 예심 분야에 집중되었다. 먼저 객관적이고 공정한 관청으로서의 검사제도를 확립해갔다. 가령 이탈리아는 검사도 사법부의 일원으로서 판사처럼 신분이 보장되어 외부의 영향으로부터 자유로운 지위를 갖게 되었다. 그리고 예심 단계에서 피고인의 이익을 보호할 수 있는 여러 가지 안전장치가 마련되었다. 그중 가장 중요한 것이 수사와 예심 단계에서 변호인의 도움을 받을 권리가 피고인에게 보장되었다는 점이다. 의뢰인을 대신해서 증거를 제출하거나 증인에 대한 반대신문을 하는 데까지는 이르지 않았다. 또 변호인이 증거개시를 신청하거나 공판이 개시되지 않는 한 미국처럼 검찰 측 증거를 자유롭게 볼 수도 없다. 예심은 여전히 예심판사 주도로 진행되는 절차다. 하지만 예심절차에 참여해서 피고인의 이익을 보호하고, 예심판사의 질문에 대해서 어떻게 답할지 피고인에게 조언하며, 예심에서 놓치고 있는 쟁점을 제기하는 등 변호인이 다양한 방어활동을 할 수 있다.

원칙적으로 예심과 공판에서 피고인 신문을 할 수 있고, 피고인은 선서 의무가 없다. 또 피고인에게 진술을 하지 않을 권리인 진술거부권도 주어진다. 다만 영미법과 비교해서 다른 점은 (1) 피고인이 진술을 거부했다는 사실이 유무죄나 양형 판단에 불리하게 쓰일 수 있다는 것, (2) 최근의 개혁입법이 있기 전까지는 영미식의 반대신문제도가 없었다는 것, (3) 피고인에게 검사가 직접 질문하는 것이 아니라 판사가 대신 질문을 한다는 것이다.

영미법에서는 피고인이 증언대에 서지 않고, 진술을 거부했다고 해서 그로부터 불리한 추론을 하는 것도 금지된다. 하지만 피고인이 원해서 증언대에 서게 되면, 선서도 해야 하고 반대신문도 거친다. 그래서 유명한 비교법 학자는 이런 제도를 두고 피고인에게 "잔인한 선택권"을 주는 제도라고 꼬집은 바 있다. 피고인은 법정에서 아무런 말도 하지 않을지, 아니면 선서 후에 반대신문을 받는 것을 조건으로 유리한 진술을 할지 둘 중 하나를 선택해야 한다. 대륙법은 그런 선택을 강요하지 않는다는 점에서 보면 훨씬 인간적인 제도라고 할 수 있다.

대륙법에서는 예심제도가 존재하기 때문에 그에 이은 재판도 영미법과는 다른 모습을 띤다. 재판 전에 이미 증거조사가 끝나 조서가 작성되고, 그 조서가 피고인, 변호인, 검사 모두에게 전달된다. 대륙법의 재판도 판사와 참심원 앞에서 검사와 변호인이 사안을 설명하고 주장하는 식으로 진행된다. 그것이 공개적으로 이루어지기 때문에 국가기관이 자의로 결정할 가능성을 줄이는 효과가 있다.

대륙법에서는 원래 피고인의 유죄인정 답변도 증거로 삼을 수 있지만, 그렇다고 해서 영미처럼 재판이 면제되지는 않는다. 유무죄를 결정하는 것은 검사와 피고인이 아니라 판사라고 생각하기 때문이다. 대륙법에는 유죄협상제도가 없었다. 학자들은 유죄협상제도가 없다는 이유로 영미법보다 대륙법이 우월하다고 주장한 적도 있다. 하지만 대부분의 국가에서 사실상 유죄협상이 행해지고 있고, 그에 따라 재판 결과가 달라진다는 점은 부인할 수 없다. 바로 앞에서 본 바와 같이 20세기 말 사법제도 개혁의 일환으로 독일과 주요 국가에서 공식적으로 유죄협상제도가 도입되기도 했다. 특히 이탈리아 신형사소송법에는 유죄협상이 명문으로 들어가서, 자백하는 피고인에게는 형량을 3분의 1로 감해준다고 명기되어 있다. 미국도 마찬가지지만 대륙도 쌓여가는 사건을 재판부가 다 감당하기 어려운 상황이라서 그 부담을 덜기 위해 유죄협상제도를 도입하지 않을 수 없었던 것이다.

대륙법의 형사소송제도에 대해서 흔히 두 가지 오해를 한다. 하나는 무죄추정의 원칙이 없다는 것이고, 다른 하나는 배심제도가 없다는 것이다. 그런데 지금까지 논의 결과를 종합해보면 둘 다 사실은 잘못된 생각이다.

무죄추정의 원칙과 관련해서 정확하게 무엇을 추정하는 건지, 그리고 그로 인해 피고인의 권리가 어느 정도 보호되는지에 대해서는 국가마다 차이가 있다. 하지만 대부분의 국가에 원칙 자체가 존재한다는 사실에는 의문의 여지가 없다. 명문 규정이 없는 경우에도 실제로 무죄추정의 원칙이 작동해서 예심 단계에서 사법기관인 예심판사와 검사가 유죄 확신이 들지 않는 피고인의 경우는 아예 재판에 회부하지 않는다.

대륙법에서는 배심이 없다는 것 또한 사실이 아니다. 혁명기 이후로 배심이나 배심과 유사한 제도가 이미 도입되었던 적이 있다. 모든 범죄에 적용되지 않고(미국도 경죄에 대해서는 배심이 적용되지 않는 주가 많다), 12명으로 구성되지도 않고, 판사 옆에 앉아 있는 조언자 정도의 역할에 그치는 경우도 있고, 만장일치의 평결을 내야 유죄가 되는 것도 아니다. 분명히 실제 운영에서는 미국과 많은 차이가 있다. 하지만 그럼에도 대륙의 배심제도는 긴 역사를 가진 제도다. 프랑스는 19세기부터 배심제도를 시행했고, 스페인은 1978년에 형사배심을 공식화했다. 또 대륙법계 법률가들은 기본적으로 "1인의 판결은 공정하지 못하다(juge unique, juge inique)"는 격언에서 볼 수 있듯이 1인 재판부에 대한 반감이 크다. 최근 프랑스 헌법평의회는 중죄가 아닌 경우 단독판사가 재판하도록 하는 법률이 위헌이라고 선언한 바 있다. 대륙법도 1심에서는 합의제가 원칙이며, 배심제도가 없는 경우에도 판사의 자의적인 판단을 막는 장치를 이미 도입하고 있는 것이다.

그렇다면 과연 영미법과 대륙법 가운데 어느 쪽이 더 공정한 형사재판제도라고 할 수 있을까. 대답은 아마도 반으로 나뉠 것 같다. 1977년 하버드대학의 한 교수는 미국의 형사절차를 두고 "정의와 반대로 간다"라고 깎아내리면서 프랑스 제도를 따라갈 것을 권하는 저서를 출간한 바 있다. 반면에 미국 사람들은 자신들의 제도가 피고인에게 더 유리하다는 점을 강조하고 있다. 이런 견해들은 다 상대편 제도를 잘 모르고, 상대편 제도에 대해 오래전부터 가져온 편견에 영향을 받은 것이다. 내가 보기에는 오랫동안 비교법을 공부해온 어떤 이의 지적이 맞아 보인다. 그 사람 말에 의하면 죄가 없는 사람에게는 대륙법이 낫고, 죄를 지은 사람에게는 영미법이 낫다. 대륙법의 형사절차가 그만큼 유죄인 사람과 무죄인 사람을 구별하는 데 효과적이라는 뜻일 것이다.

제18장 위헌법률심사

대륙법에서 공법의 핵심은 헌법과 행정법이다. 헌법은 국가의 조직과 운영에 관한 법이고, 행정법은 국가 내의 행정부의 조직과 운영을 관장하고 행정부, 사법부, 입법부, 국민 간의 관계를 규율하는 법이다.

이 책의 전반부, 특히 제3장과 제4장에서 우리는 15세기와 18세기 사이에 태어나 혁명기에 꽃을 피운 유럽 민족국가의 성격에 대해서 살펴보았다. 유럽 민족국가는 근대적인 의미의 세속국가로서 법실증주의를 기반으로 하고, 대내외적으로 주권국가를 표방하며, 입법권, 사법권, 행정권을 통해 운영해가는 국가다. 그런데 소위 말하는 이 삼권 가운데도 가장 높은 곳에 입법권이 있어서 입법이 행정과 사법을 지배한다. 사법은 입법과 행정에 간섭할 수 없게 되어 있다.

이것이 바로 혁명기에 확립된 삼권분립의 원칙인데, 혁명기 이후 대륙의 공법은 극단적인 삼권분립의 원칙을 완화하는 방향으로 변화해왔다. 그 가운데 가장 중요한 움직임 두 가지를 든다면 첫째, 행정행위의 적법성을 심사함으로써 행정권의 권한 남용을 제어하는 것이고, 둘째, 헌법 우위의 원칙에 따라 입법부가 제정한 법률의 위헌성을 심사하는 것이다.

앞서 제13장에서는 행정행위의 적법성 심사가 필요한 이유에 대해서 살펴보았다. 하지만 판사에 대한 불신, 판사와 판사의 역할에 대한 역사적인 경험 그리고 삼권분립의 원칙 때문에 사법권이 행정행위의 적법성을 심사하는 것은 적절한 해법이 아니라고 결론을 내린 바 있다. 더욱이 판사라는 사람은 모든 사람에게 적용되는 법을 만드는 사람이 아니기 때문에 판사의 결정이 같은 사안에 관해 다른 판사의 결정을 기속하는 것은 말이 안된다고 보았다. 즉, 판사는 자기 앞에 올라온 사건에 대해서만 당부를 판단할 수 있다. 그런데 행정은 속성상 반복적으로 여러 사람에게 영향을 미치는 행위를 해야 하기 때문에, 행정행위의 당부를 판단하는 기관은 대세적 효력 (erga omnes)이 있는 결정을 내릴 수 있는 기관이어야 한다. 판사는 그 일에 적합하지 않다.

판사가 행정행위의 적법성 심사를 하게 되면 사법의 속성과 한계, 정부의 조직과 운영에 관한 기본 원칙 중 일부를 포기하거나 폐기해야 한다. 그래서 이미 본 것처럼 프랑스와 프랑스 모델을 따르는 국가에서는 행정의 적법성 심사를 일반법원이 하지 않고 행정부 내에 별개의 심사기구(tribunal)를 두어 한다. 또 독일을 포함한 몇몇 국가에서는 행정법원이라는 별개의 법원을 두어 문제를 해결하고 있다. 이와 같은 프랑스와 독일식 접근법은 몇 가지 차이점에도 불구하고 중요한 두 가지 원칙에 입각해 있다. 하나는 삼권분립의 원칙상 행정의 적법성 심사를 일반법원이 해서는 안 된다는 것이고, 다른 하나는 법원의 판결에 다른 법원이 기속되도록 하는 선례구속의 원칙과는 별개의 대세적 효력을 주장할 수 있는 심사기구가 행정의 적법성 심사를 해야 한다는 것이다. 이런 원칙을 구현하기 위해 국가에 따라 다양한 방법을 시도해볼 수 있겠지만, 현재로서는 프랑스식과 독일식이 가장 잘 작동되고 있는 것 같다.

반면에 법률의 위헌심사는 문제의 지형이 조금 더 복잡하다. 대륙법에 속한 국가가 공통적으로 겪고 있는 문제 자체는 국가마다 큰 차이가 없지만, 그 해법에는 큰 차이가 있으며, 그중 어느 것도 행정의 적법성 심사처럼 만족스러운 것은 없다. 입법권의 전횡을 제어해야 한다는 데는 동의하면서도 제도 도입의 필요성 동의 여부, 구체적인 제도의 모습에 대해서는 국가마다 차이가 적지 않다.

이 문제는 또 헌법의 효력과도 관련이 깊다. 예를 들어 입법부가 제정한 법에 대해서 사법부가 심사를 하거나 행정부는 개입하지 못한다면, 법률은 논리적으로 그와 충돌하는 헌법 규정에 우선해서 적용되는 결과가 된다. 기본법인 헌법과 법률 간에 차이가 없어지는 것이다. 특히 헌법도 법률과 같은 절차에 따라 개정할 수 있는 연성헌법을 가진 국가에서는, 무엇이 헌법이고 무엇이 법률인지 궁극적으로 구분할 수 없게 된다. 따라서 입법부가 법을 제정함에 있어서 신중해야 한다. 새로 제정된 법률이 헌법규정과 충돌하는 것이라면 헌법개정권까지도 가지고 있는 입법부가 과연 그런 법률을 제정할 필요가 있는지 미리 검토해야 한다. 만약 입법부의 의도와는 다르게 헌법에 반하는 법률이 제정된 경우 법원은 둘 사이의 충돌이 없는 방향으로 해석·적용할 의무가 있다. 이름은 헌법이라고 해놓고 법률보다 못한 취급을 받게 해서는 안 되기 때문이다.

헌법을 법률보다 까다롭게 제정 및 개정하는 경성헌법하의 국가에서는 이야기가 조금 더 복잡해진다. 또 같은 경성헌법이라도 헌법 규범의 취지가 어디 있는지에 따라 이 문제의 검토 영역이 달라진다. 가령 헌법개정에 관해 국회의 권한을 제한하면서 헌법개정을 위해서는 특별한 절차가 필요하다고 정한 국가가 상당수 있다. 그런 국가에서 국회가 법률을 제정하면서 헌법 내용에 반하는 내용을 넣을 경우, 다시 말해서 실질적으로 헌법 절차에 따르지 않고 헌법을 개정하는 데도 그에 대한 제재규정을 두지 않는다면, 이건 심각한 문제다. 이런 헌법을 '형식상 경성헌법(formally rigid constitution)'이라고 부른다. 이는 명칭만 경성헌법이지, 제재할 방법이 없어 연성헌법을 가진 것과 다를 바 없다는 뜻이다. 형식상 경성헌법 체제하에서는 국회가 무슨 법률을 제정하든 그에 대해 일반법원이 심사할 수 없다. 행정법원도 마찬가지다. 행정법원은 입법을 심사하는 법원이 아니기 때문이다. 따라서 이론적으로는 국회의 입법권이 제한되는 것처럼 보이지만, 실제로는 국회가 헌법 규범에 반하는 내용을 제정해도 이를 감시하거나 통제할 기관이 없다.

반면에 '실질적 경성헌법(functionally rigid constitution)'을 채택해 입법부가 헌법을 침해하는 행위를 할 경우를 이를 제재하는 국가인 미국에서는 국회가 헌법에 반하는 법률을 제정하는 경우 연방대법원이 국회가 제정한 법률을 위헌·무효로 할 수 있는 권한을 가지고 있다.

18세기와 19세기 유럽 대륙에서 제정된 헌법 중에는 경성헌법도 있고, 연성헌법도 있다. 하지만 어디에도 법률의 위헌심사제도는 규정된 적이 없다. 하지만 이후 유럽에서도 점차 법률에 대한 위헌심사가 필요하다는 쪽으로 의견을 모으고 있다. 미국식 위헌법률심사를 연구한 국가도 있다. 다만 아직 내용상으로 미국 제도와 같은 전면적인 위헌심사제도까지는 이르지 못한 것으로 보인다.

유럽은 주지하다시피 교회법과 로마가톨릭 자연법 영향을 많이 받았다. 국왕과 국민의 관계에 대한 법률가들의 저서에서, 국왕과 고위 공직자의 권한을 제한하자는 주장이 있었고, 이런 취지가 유럽의 보통법에 들어가 있다. 하지만 그 후 교회법과 로마법이 쇠퇴하고, 유럽에 민족국가가 들어서면서 보통법도 국법에 대해 보충적인 지위로 격하되었다. 게다가 혁명기에 이르러 국민의 대표 기관인 국회의 우위, 삼권분립이론, 판사의 권한 남용 방지 등 새로운 이념이 도입되었고, 입법권이 지나치게 강조되었다. 과거 국가의 권한을 제한하던 자연법 사상이 사라진 자리에 들어선 새로운 민족국가에서는 입법자가 (정치적 정당성은 물론이고) 스스로 자신의 행위의 적법성을 판단할 유일한 기구라고 생각했다. 이런 상황에서라면 경성헌법은 인권보호를 위한 중요한 지렛대가 될 수 있다. 입법권 자체를 절차적으로는 물론이고 내용적으로도 제한하는 경성헌법 규정을 통해 과거 로마법과 자연법, 보통법에 규정된 내용을 지킬 수 있기 때문이다. 이는 혁명이 키운 입법부에 대한 견제가 된다.

헌법합치적으로 법률이 제정되기를 바란다고 해서 반드시 법관에 의한 위헌심사제도를 도입할 필요는 없다. 그것은 여러 방법 중 하나일 뿐이다. 그런데 대륙에서는 삼권분립의 원칙에 대한 집착과 판사의 권한 남용에 대한 반감이 작용해서 법관에 의한 위헌심사만큼은 피하자는 목소리가 컸다. 게다가 대륙법에 선례구속의 원칙이 없다는 것도 법관의 위헌심사를 반대하는 중요한 이유가 됐다. 헌법적인 문제야말로 개개의 사안에 대해서 법원과 판사마다 다른 결정이 나와서는 안 되고 일관된 목소리가 필요하다. 그런데 선례구속의 원칙이 없는 대륙법에서는 같은 법원이 유사한 사례에 대해서조차 다른 결정을 내릴 수 있다. 그렇다고 법률제정기관도 아닌 법원에 선례구속의 원칙을 보장해서 판례가 법이 되게 할 수도 없다.

그래서 대륙법에서는 헌법 문제를 일반법원에게 맡길 수 없다는 결론에 이른 것이다. 이것이 바로 미국과의 차이점이다. 미국에서는 모든 법원이 법률의 위헌심사를 할 수 있고, 그것은 그대로 대세적 효력이 있다.

대륙법계에 속하면서도 법원의 위헌심사를 인정하는 라틴아메리카는 절충적인 해법을 내놓고 있다. 바로 법원 가운데 최고법원만 법률의 위헌심사를 하게 해서 헌법합치 여부에 대한 다양한 판결이 나오는 것을 방지하는 방법이다. 이 방법을 통해 법원에게 심사권을 주되 다른 목소리가 나올 가능성은 줄일 수 있다. 가령 베네수엘라 최고법원은 베네수엘라 의회가 제정한 법률이 헌법에 위반되어 무효라는 결정을 내릴 수 있는 유일한 법원이다. 그 외의 법원은 헌법과 법률이 충돌하는 경우 헌법에 따라 판단한다. 다만 그 판단으로 인해 법률이 무효가 되는 것은 아니다.

법률의 위헌심사는 2차 세계대전 이후 유럽에서 새로운 국면을 맞았다. 법원에 의한 심사 외의 다른 방안이 모색되고 있는 것이다. 삼권분립과 판사의 역할에 대해 가장 보수적인 견해를 취하고 있는 프랑스가 법원의 위헌심사를 반대한 것은 어찌 보면 당연한 일이다. 프랑스는 대신 1958년 헌법에서 헌법평의회(Constitutional Council) 제도를 공식화했다. 대통령, 상원, 하원이 각각 추천하는 3명씩 총 9명이 행정부 또는 입법부가 신청한 법률(일부는 의무적으로 신청해야 함)의 위헌성을 심사하는 기구를 만든 것이다. 대심구조 없이 비공개로 심리한 후에 일정 시간 안에 결론을 내려야 하는 등 일반 법정과 유사한 구조가 전혀 없다. 평의회가 법률이 헌법에 위반된다고 결론을 내리면, 그 헌법 규정을 수정하지 않는 한 법률을 공포할 수 없다.

이와 같은 구성과 심리상의 특징을 보면 헌법평의회가 법원이 아니라는 점은 틀림없다. 헌법평의회의 판단은 사법절차라기보다는 추가적인 입법절차라고 보아야 한다. 법적인 판단보다는 정치적인 판단을 하는 곳에 가깝다. 다만 최근 들어 헌법평의회가 점점 법원과 유사한 방식으로 일하고 있고, 법률가와 대중도 이를 법원과 비슷한 기관으로 인식하는 등 변화의 조짐이 보인다. 국무원도 자주 헌법소송에 관여하고 있고, 파기법원도 드물지만 헌법소송을 다룬다. 아직까지 프랑스에서 법원의 위헌심사제도가 공식화되었다고 볼 수는 없지만, 의미 있는 변화가 일어나고 있다는 점만큼은 분명하다.

이처럼 현재 대륙법에서는 법원에 의한 위헌심사를 인정하는 방향으로 서서히 개혁이 이루어지고 있다. 그 경향을 가장 잘 보여주는 것이 바로 입법의 형식적 합헌성과 실질적 합헌성이라는 개념이다. 형식적 합헌성은 심의, 투표, 공표 등 헌법에 정한 입법절차를 입법부가 얼마나 잘 지켰는지를 가늠하는 지표이고, 실질적 합헌성은 법률이 내용 면에서 헌법에 정한 국민과 공무원, 정부기관의 권한을 잘 지키고 있는지를 가늠하는 지표다(다만 이러한 구별 자체가 이론적으로 명쾌하지만 실제에서 그다지 명쾌하지 않은 것일 수 있다는 점은 지적하고자 한다).

형식적 합헌성이 결여된 법률은 법률로서 효력이 없고 판사는 사건에 그 법률을 적용할 의무가 없다. 입법부가 입법절차에 관해 미리 정해놓은 규칙을 따르지 않는다면 그것은 정당한 결과물이라고 볼 수 없고, 판사도 그 결과물을 인정할 이유가 없다. 이런 결론은 연성헌법을 가지고 있는 경우도 똑같이 적용된다. 연성헌법하에서도 입법부가 헌법에 정한 절차를 지켜야 유효한 법률을 만들 수 있기 때문이다. 만약 그게 싫다면 입법부가 헌법에 적힌 절차를 바꿔야 한다. 삼권분립의 원칙을 철저히 지켜야 한다고 믿는 사람은 이와 같은 형식적 합헌성 문제도 법원이 판단해서는 안 된다고 생각한다. 혁명기 프랑스에서 많은 지지를 받은 견해가 그랬다. 하지만 그 이후에 최소한 법원이 형식적 합헌성 정도는 판단할 수 있다는 견해가 점점 많아지고 있다. 입법부 입장에서 절차에 관한 규정이 마음에 들지 않으면 규정을 바꿔야 하고, 그렇게 하지 않은 점에 대해서는 법원이 당부를 판단할 수 있다는 견해가 현재로서는 다수인 것 같다.

경성헌법하에서는 이야기가 조금 다르다. 경성헌법 국가에서는 법률을 만드는 입법자의 의사와 헌법이 반하는 경우, 당연히 고치기 어려운 헌법이 우선이다. 즉, 입법자가 만든 법률에 대해서 절차위반 문제뿐만 아니라 내용위반 문제까지도 제기할 수 있다. 헌법에 적힌 것을 입법부가 마음대로 고칠 수 없다. 미국이 그 예 중 하나인데, 미국에서는 법원이 법률의 내용상 위헌심사까지 할 수 있다. 이는 마버리 대 메디슨 사건에서 연방대법원이 취했던 견해다. 라틴아메리카 법원도 일반법원이 법률의 위헌심사를 하고 있다.

반면 대륙법에서는 최고법원이든 법원 일반이든 법원이 법률의 위헌심사를 할 수 있다는 생각이 거의 존재하지 않는다. 일반법원 판사에게 합헌성 심사를 할 책임이나 권한 자체를 주지 않는 것이다. 워낙 이런 생각이 뿌리 깊게 박혔고, 법원의 기능에 대한 고정관념도 깊다. 법 교육이나 연수도 이런 생각에 기반한다. 가령 20세기 들어 바로 최고법원에 의한 위헌심사를 인정했던 칠레의 경우에 1970년대까지 위헌 판단을 받은 법률이 몇 개 되지 않고, 그것들조차도 그다지 중요한 법률이 아니었다. 2차 세계대전 이후로 법원에 위헌심사권을 부여한 일본의 경우 처음 30년 동안 입법부가 제정한 법률을 법원이 위헌이라고 판단한 경우가 단 한 번이었으며, 그마저도 명백하게 위헌이라고 선언하지 않았다. 그와 비슷한 예가 한둘이 아니다.

바로 이와 같은 요소들, 즉 법원 판사에 대한 오랜 불신, 삼권분립이론의 영향, 위헌 결정의 대세효에 관한 문제 등이 겹쳐 오스트리아, 독일, 이탈리아, 스페인, 그 외 많은 대륙법 국가가 별개의 헌법법원을 창설하는 데로 눈을 돌렸다. 행정의 적법성 판단을 위해서 별개의 법원을 두자는 19세기의 아이디어가 헌법에도 영향을 미친 것이다.

2차 세계대전 이후 독일, 이탈리아, 스페인의 헌법법원이 설립되었고, 대륙법에서는 이 방식이 현재 대세라 할 수 있다. 이 국가들 사이에 상당한 차이가 있지만 공통점도 적지 않다. 무엇보다 다른 법원 조직과는 별개의 법원이라는 점과 법률의 위헌심사를 할 수 있는 배타적 권한이 있다는 점이 그것이다. 독일, 이탈리아, 스페인에서는 헌법법원이 어떤 법률이 위헌이라고 판단하면 그 판단은 사건 당사자뿐만 아니라 사법제도에 참여하는 모두를 기속한다. 세 국가 모두 판단절차, 판사의 보임과 신분 보장 등의 면에서 프랑스 헌법평의회와 같은 정치적 기구가 아니라 엄연한 사법기구라는 점이 확실하다.

대체로 다음과 같은 절차로 헌법법원의 심리가 이루어진다. 먼저 민사, 형사, 행정, 기타 법원에서 당사자 중 일방이 사건에 적용되는 법률의 위헌성 문제를 제기하면, 재판은 중지되고 합헌성 심사를 위해서 헌법법원에 사건이 이송된다. 그리고 헌법법원이 어느 쪽으로든 결정하면 재판이 재개된다. 만약 헌법법원이 법률이 합헌이라고 하면 재판부는 그 법률을 적용할 수 있고, 위헌이라고 하면 법률은 무효가 되며 그 재판뿐만 아니라 다른 어떤 재판에서도 그 법률은 적용되지 않는다. 즉, 법률의 위헌성이 사건의 전제가 되었을 때, 따로 헌법법원의 심사를 받을 수 있는 것이다.

이와 같은 구체적 규범통제, 즉 법률의 위헌 여부가 구체적 사건에서 문제 되었을 경우 헌법법원의 심사를 받게 하는 제도는 미국이 취하고 있는 제도다. 하지만 독일, 이탈리아, 스페인, 오스트리아, 콜롬비아, 코스타리카, 과테말라, 멕시코, 페루, 베네수엘라에서는 추상적 규범통제도 가능하다. 사건 관련성 없이 바로 법률의 위헌 여부를 문제 삼을 수 있는 것이다. 권한을 부여받은 담당 공무원뿐만 아니라 개인도 헌법법원에 소를 제기할 수 있다. 구체적 재판에서 문제가 됐을 경우에만 소 제기가 가능한 미국에 비해 훨씬 발전한 제도로, 여기서는 재판의 쟁점 자체가 법률의 합헌성이다. 법령과 판례에 따라 제한되는 경우가 없지 않지만 위헌심사의 폭을 획기적으로 넓힌 것이 바로 추상적 규범통제 제도다.

별개의 행정법원을 만들고, 이어 특별사법기관으로서 헌법법원을 만듦으로써 대륙법 국가들은 법률가들이 법치국가라고 추앙하는 이념에 가까운 길을 향해서 전진하고 있다. 모든 공무원과 국가기관의 행위가 적법해야 하고, 행위의 적법성에 이의를 제기하는 절차가 이해관계 있는 국민에게 개방되어야 하며, 적법성에 문제가 있는 행위로 인해 손해를 입은 국민에게는 적절한 보상이 이루어지는 것이 바로 대륙법이 생각하는 법치국가의 모습일 것이다. 그런 면에서 보면 행정의 적법성을 다투는 제도 자체는 대륙법이 영미법보다 더 효율적인 것 같다. 다만 법률의 위헌심사 제도를 도입한 것은 영미법보다 한참 뒤이기 때문에 그게 실제로 어느 정도 성과를 내고 있는지 판단하기는 이르다. 필요한 부속이 모두 잘 갖추어져 있어서 위헌적인 법률로부터 국민을 보호하는 데 대륙법 국가들이 영미법보다 더 큰 성과를 낼 가능성도 없지 않아 보인다.

앞서 제6장에서 우리는 대륙법계의 판사가 입법, 행정에 관여하는 권한 면에서 볼 때 아주 낮은 지위에 있다고 했다. 그런데 2차 세계대전 이후 법률의 위헌심사제도가 광범위하게 확산되면서 판사의 지위와 권한이 몰라보게 달라졌다. 그들이 사법제도의 중심으로 부상하고 있다는 것은 오늘날 대륙법 전통이 변화하고 있다는 중요한 신호인 것 같다.

제19장 정리

마지막 장에서 대륙법 전통의 미래에 대해서 전망하기 전에, 이제까지의 논의를 한 번 정리할 필요가 있을 것 같다. 그동안 논의에서 몇 가지 주제를 선정해 강조했고, 경우에 따라서는 단순화하다 보니 몇 가지 오해나 곡해가 발생했을 수 있다. 보다 정확한 이해를 위해 부록으로 읽어보면 좋을 도서를 정리해두었다. 그 자료들도 더 깊은 이해를 위해서는 다른 책을 보라고 권하고 있으니 그렇게 하는 것이 여기서 이렇게 간단하게 정리하는 것보다는 나을 것 같다.

우리가 처음 설정한 목표를 자꾸 잊는 바람에 오해가 생긴다. 우리의 처음 목표는 현재 존재하고 작동하는 대륙법 체계를 설명하는 것이 아니었다. 오히려 우리는 현재의 대륙법 체계의 발전에 깊은 영향을 미쳤고, 그 체계의 일부인 법률과 절차, 기관에 형태와 의미를 부여하는 데 기여한 어떤 중요한 역사적 사건과 생각의 변화를 지적하고자 했다. 사실 실제 대륙법 국가가 차용하는 법률 규정은 국가마다 차이가 있다. 반복적으로 일어나는 정치적·사회적 문제를 해결하기 위해서 각각 내놓는 해법이 비슷한 경우도 없지 않지만, 보통은 조금씩 다르고, 심지어 서로 반대되는 경우도 있다. 독일의 경우 토지 양도가 복잡해서 등기제도를 두었지만 벨기에는 아직 그런 제도가 없다. 프랑스에서는 법 관련 직업 사이에 장벽이 높지만 칠레는 그렇지도 않다. 이탈리아에는 면책선서제도가 존재하지만 오스트리아에서 이 제도는 이미 폐기되었다. 스페인 법원의 관할, 조직, 구성은 네덜란드 법원과 상당한 차이가 있다. 멕시코의 강제명령(amparo)과 브라질의 강제명령(mandado de seguranca)는 같은 제도라고 할 수 없고, 그 둘은 이탈리아의 위헌심사제도와 또 다르다. 어떤 사회에서든 법 제도와 기능은 빠르게, 자주 변한다. 그것 역시 변화하는 정치·사회제도의 일부이기 때문이다. 1987년과 2007년의 브라질 연방최고법원은 각각 다른 방식으로 일하며, 그 결과 사회에 미치는 영향력은 아주 다르다.

이런 예는 한둘이 아니다. 법원이 사법절차 내에서의 특정 사건과 관련해서 어떤 법률을 적용하는지를 놓고 보면, 대륙법 안에 있는 어떤 국가도 같지 않다. 각 국가마다 운영이 다르고 그에 따른 결과도 다르다. 한 국가에서 법률, 절차, 기관의 변화로 어떤 결과가 생겼다고 해도, 다른 국가에서는 똑같은 변화가 똑같은 결과로 나오지 않는 경우도 많다. 따라서 여기서 무엇이 다른지를 강조하는 것은 의미가 없다. 각 대륙법 국가가 공통으로 가진 것과 이 국가들을 한묶음으로 만드는 것을 찾아 영미법 전통과 비교하는 것이 더 나은 방향일 수 있다.

사실 대륙법 전통이라는 말 자체에도 비슷한 문제가 도사린다. 대륙법 전통을 이루는 요소들이 실제로 법 제도에 미친 영향은 각 국가마다 다르다. 가령 독일의 개념법학은 프랑스에는 깊이 뿌리내리지 못했지만 이탈리아에는 엄청난 영향을 미쳤다. 그 결과 독일 법학보다 이탈리아법학이 독일적인 색채가 더 강하다. 반대로 프랑스의 혁명 이념은 《나폴레옹법전》의 형식, 내용, 구성에 많은 영향을 미쳤는데, 독일민법은 《나폴레옹민법전》의 상당히 많은 부분을 의도적으로 무시했다. 서로 다른 법전을 만든 셈이다. 이 두 법전은 19세기 이후 대륙법 세계를 주도하고 있다.

로마민법은 이탈리아에서 발달해서 독일법에 성공적으로 계수되었고 프랑스에도 점차 영향을 미쳤지만 그 구체적인 모습은 조금 달랐다. 마찬가지로 각국에서 발전한 고유법을 보는 시각 또한 국가마다 차이가 있다. 이탈리아에서는 보통법 자체가 고유법이라서 특별히 말할 것이 없지만, 독일과 프랑스 같은 국가에서는 의도적으로 고유법을 보전하고 추앙하며 국법질서의 일부로 수용하는 데 적극적인 태도를 취한다. 반면에 스페인 같은 국가에서는 고유법을 각 지역에서만 적용 가능한 법으로 낮게 본다(카탈루냐와 아라곤 등 예전에 독립국이었던 곳을 중심으로).

법전을 만든 시점도 다르다. 대륙법 국가의 민법을 보면, 프랑스는 1804년에 처음 민법전을 제정해서 지금까지 잘 쓰고 있는 반면, 2차 세계대전이 끝나고 나서야 민법전을 처음 갖게 된 국가도 있다. 그 결과 옛날 법전을 해석하고 적용하는 태도 또한 국가마다 특색이 있다. 사실 과거의 법전은 과거의 일만 해결해줄 뿐, 새로 발생한 문제에 대해서는 답을 내줄 수 없다. 그래서 옛날 법을 그대로 가진 국가는 두 가지 중 하나의 길을 택해야 한다. 옛날 법을 그대로 사용함으로써 그것이 사회·경제적인 변화를 가로막는 걸림돌이 되게 두는 것과 옛날 법을 새롭게 해석해서 시대의 변화에 맞추도록 하는 것이다. 후자를 따르면서도 사회가 요구하는 것과 법이 말하는 것 사이의 편차가 크다면, 법원은 해석방법을 더욱더 발전시킬 수밖에 없다. 그럼으로써 이론적으로는 아니지만 실질적으로 법원의 판례가 새로 만든 법의 역할을 하게 된다.

대륙법 국가 내에서 사법제도가 구체적으로 운용되는 모습을 보면, 법원이 실제 재판에서 적용하는 법전이 얼마나 낡았는지, 그리고 그 낡은 법전을 법원이 어떻게 보는지가 각기 다르다. 예를 들면 프랑스의 경우는 법원이 적극적으로 움직여서 낡은 법전이 사회 변화에 방해가 되는 것을 미리 방지하고 있다. 반면에 같은 대륙법계에 속하는 유럽 바깥의 국가 가운데는 지금도 프랑스 법전을 본떠 만든 법전을 프랑스 혁명 이념에 충실하게 해석하면서 사용하는 곳도 있다. 그 결과 변화하는 사회·경제적 요구에 대해서 법원이 해답을 주지 못한다. 똑같이 프랑스법을 사용하고 프랑스식으로 법원과 입법자의 역할을 구분하지만, 법원이 드러나지 않게 창의적으로 새로운 시대의 요구에 부응하려는 노력을 하고 있는지가 얼마나 중요한지 보여주는 대목이다.

요컨대, 각 국가의 고유법과 대륙법 전통이 어느 정도 섞여 있는지, 새로운 법전이 만들어져 사용되기 시작한 시점이 언제인지, 사법제도에 미친 프랑스, 이탈리아, 독일의 영향이 어느 정도인지는 국가마다 차이가 있다. 이런 것들은 단순히 법 규정, 절차, 사법기관이 다르다는 것 외에 또 다른 변수다. 같은 대륙법 전통을 가지고 있다고 해서 같은 모습이 아닌 이유이기도 하다.

이 책에서 대륙법 전통에 대해 설명한 것 가운데 오해가 발생한다면 그 이유는 우리가 선택한 주제가 한정적이기 때문이다. 우리는 대륙법 세계에 관해서 잘 알려진 특징적인 면만 부각해왔다. 그것들이 중요한 특징이기는 하지만, 어쨌든 전체는 아니라는 점을 기억해야 한다. 가령 우리는 한번도 왕정의 전통에 대해서는 다룬 바가 없다. 하지만 유럽에는 절대왕정이라는 정치 체제가 있었고, 프랑스 혁명 후까지 존속했다. 우리가 아는 많은 제도와 사상은 그 기원을 절대왕정 시대에서 찾을 수 있다. 한번 절대왕정을 겪은 국가는 기회가 되면 이런저런 권위주의 체제로 되돌아갈 확률이 높다는 사실을 보여주는 역사적인 증거도 있다. 모든 유럽 국가의 행정부는 원래 절대왕정이 만든 것이라는 점은 행정행위에 대한 사법적 통제방안을 이해하는 데 아주 중요하다. 또 독일의 예에서 보는 바와 같이 행정부에 법률가가 대거 진출해서 주도적인 역할을 하고 있다는 점에 대해 길게 언급하지 않았다. 이런 점들도 오늘날 대륙법 전통을 이해하는 데 아주 중요한 것이지만, 이 책에서 일일이 다룰 여유가 없었다.

대륙법은 문화의 일부이고, 그 가운데서도 가장 오래, 깊이 뿌리박혀 있다. 법 제도와 정치·사회·경제적인 분위기는 밀접하게 관련되어 있고, 복잡하게 얽혀 있다. 법은 다른 문화로부터 힌트를 얻어오기도 하고, 반대로 힌트를 주기도 한다. 결국 법과 문화는 떼려야 뗄 수 없는 관계에 있다. 우리는 그 관련성 중 일부를 이해하려고 했지만, 충분히 깊이 들어가지는 못했다는 점을 인정해야 할 것 같다.

가끔 대륙법 전통의 일부에 대해서 노골적으로 또는 은밀하게 비판하는 견해들이 있다. 권력분립의 원칙을 지나치게 강조한다, 효과가 별로 없고 장기적으로 바람직하지 않음에도 왜 판사가 일체의 법을 만들 수 없는가, 법적 안정성을 이유로 의미 없는 명분 싸움에 몰두한다, 사회적인 요구에 부응할 정도의 능력이 되지 않음에도 입법부를 다른 기관에 비해 훨씬 더 추켜세운다, 결국은 법학도 사회 문제를 해결하는 수단임에도 이미 낡을 대로 낡은 가정 위에 서 있는 개념법학을 주야장천 밀어붙인다, 창조적이고 힘이 넘치는 젊은 법학자들의 열정을 소모적인 논쟁에만 쏟아붓도록 하는 법학 전통을 고수한다 같은 비판들이 그것이다.

이는 대륙법 학자들이 자기들 법 체계를 연구해 스스로 지적한 내용이다. 그만큼 대륙법 세계 안에서도 많은 비판이 있다. 이처럼 대륙법은 통일된 목소리 아래 갇혀 있지 않다. 단조롭지도 않고 정체되어 있지도 않다. 이 역시 우리가 대륙법에 대해 오해하는 지점 가운데 하나일 것이다.

우리가 대륙법 전통이라고 부르는 것은 여러 가지 경합하는 역사적·지적 특징 가운데 가장 영향력 있고 또렷한 것들, 그래서 경쟁력이 확인된 것들만을 모은 것이다. 17세기와 18세기의 사조와 프랑스 혁명을 밑거름으로 급부상한 법실증주의적 국가관은 자연법학파 및 여러 정치사회적 사조들과의 경쟁에서 살아남았고, 로마민법과 유럽 보통법은 프랑스와 독일 법전의 제정 과정에서 각국의 고유한 법 전통을 바깥으로 밀어냈다. 독일의 개념법학이라는 것도 법학의 목적과 방법, 법 질서의 본질과 기능에 대한 여러 가지 이론 중 하나일 뿐이다. 이처럼 대륙법 역사의 어느 시점에서든 여러 가지 힘이 서로 경합을 벌여왔으며, 오늘날도 마찬가지다. 법학자들은 법의 모든 부분에 대해 비판적인 자기 검토를 계속하고 있다. 그 범위는 특정 법률, 제도, 절차에만 국한된 게 아니다. 실정법 세계에서 법학자들은 법의 형식과 내용을 규정하는 대륙법 전통의 각

요소를 잘게 분석하고 있다. 지금의 다수 견해 역시 끊임없이 공격을 당하고 있다. 즉, 우리가 지금까지 살펴본 것은 대륙법의 다양한 요소 가운데 가장 두드러지고 성공적이었던 것들이다.

대륙법 전통은 이처럼 단일한 것도 아니고, 게다가 멈추어 서 있는 것도 아니다. 이 책에 설명한 몇 가지 특징은 거의 2500년 전에 시작해서 앞으로도 오래도록 계속될 대륙법 전통의 한 단계를 설명할 뿐이다. 가령 교회법은 로마가톨릭교회의 법으로 시작해서, 교회의 힘이 세지면서 전체 교회의 법으로 진화했고, 교회가 세속의 일에 관여하면서부터는 세속법으로 영역을 넓혀 보통법 형성에 기여했으나 종교개혁 이후에는 급격하게 힘을 잃고 대륙법 전통의 한 부분으로서의 의미가 퇴색되었다. 상법은 실제 상인들의 요구에 부응하는 거래계의 특별법으로 시작해서, 상법법원과 함께 국법의 일부로 편입되면서 독자적인 법 영역을 형성했지만 오늘날에는 별개의 상법법원이 사라지며 상법도 상법법원과 비슷한 운명에 처해 있다. 상행위 자체가 국제적인 모습을 띠면서 법 이외의 다른 규제가 필요해진 것이다.

제20장에서 더 자세히 보겠지만 현재의 대륙법 전통은 법 절차에 관한 한 혁명기의 모델로부터 점점 멀어지고 있고, 일반법원이 법을 기계적으로 해석하는 데 머무르던 것에서 벗어나 점점 더 많은 재량권을 행사하며 판례를 출간하고 인용하는 등 변화의 소용돌이 가운데 있다. 행정행위의 적법성을 심사하는 법원의 탄생과, 이

런 기구가 프랑스처럼 행정부의 일부로 남았으나 외관상 점점 법원의 모습을 띠어가고 있는 것도 중요한 변화 가운데 하나다. 아직까지 선례구속의 원칙을 수용하고 있지는 않지만 비슷한 사례에서는 비슷한 판결을 낸다는 점에서 대륙법계의 법원은 영미법계의 법원과 크게 다르지 않다. 또 경성헌법의 원칙을 수용해서 종래 자연법이 해왔던 입법권에 대한 통제 역할을 하는 것도 그를 통해 헌법적 한계를 입법에 설정하는 것이라서 아주 의미가 크다. 입법에서 사법으로('입법에서 행정으로'는 또 다른 주제가 될 것이다) 중심이 바뀌어서 입법부 우위의 원칙이 크게 흔들리고 있다. 법원이 행정행위의 적법성 심사를 하고, 법률의 위헌심사를 하고, 실질적으로 법률을 해석하고 있는 것도 엄격한 삼권분립의 원칙에서 벗어나고 있음을 보여주는 대목이다. 판사의 재량권을 인정하지 않던 사법절차도 점차 변하고 있으며, 대륙법 세계 전반에서 법원은 명실상부한 사법기관으로 변화하는 중이다.

독일의 개념법학은 그 탄생 시점부터 독일과 다른 국가의 학자들에게 조롱과 야유, 비판의 대상이 되어왔다. 특히 2차 세계대전 이후 비판적인 견해가 더 결집되어 법학에 대한 새로운 접근법을 설파하는 학자들이 많아지고 있다. 그들 중 일부는 개념법학이 일구어온 성과를 부정하고, 다른 일부는 성과 자체는 의미가 있었지만 이제는 낡은 것이라는 생각을 하고 있다. 즉, 법의 질서와 체계를 세운 공과는 인정하면서도 법 자체가 사회의 다른 면과 유리되어 자신만의 세계로 매몰되고 있다고 생각한다. 법률가들 스스로 정치, 사회, 경제와 담을 쌓아 시대적 요구에 부응하지 못하는 사람이 되어가고 있다는 것이다. 개념법학이 전제하고 있는 사회·경제적인 조건이 현대 헌법의 지향과도 맞지 않고, 현대 국가의 경영원리에도 부합하지 않는다. 개인 간 법률관계를 중시하고, 법률행위와 권리를 기본 개념으로 하는 법 제도는 19세기 경제구조와 다원주의를 기초로 하고 있어서, 권력과 부를 국가가 재분배하는 정책과 맞지 않다. 그것이 법과 법률가를 전부 수구세력으로 보이게 하는 이유다. 이와 같은 비판은 특히 1970년대 라틴아메리카 등 대륙법 국가에서 적절하게 제기되었고 많은 지지를 받았다. 사법제도라는 것은 다른 문화적 현상에 비해 지체되어 있고, 사회·경제적인 변화를 이끌어내는 데 적합하지 않으며, 어떤 경우에는 자꾸 변화 자체를 거부하는 것 같은 뉘앙스를 풍긴다. 이렇게 비판하는 학자들은 소위 '헤게모니 싸움'에서 승리했고, 사법제도의 현대화 과제를 부각시키는 데 성공한 것처럼 보인다.

　개념법학에 대한 반감은 법 질서의 중심축 변화를 통해서도 확인되고 있다. 원래 법학에서 기본은 사법(私法)이었고, 그중에서도 로마민법이었다. 비교적 최근까지 권리 중심으로 구성되어 있어서 시민의 권리 보호가 정부의 이상이라고 주장하던 민법전은 대륙법 세계에서 헌법과도 같은 역할을 해왔다. 법학자들이 강조하는 일반원칙이나 법 이론도 현실 세계의 민법에서 주로 추출해낸 것으로, 그것이 입법과 사법을 전부 지배해왔다. 결과적으로 민법전과 민법 학자의 이론이 전체 법 질서의 이데올로기적 기초를 담당해온 것이다. 그런데 주요 대륙법 국가에서 사회·경제적인 변화를 반영한 경성헌법이 도입되고 법률의 위헌심사제도가 시작되면서, 법의 중심축이 민법전에서 헌법으로, 사법에서 공법으로, 일반법원에서 헌법법원으로, 법실증주의에서 헌법적 가치와 인권 중시의 법제로 옮겨갔다. 사람들은 이런 변화가 드라마처럼 일어났다고 이야기한다. 헌법규정과 인권조약이 법의 일반원칙을 대체하고, 법률의 해석 및 적용에서 민법전과 더불어 판사가 필수적으로 참고해야 하는 새로운 가이드라인으로 급부상했다. 헌법법원과 일반법원이 제정된 법률을 무효라고 선언할 수 있고, 이런 선언에 대세적 효력이 있다는 점에서 헌법규정의 권위가 높아졌다. 독일, 이탈리아, 스페인처럼 아직도 개념법학이 통용되고 있는 곳에서 경성헌법 규정과 위헌법률심사제도가 도입되며 법조계의 풍경이 바뀌고 있다는 것을 확인할 수 있다.

이처럼 대륙법 세계 내에서 이루어지고 있는 다양하고 복잡하고 역동적인 변화를 염두에 두면서, 마지막 주제로 비교법 분야를 살펴보자. 비교법에 이제 처음으로 관심을 두는 사람들은 이 책을 읽는 내내 두 가지 질문, '대륙법과 영미법의 차이가 무엇인가?'와 '어느 쪽이 더 나은가?'의 답을 얻고 싶었을 거라고 생각한다. 관련해 하나의 책으로 내도 좋을 만큼 중요한 질문이기는 하지만 여기서는 그 두 질문 가운데 어떤 것에 대해서도 대답을 내리지 못할 것 같다. 다만 몇 가지 점을 지적하고자 한다.

첫째, 차이가 무엇일까? 대륙법과 영미법의 차이에 대해서는 많은 비교법적 연구 결과가 나왔고 이 책에서도 부족하지 않게 다루었지만, 중요한 사실은 이 책의 독자들은 이미 자기 국가의 법 체계에 대해서 어느 정도 기본지식을 가지고 있을 것이라는 점이다. 따라서 자연스럽게 두 법 체계의 차이점에 대해서도 짐작하는 바가 있을 것이다. 하지만 영미법에 대해서 진짜로 특출나게 전문적인 식견을 갖추지 않는 한, 이 책에서 이야기한 일반적인 주제에서조차 비교법적 깊이를 갖추기는 어렵다. 깊이를 갖춘 비교가 가능하기 위해서는 우리가 다룬 주제 말고 다른 것도 다루었어야 한다. 따라서 이 책은 '두 법의 차이가 무엇인가?'에 대한 온전한 답을 주진 못했다. 우리는 다만 몇 가지 차이를 언급했고, 그 차이 나는 점의 유래와 의미에 대해서 설명했을 뿐이다.

둘째, 어느 법이 더 우월할까? 이것은 마치 '프랑스어가 나은가, 영어가 나은가'라고 묻는 것과 같다. 도대체 낫다는 건 누구한테 낫다는 의미일까? 아마도 이탈리아 사람에게 영미법이 좋냐는 의미도 아닐 것이고, 미국 사람에게 대륙법이 좋냐는 의미도 아닐 것이다. 법은 각 국가의 문화와 역사 속에 깊이 뿌리박혀 있고, 그 문화권 내에서, 주어진 시간과 공간 속에서, 사회가 요구하는 일을 할 뿐이다. 사회적 문제를 인지하고 이해한 다음 해답을 제시하는 과정이 바로 법이다. 따라서 있는 법 체계를 다른 법 체계로 바꾸는 것은 가능한 일도 아니고, 바람직하지도 않다. 법 체계는 영구불변하지 않다. 대학의 법학교육은 원래 대륙에서 시작된 것인데, 19세기 미국에 도입된 후 좋은 성과를 거두고 있다. 판사가 법의 중심을 잡고 있다는 생각은 아주 미국적인 것이지만 20세기 후반부터는 대륙법에서도 점점 퍼져나가고 있다.

'어떤 법이 더 나은가'라는 질문은 '어느 쪽 법이 그 사회 내에서 일어나는 문제를 더 잘 해결하고 있는가'라고 바뀌어야 한다. 아니면 '어떤 법이 정치·경제·사회적으로 발전하는 데 도움이 되는가' 또는 '대륙법 국가가 영미법 국가보다 법 체계의 도움을 더 많이 받는가'라고 바뀌어야 한다. 그렇다면 다시 한 번 생각해보자. 도대체 무슨 기준으로 이런 질문들에 대답할 수 있을까? 어느 누가 복잡한 정치·사회·경제적 요구에 부응하는 정도를 계량화해서 비교할 수 있을까? 그 전에 사회가 법에 요구하는 것이 무엇인지 우리가 알 수는 있을까? 물론 이런 심오한 질문에 대해서 전부 답할 수 있는 책이 어딘가에는 있겠지만, 최소한 우리에게는 그 답이 없는 것 같다.

다만 여기서 할 수 있는 것은, 두 가지 법 전통에는 미묘하고 복잡한 차이가 있고, 그 차이를 잘못 이해하면 국제거래 또는 국제교류에, 형식적으로 또는 내용적으로 영향을 미칠 수 있다는 점을 지적하는 것뿐이다. 다른 국가의 법 체계에 대해서 성급하게 단정을 짓거나 잘못된 생각을 가지고 있으면, 오해하거나 기분도 상할 수 있다. 그런 것들이 사실은 국가 간 교류에 방해가 된다. 이로 인해 외국 원조프로그램을 망가뜨리고, 문화적인 교류에 대해 백안시하게 되며, 쓸데없는 데 자원을 낭비하는 우를 범한다. 생각해보자. 외국의 역사, 정치, 언어 등에 대해서 전혀 알지 못한 채로 그 국가 땅을 밟는 사람은 거의 없을 것이다. 그런데 문화에서 가장 유래가 깊으면서도 가장 중요한 것 중 하나인 법 전통에 대해서는 아무것도 모르는 여행자들이 지금도 속속 대륙을 건너다니고 있는 것은 아닐까.

공사 각 영역에서 대외정책이나 제도를 기획하는 팀의 일원으로 비교법 전문가가 참여하면 좋을 텐데, 그런 일이 가능할지 모르겠다. 기획 이후에 실행이나 보완하는 단계에서라도 불러주었으면 좋겠는데, 그것도 무망해 보인다. 불러서 가보면 여러 가지 문제가 미리 발견되고 해결될 것 같은데, 불러주는 사람이 없다. 무엇보다 비교법 학자 자신의 잘못이고, 법학자와 법률가의 잘못이다. 대륙법 세계의 국가들과 좋은 관계를 유지하는 데 자신들이 쓰임새가 있다는 점을 누구에게도 확인시켜주지 못한 것이다.

영미법 세계의 사람들은 대륙법 세계 안에 아주 중요한 특징이 있고, 영미법 세계와 다른 아주 중요한 차이가 있다는 사실을 놓치고 있다. 법 내용에서 어떤 차이가 있는지와는 차원이 다른 문제다. 그쪽 법전을 뒤지고, 이쪽 판례를 뒤져서 알아낼 수 있는 문제가 아니다. 그것보다 훨씬 더 미묘하면서, 중요한 차이가 있다. 역사, 정치, 사회와도 관련된 문제다. 한마디로, 두 법 전통 간에는 문화적인 차이가 있다. 법률가이든 아니든, 유럽과 라틴아메리카, 더 나아가 중동, 아시아, 아프리카의 대륙법 국가들을 이해하고 싶은 사람은 대륙법 전통에 대해서 더 알아야 한다. 그래야 그들을 정확하게 이해할 수 있다.

제20장 대륙법 전통의 미래

혁명과 개념법학의 산물인 대륙법은 여러 특징을 가지고 있다. (1) 법적으로 의미 있는 당사자는 오로지 개인과 국가이고, (2) 행정과 사법, 입법이 엄격히 분리된 체제하에서 입법이 가장 우위에 있으며, (3) 사법부는 수동적이고 단순한 역할만 하고, (4) 선례구속의 원칙은 없으며, (5) 민법전과 민법학이 가장 중심에 있고, (6) 법적 개념과 구조에 대한 고도의 이해가 필수이고, (7) 법적 안정성을 최고의 가치로 삼아야 한다는 것이 바로 그 특징들이다. 그리고 이런 19세기적인 모델이 현재 대륙법 국가 내에서는 많은 비판을 받고 있고, 또 많은 부분이 옅어지고 있다는 점도 살펴보았다. 이번 장에서는 그렇게 희석되는 과정을 살펴보고 대륙법 국가 내에서 이루어지고 있는 기본적인 변화에 대해서 검토하고자 한다. 여기서 말하는 기본적 변화란 요약하자면 민법전의 쇠퇴와 헌법의 부상, 유럽

연방제의 성장 같은 것들이다. 탈법전화, 헌법화, 연방주의는 오늘날 대륙법이 목도하고 있는, 거역할 수 없는 변화의 내용이며, 앞으로도 대륙법 세계의 곳곳에 많은 영향을 미칠 요소들이다. 먼저 탈법전화에 대해서 생각해보자.

대륙법에서는 기존 법전 외에 그 법전과 같은 주제를 다루는 법률을 통틀어 '특별법(special legislation)'이라고 부른다. 대표적인 몇몇 국가를 살펴보면, 민법전 외에도 민법과 관련해서 얼마나 많은 특별법이 있는지 확인할 수 있다. 이 특별법은 기왕에 민법이 다루는 주제를 보충하거나 더 명확하게 하는 용도로도 제정된다. 하지만 많은 경우는 기존 민법과는 이념적으로 다른 내용을 담는 '새로운 민법 체계'의 역할을 한다. 노동법이 바로 그 예다. 원래 민법전을 보면 '노사관계' 역시 계약자유의 원칙에 따라 개인 간에 이루어지는 계약의 일종이었다. 금전과 재화, 금전과 부동산이 아니라 금전과 노동이 교환된다는 점만 다를 뿐, 다른 계약과 큰 차이가 없었다. 하지만 현대 대륙법 국가에서는, 미국도 마찬가지지만, 노사관계의 핵심에 일개 개인들이 있는 것이 아니라 노동조합과 경영진이라는 거대한 세력이 있고, 노사관계에 대한 정부의 규제 역시 아주 중요한 의미가 있다. 근로자의 안전과 복지, 산업평화와 생산성의 향상, 국제관계의 존중, 노동조합과 경영진의 공적 책임의식 고양 등 종래의 민법전이 생각하지 못한 법 정책적 목표가 있다. 민법전은 개인이 스스로 자신의 이익을 추구하도록 내버려 두고, 국가는 심판으로서의 제한적 역할을 함으로써 게임의 법칙이 작동하게 하는 것을 목적으로 한다면, 노동법은 더 구체적인 정책적 목표를 염두에 두고 만들어진다. 노동계약에 대한 접근 방법과 입법기술에서 차이가 있을 수밖에 없다.

특별법으로서의 노동법은 또 하나 특징이 있는데, 바로 입법자가 발의한 내용을 심사숙고해서 법안으로 만든 것이 아니라는 점이다. 노동법은 노동조합과 사용자 간의 타협의 산물을 법률로 문서화한 것이다. 물론 입법자가 어느 정도의 역할을 하는 것은 당연하지만, 그보다는 이해집단 간의 정치적·경제적 세력 다툼과, 전문가의 견해 가운데 어느 쪽 주장이 더 설득력 있는지가 중요한 관건이 된다. 한 이탈리아 학자의 말을 빌리면, 민법전에서는 양 당사자 간의 계약이 법이 되지만, 특별법에서는 법이 당사자 간의 계약을 대체한다. 당사자는 사실 자신의 이익에 대해 가장 잘 알고 있어서 세세한 부분까지도 철저하게 따진다. 그 결과 만들어진 특별법은 일률적이고 일관된 내용을 담은 민법전에 비해 다양하고, 구체적이며, 이질적인 내용으로 가득 찬다. 여기에 이성이니 전통이니 하는 추상적인 논의는 설 자리가 없다.

이처럼 민법전의 대체재로서의 특별법은 도시 임대차, 농지 임대차, 지식재산권, 회사법, 주식거래법 등 다양한 분야에서 발달해왔다. 원래 보수적인 법의 전형이라고 알려져 있던 가족법마저도 상반된 이념이 충돌하고, 정책적인 측면이 부각되는 특별법 영역으로 들어오고 있다. 단순히 민법전을 보충하는 법이 아니라 민법전과 충돌하고 경쟁하는 법으로 자리매김하고 있는 것이다. 점점 더 많은 사건이 민법전의 적용 범위를 벗어나고 특별법이 많아지면서, 기존 법전이 어떤 의미에서는 보충법적 지위로 전락하고 있다. 즉, 기존 법전은 특별법에 규정이 없는 경우에만 들여다보는 텍스트가 되었다. 제8장에서 완결된 법 체계를 지향하는 민법전 덕에 법적 안정성이 강화되었다고 했는데, 요즘은 민법이 지향하는 안정성보다는 특별법이 지향하는 구체성이 더 부각되고 있다.

특별법의 발달과 함께 또 하나 지적해야 할 것은 판례법의 발전이다. 프랑스법 가운데 우리가 제8장에서 언급한 적이 있는 불법행위법이 그 대표적인 예다. 법전 자체에 적힌 규정에는 가장 기본적인 원칙만 세워놓고, 판사들이 사건별로 아주 자세하고 치밀하게 법적 논증을 펼친다. 법전만 보면 프랑스의 불법행위법을 잘 알 수 없다. 판례를 보아야 한다. 많은 판례가 일반에 공개되어 활발하게 인용되고 있다. 입법자가 만드는 법률이 한 번에 한 뭉치씩의 법을 선언하는 것이라면, 판례는 점진적으로 쌓여가는 법이다. 시간이 변하면서 사실관계를 보는 판사들의 견해가 미묘하게 변하기 때문에 판례법은 내용이 조금씩 변하는 것을 특징으로 한다. 오늘날 프랑스와 독일의 판사들은 자동차 수가 증가하고, 교통사고가 불가피하게 일어나며, 종합보험제도가 잘 정비되어 있다는 사실을 고려하지 않을 수 없다. 그에 근거해서 판단을 내리기 때문에, 특별법이라는 새로운 법을 제정하는 효과가 판례에서도 나타나고 있다. 과거의 법과 전제와 목적이 본질적으로 다른 법이 태어나고 있다.

이처럼 특별법과 판례법이 늘어나고 있는 대륙법의 현실을 보면서 미국 변호사는 이런 질문을 하지 않을 수 없다. 이럴 거면 왜 프랑스 같은 국가는 옛날 법전을 폐기하고 새로운 법전을 만들지 않을까? 왜 그걸 그대로 두고 있을까? 그 이유는 프랑스 국민이 《나폴레옹법전》에 대해 모종의 자부심을 가지고 있기 때문이다. 법적인 이유에서가 아니라 문화적인 이유에서 프랑스 법전은 아직도 존재한다. 여러 번 대체입법이 시도되었지만 번번이 반대에 부딪혔다. 20세기 들어서도 전면개정안이 두 번 발의되었다. 첫 번째는 거의 아무런 성과 없이 폐기되고 말았고, 두 번째인 1945년에는 유명한 학자들이 나서서 대대적으로 선전도 하고, 보고서도 내고, 일부개정법률안을 축적하는 등 상당한 열의를 보였다. 하지만 이것 역시 얼마 지나지 않아 대중들의 관심에서 잊혔고, 공식적으로 폐기되고 말았다. 그 이후로 개정 작업은 부분적으로만 진행되었으며, 대략 전체 법전의 3분의 1 정도가 개정되거나, 대체되거나, 폐기된 것으로 알려졌다. 즉, 이 유명한 유산을 없애기보다는 보전하는 방향으로 개정이 이루어지고 있는 것이다. 원래의 조문 순서도 그대로 남아 있고, 새로운 내용을 담더라도 그 구조 자체는 옛것을 따른다. 심지어 이런 개정작업 자체도 최근 들어서는 속도가 더 느려지고, 약해지고 있다. 민법전 외에 특별법이 나와서 민법과는 상관없이 법 내용이 바뀌고 있기 때문이다.

사실 《프랑스민법전》은 제5장에서 본 것처럼 법률로서의 의미보다는 법 이념으로서의 의미가 더 크다. 이 법전은 특정 이데올로기를 대표한다. 그래서 그것과 충돌하거나 경합하는 내용은 특별법의 영역으로 갈 수밖에 없다. 민법전에서 개정이 이루어지고 있는 부분은 사실 중요도가 크게 떨어지는 부분이다. 고쳐도 별로 상관없는 부분만 고치고 있다. 그렇지 않고 특별법을 통째로 민법전으로 가지고 들어오는 일은 보통 어려운 일이 아니다. 우선 분량이 너무 커서 기존 민법전이 감당하지 못한다. 차라리 둘을 나누고, 기존 민법전은 보충적인 역할에 만족하게 하는 것이 낫다. 한 가지 특이한 점은 《프랑스민법전》과 같은 방식을 소련과 같은 전체주의 국가가 20세기 들어서 채택했다는 점이다. 거기서는 통일적인 법 질서가 중요하다. 파시스트 이탈리아 역시 전체주의 이데올로기를 민법전에 집어넣었다. 반면에 그리스에서는 9세기 때부터 쓰던 《바실리카》가 너무 낡아서 20세기 들어 새로운 민법전을 제정할 수밖에 없었고, 포르투갈, 쿠바, 페루 등은 현대 사회의 변화하는 이데올로기를 담은 새로운 민법전을 제정한 바 있다. 그 외 다른 국가들은 부분적으로만 예전의 민법전을 수정하고 있다.

앞서 제5장에서 조금 살펴보았지만, 입법부의 우위라는 현상이 점점 시들해지는 점도 대륙법의 변화를 보여주는 중요한 요소 가운데 하나다. 원래 대륙법계의 의회는 행정부에 위임입법권을 주고,

행정부가 대신해서 법을 만들도록 했다. 그런데 이런 실무가 20세기 후반부 들어서 대륙법 국가 내에서 폭발적으로 증가하고 있다. 19세기의 사상가들이 입법자에게 기대했던 역할을 입법부가 실제로 해낼 능력이 없기 때문이다. 오늘날 대부분의 법률은 국민의 대표자인 의회가 만드는 것이 아니라 행정부의 작은 사무실이 만든다. 이제 다른 대륙법 국가에서도 프랑스와 같은 일이 벌어질 것이라는 데 학자들은 동의한다. 프랑스는 1958년 헌법개정을 통해 입법부의 권한을 대폭 제한한 다음에 이를 행정부에게 넘겨주고 따로 헌법평의회를 만들어 혹시라도 입법부가 월권을 하지 않는지 감시하도록 했다. 실질적인 입법권을 통째로 행정부에 넘긴 것이다. 행정부가 '시행령'이라는 이름으로 국회가 만들어야 할 법률을 만든다. 프랑스 민사소송법은 행정부가 만든 시행령을 통해서 그 내용이 개정되어왔다. 구법을 폐기하고 신법을 만드는 것 모두 행정부의 손에 넘어간 것이다.

입법부의 쇠퇴, 그리고 법전과 입법행위의 중요성 감소를 보여주는 또 다른 예는 행정부의 권한 강화다. 요즘은 정부에서 근무하는 사람들이 법을 해석하고, 규칙을 만들고, 결정을 내린다. 행정부 내 법률가의 숫자가 사법부와 입법부의 법률가 수를 합친 것보다 많아졌다. 이론적으로는 행정부 공무원도 법을 지켜야 하고, 법이 준 권한을 남용해서는 안 된다. 하지만 판사의 예에서 본 것과 같이 이런 족쇄가 사실은 별 의미가 없다는 것이 판명되었다. 법을 해석해서 적용하고, 명령을 발하고, 분쟁을 해결하는 데 있어서 행정부 공무원들은 법을 만드는 것과 같은 권한을 행사한다. 프랑스와 프랑스 모델을 따르는 국가에서는 특히 행정부의 권한 남용 문제를 입법부나 일반법원이 다루지 않고 같은 행정부에 속한 국무원에서 다룬다. 국무원은 국회가 제정한 법률 외에 다른 독자적인 법률까지 이미 만들어놓고 있다. 이런 식으로 행정권이 입법권의 통제를 벗어나고 있다. 국회가 만들고 법원이 판단하는 법률과 다른 또 하나의 법률이 행정부에서 만들어지고 있고, 그게 어떤 경우에는 일반국민에게 더 큰 영향을 미칠 때도 있다. 보통 행정심판 사건은 소송 사건보다 더 기민하게 움직인다.

대륙법계 학자들은 이처럼 탈법전화와 입법부의 권한 축소 상황을 제3장에서 본 것과 같은 혁명 이전의 유럽과 비교하기도 한다. 그들은 법이 다시 불확실하고, 복잡하며, 구체적인 것이 되어감으로써 일반적이고, 추상적이며, 명료한 법으로서의 속성을 잃어가고 있다고 주장한다. 이보다 조금 더 약하게, 사회가 복잡해지고 다양화되고 분권화되면서 법 역시 그런 길을 쫓아가고 있다고 이야기하는 사람들도 있다. 법의 수명이 점점 짧아지는 것은 사회 변화의 속도에 맞춘 당연한 결과다. 소비자 위주의 일회성 사회에서는 법도 다양해지고, 이를 해석하는 곳도 다양해진다고 볼 수 있다. 결국 이것도 국회가 제정한 단일법전이 주도하는 사회에서 벗어나고 있다는 점을 보여주고 있다.

입법부의 권위가 무너진 자리에 이제는 헌법이 국가의 최고규범으로서 위력을 발휘하고 있고, 법률과 행정의 헌법적합성이 본격적으로 문제가 되고 있다. 유럽에서는 위헌법률심사기구를 새로 만드는 것이 유행처럼 번지고 있다. 예를 들면 오스트리아, 독일, 이탈리아에서는 헌법법원이 만들어졌고, 스페인에서는 헌법재판소, 프랑스에서는 헌법평의회가 설립되었다. 미국의 영향을 받은 라틴아메리카와 일본에서는 최고법원이 법률의 헌법적합성 여부를 심사할 권한을 갖게 되었다. 다만 콜롬비아, 과테말라, 칠레는 유럽식 헌법법원을 선호한다. 어쨌든 위헌법률심사가 점점 확대되고 있다는 점은 유럽이든 라틴아메리카든 같다.

물론 영미법계 법원의 위헌법률심사와 똑같은 내용은 아닌 것 같고, 대륙법 내의 각 국가들도 서로 똑같은 제도를 도입하고 있지 않다. 가령 콜롬비아에서 말하는 '민중소송'과 독일의 '위헌소원' 제도하에서는 일반 국민이 법원에 법률의 위헌심사를 청구하게 되어 있다. 그리고 프랑스의 헌법평의회는 삼권분립의 원칙에 충실하게 사법기관이 아닌 곳에서 위헌적 법률의 공포를 금지하게 하면서도, 이미 공포된 법률에 대해서는 심사할 권한이 없다. 그 외 세세한 차이점에 대해서는 제18장을 참고하기를 바란다.

이와 같은 다양성에도 불구하고, 헌법주의를 향한 발걸음들 속에는 몇 가지 공통점이 보인다. 먼저 새로운 헌법정신에 따라 민형사상 적법절차의 원칙, 평등권, 집회·결사의 자유, 표현의 자유, 양심의 자유, 교육권, 근로권, 건강권, 경제적 권리 등 기본권을 보장하고 확대하고 있다는 점이다. 과거에 혁명을 통해서 보장받고자 했던 인격권, 소유권, 계약자유의 원칙 등은 민법전에 등재되어 일반법원이 이를 일상생활에 실현하면서 충분히 보호하게 되었고, 민법을 매개로 하는 것이었다. 하지만 새로운 기본권은 헌법에 등재되었고, 헌법소송을 매개로 보장된다. 이러한 헌법주의 역시 탈법전화의 하나다. 즉, 민법전이 더 이상 헌법의 역할을 하지 못하게 된 것이다. 법의 중심이 사법 중의 사법인 민법에서, 공법 중의 공법인 헌법으로 옮겨가고 있다.

헌법주의에 따라 판사의 권위와 권한에도 중요한 변화가 생기고 있다. 이제 판사는 일반법원의 구성원의 지위에서 헌법법원의 구성원이라는 훨씬 더 중요한 지위로 올라앉았다(물론 일반법원 판사에게도 이런 권한이 주어지는 경우가 있다). 일반 국민과 학자의 시각에서 보면 법률이 무효라고 선언할 수 있는 사람이 바로 헌법법원의 판사들이다. 삼권분립의 원칙에 따라 판사에게 아주 제한된 역할만 부여하고 입법부가 우위에 있다고 선언하던 때는 이제 먼 과거의 일이다. 요즘은 헌법법원 판례에 언론과 대중의 관심이 집중되는데, 이는 일반법원에 대한 관심과는 비교가 되지 않는다. 입법부의 의지를 그대로 국민들에게 전파하는 일개 공무원으로서의 판사의 이미지는 점점 없어지고, 그 자리에 유명한 헌법재판관들이 자리를 잡고 있다. 그들이 어떻게 투표를 했고, 어느 쪽 손을 들어주었는지가 일반인의 토론 주제가 되었다. 그들은 법학자가 잘 사용하지 않는 개념과 사고를 표현하면서, 전통 법학의 한계를 쉽게 넘어서고 있다. 비과학적이라고 폄하하는 견해도 없지는 않다. 탈법전화를 통해서 훼손된 법적 안정성이 헌법법원의 개념법학에 대한 도전으로 더 위태로워졌다고도 한다. 아무튼 헌법주의의 성장으로 인해 제12장에서 본 사법절차에도 근본적인 변화가 일어나고 있다.

통합유럽이 등장하고 유럽인권협약이 발효되면서 유럽에서는 구체제가 급속도로 해체되었다. 미국에서 연방헌법이 가장 높은 자리를 차지하고 있듯이, 유럽법원은 유럽연합법과 충돌하는 국내법은 아예 적용할 수 없다. 유럽연합에 속한 모든 국가도 마찬가지다. 유럽연합법에 어긋나는 국내법을 적용해서는 안 된다. 또 유럽연합법의 해석에 의문이 있으면 유럽법원에 물어보아야 한다. 유럽인권협약에 반하는 내용의 국내법은 유럽인권법원에 제소할 수 있다. 이처럼 국가는 국내적으로, 국제적으로 힘을 잃어가고 있다. 국내적으로는 기본권의 확장과 이익집단의 성장으로 주권의 중심이 국가에서 개인과 단체, 계층으로 이동하고 있고, 국제적으로는 유럽연합법과 유럽인권협약의 발효로 국가에서 국제기구로 권한이 이전되고 있다.

이런 변화가 과거 유럽이 로마민법과 교회법, 보통법의 적용을 받던 때와 비슷하다고 말하는 학자들도 있다. 유럽연합이 생기고 유럽인권협약이 공포되면서 과거 수백 년 동안 영광을 누렸던 주권

국가 대신 공통의 문화와 공통의 이익에 기초한 보통법이 유럽의 법이 되었다는 것이다. 영미법의 선두 주자라고 할 수 있는 영국도 유럽연합의 일원이 된 마당이라 영미법과 대륙법의 통합을 성급하게 이야기하는 사람들도 있다. 최근에 영국이 유럽연합 탈퇴를 결정해서 문제가 복잡해지기는 했지만, 그래도 영국은 유럽공동체에 남을 것이고, 유럽인권협약도 영국에서 계속 적용될 것이다.

어려움도 있고 실망감도 적지 않겠지만, 유럽이 통합되었다는 점은 국경이 약해지고 국가끼리 가까워지는 세계화의 확실한 징조다. 오늘날 많은 국제적인 로펌이 국제계약을 체결하고 있고, 국제중재법원이 다루는 사건 수도 증가 일로에 있다. 그런 면에서 보면 법 자체도 이제는 국가라는 굴레 속에 잘 가두어지지 않는 것인지도 모른다. 이렇게 가다 보면 유럽도 다시 보통법의 지배를 받게 되는 것이 아닐까? 확실히 세계화는 영미법과 대륙법 모두에게 아주 중요하고 생생한 사건이 아닐 수 없다.

우리가 대륙법 전통을 이야기하면서 지금까지 살펴본 것처럼, 법은 늘 변하게 되어 있다. 1800년대 대륙법 전통에 익숙한 사람은 우리가 이 책에서 집중적으로 다루었던 주제들의 많은 부분을 전혀 예상하지 못했을 수 있다. 그들만이 아니다. 처음으로 이 책을 낼 때 대륙법이 이만큼 변화할 줄은 생각하지 못했다.

전통이란 말은 왠지 계속되는 느낌이라서 변화와는 잘 맞지 않는 것처럼 들린다. 전통에 변화가 있다? 그럼 이 전통은 이제 사라지는 것일까? 그렇지는 않다. 헤라클레이토스가 말한 것처럼 우리는 같은 강물에 두 번 몸을 담글 수 없다. 전통은 변하더라도 결국은 같은 강물을 따라가는 것이다. 사회를 변화시키는 힘이 법도 변화시키겠지만, 변화하는 법마저도 강물의 일부일 뿐이다. 그런 의미에서 보면 변화도 없어지는 게 아니라 결국은 존속하는 것이다.

탈법전화가 이루어지고, 헌법주의가 강화되고, 통합이 이루어졌다고 해서 대륙법 전통이 시들해졌다고 말해서는 안 된다. 오히려 대륙법은 어느 때보다 생기가 넘친다. 우리는 이 책에서 여러 시대의 모습을 살펴보았다. 로마법이 변화된 과정을 보았고, 교회법이 쇠퇴하는 모습을 보았으며, 상법이 독자적인 법으로 부상했다가 민법 속으로 사라져가는 것을 보았고, 혁명이라는 엄청난 변화와 개념법학자들이 만들어낸 치밀한 지적 구조물을 들여다볼 수 있었다. 그리고 언젠가 대륙법 전통을 이루는 여섯 번째 요소를 만나보게 될지도 모른다. 다음 세대가 그것을 무엇이라고 부를지, 그것을 어떻게 설명할지는 모르겠다. 하지만 한 가지는 확실하게 말할 수 있다. 서구 세계에서 가장 오래되었고, 가장 중요한 이 전통은 이제 더 새로운 변화과정 속으로 막 들어서고 있다.

역자 보론: 돈 유스티니아누스 키호테
— '로마법 전통'에 관하여

우리가 아는 중세는 전반과 후반으로 나뉜다. 전반이 대략 5세기부터 12세기까지고 후반은 13세기부터 18세기까지다. 중세 전반은 그야말로 암흑기였다. 과연 이 사람들을 인류라고 불러야 할지 의심스러울 만큼 형편없는 삶이 이어졌다.

당시 사람 사는 마을은 군대 아니면 집단농장이었다. 외적의 침입이 잦은 곳은 군대 대형으로 살았고, 조금 덜한 곳은 아침부터 밤까지 농사만 지었다. 사회는 모두 닫힌 사회였다. 바깥에 나갈 일도 없었고 바깥의 소식을 궁금해하지도 않았다. 그저 사람들은 주어진 일을 묵묵히 수행할 뿐이었다.

이런 사회에서 법은 딱 한 가지 목적에 봉사한다. 바로 질서를 유지하는 일이다. 도망가거나, 시키는 일을 하지 않거나, 일을 게을리하거나, 남의 일을 방해하거나, 자라는 시간에 자지 않는 등 규율을 어기는 자들을 처벌할 법이 필요했다. 그래서 중세 전반의 법은 형법이 주류였다.

그러다가 중세의 판도를 뒤흔들 엄청난 사건이 벌어지는데, 바로 십자군 원정이다. 십자군은 중세사회의 패러다임 자체를 바꾸었다. 사람들은 중세라는 갑갑한 옷을 벗어던질 때가 왔음을 알아차렸다. 그만큼 세상이 넓어졌고, 넓어진 세상으로 중세 사람들이 쏟아져 나왔다.

문제는 이들이 아직 사람이 될 준비가 되지 않았다는 점이었다. 사람이 되려면 최소한의 예의는 갖추어야 하고, 내 것과 남의 것 정도는 구별할 줄 알아야 하고, 자신의 의사는 글이든 말이든 표현할 줄 알아야 한다. 중세 사람들은 이런 것들을 제대로 배우지 못했고, 그 외에도 배워야 할 것이 한두 가지가 아니었다. 갑자기 너무 커져버린 세상에 나온 사람들은 우리를 뛰쳐나온 동물과 크게 다르지 않았다.

가장 먼저 필요한 것은 새로운 법이었다. 형법이 아니라 민법과 상법이 필요했다. 이를 통해 사회를 이루고 서로 도우면서 살아가야 했다. 계약과 거래가 필요했고, 그것이 잘못되었을 때 배상과 처벌도 필요했다. 그래야 사회가 제대로 움직일 수 있었다. 이 사회가 가장 중시하는 가치는 무엇이고, 사회의 구성원으로서 사람들은 무엇을 해야 하고 무엇은 하지 말아야 할지를 알 필요가 있었다. 형법이 사회의 경계에 있는 법이라면, 민법과 상법은 사람들 가운데에서 필요한 법이다. 민법과 상법이 없다면 사람들끼리 부딪치고 싸우고 터지고 훔치고 되찾고, 송사와 결투, 고소와 고발을 반복하면서 사람다움을 찾아가는 데 못해도 수백 년은 걸릴 것이었다. 《로마법대전(Corpus Juris Civilis)》이라는 법이 새로이 발견되어 등장한 게 바로 이 시점이었다. 가장 필요한 것이 가장 필요한 시점에 발견되었다.

로마는 게르만족에게 멸망당하기까지 1000년을 존속해온 국가이며, 제국이다. 그것도 한 민족이 아니라 여러 민족의 공동체로 구성되어 살아왔다. 어울려 사는 법에 관한 한 로마인만큼 정통한 사람들이 없다. 분쟁은 당연히 법으로 해결했고, 로마 시민교육에서 가장 중요한 과목도 법이었다. 특히 예수가 태어난 후 약 200년 동안 법학이 정점을 찍었다. 요즘식으로 말하면 '법학총론', '법학개요', '법학입문', '형법총론', '민법총칙' 등 무수히 많은 책이 발간되었다. 재판하러 들어가는 사람들은 이런 책들에 있는 한두 구절을 암기하고 들어가서 멋지게 변호하는 데 사용했다.

"금(gold)으로 썼다고 하더라도 글씨가 적힌 종이의 소유권은 종이 소유자에게 있습니다."
"다수설에 의하면 강박으로 인한 의사표시는 취소할 수 있습니다."

이렇게 법학자가 책에 써놓은 말은 법정으로 가서 승패를 가르는 중요한 논리가 되었다.

로마 시대는 학설의 시대였고, 논리의 시대였다. 사람과 사람, 사람과 사회, 사회와 국가의 관계가 이때처럼 활발히 연구된 때가 없었다. 도시국가 로마가 귀족정과 공화정을 거쳐 제국으로 발 빠르게 넘어간 시기였다. 제국으로 들어선 로마는 번영의 정점으로 치달았고, 그럴수록 법과 제도가 더욱 고도화되었다. 우리가 고전주의 시대라고 부르기에 딱 맞는, 그런 시대였다.

그다음 우리가 익히 잘 알고 있는 대로 역사가 흘러갔다. 로마는 황제들의 전횡과 야만, 패륜과 악행을 거쳐 쇠락의 길로 접어들었다. "계보상, 다음 차례"라고 해서 선출된 대부분의 황제는 독재자가 되었고, 살인자가 되었다. 7천 명을 학살한 황제도 있고, 친모를 강간한 황제도 있고, 노(櫓)로 친모를 때려죽인 황제도 있고, 여왕이 되고 싶어 15세에 자신의 성기를 자르고 성전환을 한 황제도 있고, 고문 방법으로 남자의 성기를 불에 구웠다는 황제도 있고, 산 사람을 원형극장 기둥에 묶어 들개 떼에게 뜯어먹히게 한 황제도 있던, 형언할 수 없는 미치광이의 시대가 계속되었다. 중간에 잠깐 '정상적인' 다섯 황제가 나왔지만 대세를 막기에는 역부족이었다. 로마가 왜 이렇게 잔인했는지는 아직도 많은 역사가에게 풀리지 않는 숙제로 남아 있다. 아무튼 이런 미친 역사가 자그마치 500년 이상 계속되면서 로마제국은 몰락의 길로 접어들었다. 일일이 기록하기도 힘들 만큼 많은 황제가 칼에 맞아 죽거나 독살되었다. 도미티아누스라는 황제가 암살자의 칼에 맞아 죽었을 때에는 사람들이 얼마나 황제에게 치를 떨었었는지 이미 죽은 황제의 살을 뼈에서 전부 발라내고, 모든 기록과 문헌에서 도미티아누스라는 이름을 도려내도록 했다. 로마는 그렇게 시들어갔다. 권력의 정점에 오른 사람들이 동네 깡패만도 못한 잔인한 짓거리로 백성을 괴롭히다가 제국 전체를 듣도 보도 못한 이민족에게 넘겨주고 말았다.

혼들린 제국을 겨우 추스르고 나서 되돌아보니, 제국은 반쪽만 남아 있었다. "몸뚱이도 씻지 않는 꾀죄죄한 야만인들"에게 제국의 반을 넘겨주고 동로마의 콘스탄티노플로 쫓겨 가서 정신을 차렸을 때, 유스티니아누스 치하 527년이었다. 말이 제국이지 실상을 따져보면 동쪽의 이방인들에게조차 우스운 취급을 받는 국가가 되어 있었다. 유스티니아누스는 부끄러워 살 수가 없었고, 언젠가 아드리아해의 서쪽으로 건너가서 옛 로마의 영광을 복원하리라고 마음먹었다. 소위 로마제국의 복원 사업이 시작되었다. 농부로 태어나 대제의 자리까지 오른 유스티니아누스는 법을 바로 세워야 국가가 바로 서고, 국가가 바로 서야 제국의 부활이 가능하다고 믿었다. 로마제국의 복원 사업과 동시에 로마법 복원 사업에 뛰어든 이유가 그것이다.

유스티니아누스는 예수가 태어난 후 200년 동안의 고전주의 법학을 정통 법학이라고 보고, 그 이후 법학은 전부 잡설이자 복사판이라고 봤다. 그래서 고전주의 법학 교과서 총 1528권을 모두 모으기 시작했다. 요즘이야 책을 읽는 집이라면 1500권 장서가 그다지 어려운 일이 아니지만, 양피지 위에 근 400~500년 전에 쓴 책을 그렇게 많이 모은 것은 보통 사람이 할 수 있는 일이 아니었다. 책을 여러 권 찍던 시대도 아니었으므로 골동품 수집하듯이 먼 길을 마다하지 않고 달려가 책을 모았다. 그중에서도 주로 가이우스, 울피아누스, 파피니아누스, 모데스티누스, 파울루스 등 5대 법학자의 책을 모았다.

유스티니아누스는 그 책들을 정리할 위원회를 만들었다. 트리보니아누스와 법률 고문 콘스탄티누스를 비롯해 법률가 10명으로 구성된 위원회였다. 유스티니아누스는 위원회에서 이렇게 말했다. "맞는 법이 있고, 틀린 법이 있을 것 아닌가? 정리를 한 번 하세. 그래서 틀린 주장을 한 자들의 책은 전부 없애버리자고. 그래야 법정이 일할 수 있지 않겠는가? 도대체 법정에 가면 무슨 잡소리들이 이렇게 많은지. 누구는 이게 맞다고 하고, 누구는 저게 맞다고 하고… 말해보게. 누구 말이 맞는 건가? 당신들은 전공이 법이니까 알 것 아닌가? 지금부터 10년 주겠네. 10년 안에 잡설을 다 정리해서 가져오게. 그걸 내가 로마법으로 선포하겠네." 이렇게 로마법 복원 작업이 시작되었다.

먼저 주제를 정했다. 가령 '계약'이라는 주제어(title)를 적은 다음에 그 아래 계약법에 관한 정설들을 찾아 베꼈다. 가령 "구두로 하는 계약은 당사자가 만나서 해야 한다"고 적힌 책이 있다고 하자. 또 다른 책에 "구두의 계약을 당사자가 직접 만나지 않고 제3자의 중개로 할 수 있다"는 주장도 있을 수 있다. 이 경우 위원회는 앞의 견해를 정설로 받아들이고, 그 견해를 주장한 자의 이름과 출전을 적는 순서로 일을 진행했다. 대략 이런 그림이다.

주제어: 계약

원칙: 구두의 계약은 당사자가 만나서 해야 한다.

주장자: 울피아누스

출전: 울피아누스의 《법학개요》, 제00면

계약 다음에는 '물권'과 '물권의 이전', '불법행위'가 왔고, '불법행위' 다음에는 '혼인'과 '상속' 등이 줄을 이었다. 이런 식으로 고전주의 법학자의 책 1500여 권을 50권으로 축약한 책이 바로 《다이제스트》였다. 요즘 방식으로 말하면 편저를 한 것이다.

원래 《로마법대전》은 네 갈래로 구성되어 있었다. 유스티니아누스는 먼저 선대의 왕들이 반포한 법을 모아서 《법령집》을 만들었다. 그다음 앞에서 말한 《다이제스트》를 만들고, 세 번째로 초보자를 위한 《법학개론》을 만들고, 마지막으로 자신의 치하에서 새로 공포한 법을 모아서 편찬했다. 이 4대 사업을 통틀어 《로마법대전》이라고 한다.

하지만 규모나 중요성 면에서 그 어느 것도 《다이제스트》와 견줄수 없다. 《다이제스트》는 로마법의 집대성이라는 말이 부끄럽지 않은 황제 최대의 역작이었다. 그 완성도에 황제 스스로도 만족해서 《다이제스트》에 대해서는 해설조차 붙이지 말라고 명령할 정도였다. 《다이제스트》라는 신법만 남겨두고 모든 교과서는 불태우라고 한 것도 자신감의 표현이었다. 이것 외에 다른 법은 있을 수 없다고 생각했다.

한 가지 아쉬운 점도 있었다. 《다이제스트》는 조각조각 내용을 붙인 모음집이기 때문에 읽기가 쉽지 않다. 백과사전 50권을 맥락도 없이 앞에서부터 쭉 읽어나가는 게 즐거운 일일 리 없다. 읽다 보면 지금 읽는 곳이 어디쯤인지 알 수도 없다. 내용을 연결해주는 글도 없고, 잘 이해가 안 될 때 물어볼 곳도 없었다. 원전이라도 찾아서 설명을 보고 싶어도 원전은 이미 사라진 데다가 원전을 언급하는 것조차 불경죄로 범죄였고, 처벌 대상이었다. 잘 모르겠어도 보이는 것만 읽다가 스스로 깨닫든지, 아니면 외워서 소화하는 수밖에 없었다.

그나마 조금 용기 있는 사람들이 유스티니아누스가 죽기 전에 해설서를 내놓았다. 그럼에도 불구하고 이 해설서를 참고하면서 전집 50권을 뒤져서 내 사건에 꼭 맞는 법을 찾아내는 일이 보통 어려운 것이 아니었다. 그래서 《다이제스트》는 유스티니아누스 살아생전에도, 그 후에도 인기 있는 책이 아니었다. 《로마법대전》, 그중에서도 《다이제스트》의 진정한 가치를 알아봐 줄 사람을 만나기 위해서는 약 500년의 기다림이 필요했다.

《로마법대전》의 재발견에 관해 말하기 위해서는 두 사람을 언급해야 한다. 페포(Pepo)와 이르네리우스(Irnerius)다.

1084년 신성로마제국의 황제 헨리 4세가 제국 전역의 판사를 소집했다. 의제는 "농노를 죽인 자유민에게 어느 정도의 형벌을 부과할 것인가?"라는 것이었다.

대부분의 판사는 벌금형이 적합하다고 했다. 그때 라벤나의 판사 페포가 발언권을 신청했다. 그리고 이렇게 선언했다. "유스티니아누스의 《로마법대전》에 의하면, 누구든 타인의 생명을 해한 자는 인류의 보편성을 침해한 것이기 때문에, 인류로서의 자격을 박탈하고, 우리 사회가 기반하고 있는 자연법을 어긴 죄를 물어 사형에 처해야 합니다."

아직 11세기가 끝나기도 전이었고, 농노 한 명 죽이는 일은 심각한 범죄로 치지도 않던 시절이었다. 농노를 죽였다고 자유민을 죽이는 것은 당시 법 감정으로 보면 앞서가도 한참 앞서가는 이야기였다. 그런데 페포의 말에서 그 주장보다 훨씬 더 놀라운 것은 그가 동원한 어휘였다. 가령 '인류의 보편성', '인류로서의 자격', '우리 사회가 기반하고 있는 자연법' 같은 이야기들은 중세 사람이 할수 있는 말이 아니었다. '너', '나', '우리' 정도는 늘 하는 말이지만,

그것을 '인류'로 확장해 사고하는 것은 꿈도 꿔보지 못한 일이었다. 사람들은 페포의 선언을 듣고 "자연법이 뭐야? 자연에도 법이 있어?", "쓰레기 같은 농노를 죽이는 것을 인류에 대한 도전이라고 말하는 저 판사는 도대체 어디 사람인가?"라며 수근거렸다. "내가 지금 들은 말이 뭐지? 우리말이야?"라고 갸우뚱거리는 사람도 있었다. 사람들은 하나같이 "도대체 저 판사는 저런 말을 어디서 배운 거야?"라며 놀랐다.

이에 대답이나 하듯이 페포는 이렇게 말을 맺었다. "《다이제스트》 제9권에 나오는 말입니다." 그때 회당에 울려 퍼진 《다이제스트》라는 말은 다른 어떤 말보다도 청중을 압도했다. 로마법이 무엇인지 사람들이 깨닫는 순간이었다. 특히 헨리 4세가 가장 큰 감명을 받았다. 신성로마제국의 법이라면 저 정도는 되어야 하지 않겠냐며 무릎을 쳤던 모양이다. 황제는 많은 반대에도 불구하고 농노를 죽인 자유민을 사형에 처하는 법을 통과시켰다. 그리고 한 걸음 더 나아가 "앞으로는 로마법을 적용하라"라고 선언했다. 과거의 법이 현재의 법을 물리치고 실정법으로 부활하는 순간이었다.

사람들은 페포가 흔들고 있는 《로마법대전》을 향해 몰려들었다. 사람들은 지적 호기심으로 잔뜩 달아올랐다. 유럽 전체에서 천 명이나 되는 학생들이 볼로냐에 왔다. 그러고는 로마법을 가장 잘 가르쳐줄 사람을 수소문했는데, 그게 바로 이르네리우스라는 볼로냐 대학의 수사학(rhetoric) 교수였다. 학생들이 원하는 것은 분명했다.

로마법을 알아들을 수 있게 가르쳐달라는 것이었다. 이렇게 세계 최초의 로스쿨이 1113년 볼로냐에서 탄생하게 된다. 학생 중심의 학교였기 때문에 교수가 수업에 늦는다거나 진도표만큼 강의를 다 하지 못하면 학생들에게 벌금을 내야 했다. 그렇게 '로마법 읽기'가 시작되었다.

《로마법대전》을 읽은 학생들은 《로마법대전》 가운데 특히 《다이제스트》를 충격적으로 받아들였다. 우선 로마법은 기본 사상이 달랐다. 로마법은 그 밑바탕에 자연법을 깔고 있다. 자연에 적용되는 법은 인간에게도 적용되어야 한다는 것이 기본 전제였다. 가령 《로마법대전》은 자연에 있는 모든 생명체는 자유로우니 인간 역시 자유로운 존재이며, "태어나면서 자유로운 사람이 있고 그렇지 않은 사람이 있는 것이 아니다", "최소한 시민은 전부 자유롭게 태어났고(노예는 제외였다), 법 앞에서 평등하다", "부자라고 권리가 더 많고 빈자라고 권리가 더 적은 게 아니다"라고 선언했다.

이런 말들이 볼로냐대학 로스쿨로 몰려든 중세의 젊은이들에게 어떤 충격을 주었을지 우리는 감히 상상할 수 없다. 세상은 귀하게 태어난 영주와 천하게 태어난 농노로 구성되어 있다고 믿는 사람들에게 "모든 인간은 법 앞에 평등하다"는 문구는 어떤 느낌으로 다가왔을까? 일단은 그 문장의 세련됨에 놀랐을 것이고, 거듭 되새기면서 그 문구가 주는 의미에 몸서리쳤을 것이다. 이제는 사람들 사이에 계약과 거래만 남은 것이다. 법만 남은 것이다. 자유로운 사람들끼리 만들어가야 할 인간의 사회, 인간의 국가만 남을 것이었다.

로마법 전공자들은 로마법만 외우고 다닌 것이 아니다. 로마법은 그 내용이나 사상 모두 인류 최대 석학의 깨달음과 연결되어 있다. 멀게는 아리스토텔레스와 키케로, 가까이는 토마스 아퀴나스 같은 사람들 말이다. 그들도 오래전에 자연법을 이야기했고 사람의 권리와 의무, 목적에 대해서 말하곤 했다. 로마의 깨달음은 그 위대한 철학자들의 깨달음과 맞닿아 있었다. 로마법 읽기에만 몰두하던 첫 세대(주석학파)와 달리 다음 세대는 로마법을 인류의 유산과 맞추어 보는 작업을 했다. 이들을 우리는 해석학파 또는 후기주석학파라고 부른다.

후기주석학파는 법철학적 고민으로 무장한 사람들이다. 법이 어떤 모습이어야 하는지 누구보다 열심히 공부한 신진 법학자들이다. 이들의 영토는 이탈리아와 남프랑스, 스페인에 국한되지 않았고, 멀리 북구까지도 뻗어 있었다. 그들은 오랜 공부 끝에 자기 국가로 돌아가서 다른 법도 연구하기 시작했다. 국법과 도시법, 마을과 공동체의 법, 관습법, 거래계의 법까지, 소위 실정법(positive law)이라고 불리는 것들에 로마법의 향기를 불어넣는 게 그들의 역할이었다. 법의 체계화와 자연법 사상의 전파를 통해서 이들은 유럽 전체에 통용되는 법을 완성하게 되는데, 그게 바로 보통법(jus commune)이다.

15세기 유럽은 전부 보통법 세상이었다. 보통법은 단순히 자료가 아니라 논증의 근거가 되었다. 이를 '권위 있다(authoritative)'라고 표현한다. 쉽게 말하면 유럽의 아무 법정에나 가서 보통법을 대면 그 법정은 실정법에 우선해서, 아니면 최소한 실정법과 대등하게 그 말을 들어주어야 한다는 뜻이다.

영국은 아니라고 발뺌해도 소용없다. 대륙법이 아니라 영미법 국가라고 아닌 척해봐야 체면만 구긴다. 영국이 자랑하는 〈마그나 카르타〉를 쓴 사람이 바로 로마법 학자였다. 당시 영국의 존 왕은 당시 교황 이노센트 3세와 반목하는 사이였다. 이노센트 3세는 존 왕을 압박하기 위해 스티븐 랭턴(Stephen Langton)을 캔터베리 주교로 서임할 것을 명령했다. 존 왕은 이 명령을 거부하고 오히려 교회 재산을 국유화해버렸다. 그러자 스티븐 랭턴이 다른 남작들과 함께 반란을 일으켜 서명하게 한 것이 바로 〈마그나 카르타〉다. 제39조는 이런 문체로 쓰였다.

자유민은 동등한 신분을 가진 자에 의한 합법적 재판 혹은 국법에 의하지 않고서는 체포, 감금, 추방, 재산의 몰수 또는 어떠한 방식의 고통도 받지 않는다.

조금이라도 로마법을 공부해본 사람은 안다. 바로 이 문체가 로마법의 문체라는 점을 말이다. 내용 또한 로마법과 판박이다. 교황이 파견한 스티븐 랭턴이라는 사람이 바로 볼로냐대학 로스쿨을 졸업한 로마법 학자다. 반란의 원인이자 동력인 그가 직접 선언문을 작성했을 것이라는 점을 어렵지 않게 추측할 수 있다.

미국 독립 선언도 역시 로마법에서 벗어나 있지 않다. 독립 선언의 가장 큰 두 줄기가 '모든 인간은 법 앞에 평등하다'는 것과 '인간은 누구나 천부의 권리를 가지고 태어났다'는 것이다. 이게 로마법과 관련이 없다고 말할 사람은 아마 아무도 없을 것이다.

《로마법대전》, 그중에서도 《다이제스트》의 매력은 거기서 그치지 않는다. 들추어보면 만고의 진리로 읽히는 대목이 한둘이 아니다.

유언의 해석은 유언자의 의사를 최대한 존중해야 한다.

누구도 스스로 말한 것을 부정함으로써 남의 이익을 해할 수 없다.

누구도 불법행위를 통해서 이익을 얻어서는 안 된다.

자유로운 의사표시의 결과가 아닌 계약은 국가가 그 목적 달성에 조력하지 않는다.

목적이 불가능한 채권은 이행을 요구할 수 없다.

누구도 다른 사람의 노력으로 부당하게 얻은 이익을 향유할 수 없다.

이것만 봐도 우리 민법이 기반하고 있는 일반원칙의 많은 부분을 포섭하고 있는데, 이것 외에도 각 권, 각 주제어마다 놀라운 발견이 끊이지 않는다. 가령 가족 중 일부를 노예로 팔거나 길거리에 버릴 수 있는 가부장권을 폐지한 것이라든지, 혼인은 양 당사자의 의사가 존속하는 동안만 유효하다는 설명은 고전주의 법학자들의 사고에서조차 한 걸음 앞서 나간 내용들이라서 그저 놀라울 따름이다. 게다가 채무자 보호를 위한 여러 가지 조치나 여성의 지참금(dowry)을 이혼할 때를 대비해서 마음대로 처분할 수 없게 하는 내용은 프랑스 혁명 이후 근대 민법으로 가져와도 손색이 없다.

단테의 말처럼 하느님의 사랑(first love)에 입각해서 만인 평등의 정신을 선언한 것은 《다이제스트》의 빼놓을 수 없는 업적이다. 오늘날 국제 사회가 기반하는 국제법 정신도 사실은 로마법의 가르침을 따른 것이라는 약간 호들갑스러운 헨리 메인 경의 주장도 아주 틀린 말은 아니다. 그만큼 로마법이 발견해낸 자연법 사상은 국내법과 국제법 곳곳에 그 흔적을 뚜렷하게 남겨놓고 있다.

토마스 아퀴나스가 성경 다음으로 중요한 책이라고 한 로마법의 역사는 이렇게 흘러왔다. 이런 흐름은 시간이 지나 프랑스와 독일의 국법이 되었고, 이를 받아들인 일본과 한국 법의 근간이 되기도 했다.

그럼에도 불구하고, 로마법은 흠이 많은 법이다. 먼저 《로마법대전》을 만든 유스티니아누스 황제는 엄격한 법치주의자이기는커녕 법을 지키지 않는 사람이었다. 무엇보다 부인 테오도라가 천민 신분인 무희였는데, 유스티니아누스가 원로원 의원이던 시절에 황제였던 삼촌 유스티우스에게 부탁해 천민과 귀족의 결혼이 가능하도록 법을 바꾼 전력이 있었다.

　유스티니아누스는 황위에 오르자마자 반란에 휩싸였다. 백성들이 원하는 황제가 아니었기 때문이다. 그래서 황제를 그만두고 도망가려고 했다. 그때 황제를 말린 사람이 바로 황후였다. 황후는 황제에게 "권력을 잡았으면 써야지, 왜 도망을 쳐?"라면서 진압을 종용했고, 그게 성공해서 황후의 수족이나 다름없이 권좌에 남았다. 황후가 심지어 사이비 종교에도 빠졌는데, 황제는 죽을 때까지 이를 해결하지 못한 채 황후 눈치만 봤다. 그러면서도 두 사람의 금슬 하나는 매우 좋아서 로마 시민들이 답답해했다는 이야기가 전해진다. 유스티니아누스와 같은 시대를 산 역사가 프로코피우스는 이렇게 비아냥거렸다.

　역사상 최악의 황제를 꼽으라면 유스티니아누스 이전에 도미티아누스라는 자가 있다. 그가 암살자의 칼에 죽고 나자 사람들은 황제의 살을 전부 도려내서 사방으로 내던져 버렸다. 원로원은 모든 문헌과 기록에서 도미티아누스라는 이름을 파내도록 했다. 만들어진 동상도 다 부수고 도미티아누스 동상은 영원히 만들지 말 것을 명했다. 그런데 문제는 황후였다. 황후는 국민에게 해를 입힌 것도 없고, 나름대로 선정을 베풀려고 했었던 것이다. 원로원이 황후를 불러 '당신 소원 하나는 들어주겠다'고 제안하자 황후는 '남편 동상 하나만 만들게 해달라'라고 청했고, 원로원은 그러라고 했다. 황후는 남편의 시체 주위에 흩어져 있는 살 조각을 전부 쓸어 모았다. 그런 다음 실로 살을 꿰매서 몸통에 붙이기 시작했다. 한땀 한땀 원래 형체에 가까워지자 황후는 시체를 조각가에게 가져가 그 모양대로 동상을 만들어달라고 했다. 실로 꿰맨 살이 붙은 그 모습대로 동상이 세워졌고, 황후는 이를 로마 시내에 전시했다. 유일하게 남아 있는 도미티아누스의 동상이다. 나는 개인적으로 유스티니아누스의 얼굴이 그 동상에 남아 있는 도미티아누스의 얼굴과 닮았다고 증언할 수 있을 뿐이다.

500년 전 황제인 도미티아누스와 같은 최후를 맞았어야 한다는 바람을 표현한 것 같기도 하고, 유스티니아누스가 만든 법전이라는 것이 여기저기 덧댄 누더기 꼴이라는 점을 지적한 것 같기도 하다. 아무튼 유스티니아누스에 대한 당대 사람들의 감정은 절대 좋은 쪽이 아니었다.

그런 유스티니아누스가 다른 사업도 아니고 법을 재정비하는 사업을 했다는 대목에서 많은 백성이 실소를 금치 못했다. '법도 안 지키는 사람이 무슨 법을 만들어?'라는 것이 당시 로마 백성의 반응이었다. 20세기 영국의 저술가 콜린 윌슨은 다음과 같이 썼다.

527년 제위에 오른 유스티니아누스는 칼리굴라 이래 최악의 지배자라고 해도 과언이 아니다. 그 전까지 로마 황제들이 살상한 인명의 합계보다도 더 많은 사람을 죽였다. … 제국 안의 모든 이교도에게 기독교를 강요했다. 이를 거절하면 죽임을 당했지만, 그래도 많은 사람들이 거부했다. 그는 깊은 원한을 후세에 남겼다. 이 원한이 100년 후 마호메트의 성공과 연결된다. 이 병약하고 악의에 찬 음험한 황제가 38년 동안 재위했는데 이것은 유럽 역사상 또 하나의 비극이기도 하다. … 그의 성공의 대부분은 황후의 수완에 의한 것이었다.

유스티니아누스는 3만 명을 살육한 대가로 황위에 오른 인물이다. 그를 평생 지배한 힘은 황후 테오도라와 그녀가 믿는 사이비 종교였다. 그 사이비 종교와 기독교 정통파가 얼마나 달랐는지는 알기 어렵지만, 조금 다른 기독교를 믿는다고 북아프리카의 반달족에게 쳐들어가 살육을 일삼고, 또 서고트족을 몰살해서 그 인구를 반 이하로 줄여버렸다. 이런 일을 도맡아서 한 것은 벨리사리우스라는 장군이었다. 유스티니아누스는 일만 있으면 그를 불러서 살육을 지시했다. 그러다가 나중에는 벨리사리우스마저도 그 출중한 능력 때문에 숙청된다.

유스티니아누스 치하에 쓸 만한 법이 없어서 백성들이 고생한 것은 아니었다. 황제가 법을 안 지켜서 문제였을 따름이다. 황제는 테오도라와 결혼하기 위해서 있는 법을 마음대로 바꾼 사람이다. 법으로 안 되니까 법을 바꾼 사람을 우리가 법치주의의 신봉자로 추켜세우는 것은 아무래도 앞뒤가 맞지 않는다. 더불어 법 앞에 모든 사람이 평등하다는 선언도 어쩐지 좋은 뜻으로 들리지 않는다. 천민이든 누구든 황후 자리에 오르는 데 거침이 없다는 뜻인가, 괜히 삐딱하게 들릴 뿐이다. 이것이 내가 《로마법대전》에 대해서 첫 번째로 실망한 부분이다.

그래도 위대한 로마법을 제대로 정리했다면 다른 평가를 내릴 수도 있을 것이다. 그런데 두 번째 문제가 있다. 바로 가필(加筆) 의혹이다.

《로마법대전》, 그중에서도 《다이제스트》 편찬 작업이 시작된 것은 정확하게 530년 12월 15일이었다. 그런데 원저자의 글은 그로부터 300년 전 것도 있고, 심지어 400년, 500년 전의 것도 있다. 내용이 완벽하다고 치자. 하지만 그사이에 법이 개정되었을 수 있다. 그걸 알 리 없는 원저자가 당시에 옛날 법에 근거해서 판례평석을 했다고 하자. 그렇다면 나중에 이를 인용하고자 할 때는 어떻게 해야 하는가. 현실에 맞게 고쳐놓을 수밖에 없다. 즉, 개정된 법에 맞춰서 원저자 글의 취지를 바꾸는 것이 맞다. 이것이 바로 유스티니아누스가 내린 지침이다. 원저자의 의도를 살리기 위한 목적으로 가필한 것이다.

또 아무리 위대한 석학의 견해라도 몇백 년 후에 읽어보니까 아니다 싶을 수 있다. '그때는 맞지만 지금은 틀리다'라고 말할 수도 있고, '이 부분만큼은 편저자인 나는 생각이 다르다'고 주장할 수도 있다. 그 자체는 문제가 없다. '원저자는 이렇게 말했지만 나는 그렇게 생각하지 않는다'라고 밝히면 될 테니까. 그런데 《로마법대전》은 그게 안 된다. 편찬 당시에는 로마제국 '최후의 법'으로 만든 법이다. 이 법 이외에 더 이상의 이견은 없다고 만든 법이라는 것이다. 그러므로 '그때 생각은 이렇고 지금 생각은 저렇다'라고 말할 계제가 아니다.

로마법을 하나의 법으로 만드는 것이 당신들이 할 일이다. 사소한 불일치와 불화도 안 된다. 모든 것을 하나로 통일하라. 그리고 그에 대해서는 해석도, 비교도, 설명도, 요약도, 번역도, 영원히 금지한다.

이것이 황제의 명령이었다. 황제는 존경해 마지않는 법학자들의 생각을 조금 바꾸거나 아니면 아예 다른 것으로 둔갑시키는 것 정도는 문제도 아니라고 했다. 중요한 것은 황제가 선포한 법을 후세의 사람들이 유일한 진리로 여기는 것이었다.

더 큰 문제는 유스티니아누스가 원전을 인용하고 태우라고 했다는 것이다. 성경 다음으로 추앙받을 책이다. 제아무리 울피아누스의 견해라고 해도 어차피 인용만 하고 원전은 사라져 없을 것이다. 그의 견해를 약간 바꾼다고 해도 누가 찾아볼 수 있는 일도 아니다. 그렇게 하는 것 자체가 범죄이자 처벌 대상이니까. 크게 바꿀 것도 아니다. 뉘앙스만 조금 바꾸고 말 것이다. 게다가 세상이 바뀌었으니까 울피아누스가 당시에 살았더라면 견해를 바꿨을 수도 있다.

이처럼 핑계는 한두 가지가 아니다. 근간을 바꾸는 것도 아니고 구석에 있는 작은 학설 하나 바꾸는 것인데 뭐 대수랴 싶을 수도 있다. 그 정도 홈이야 먼 길을 가는 마차에 밟혀 죽는 벌레 정도로 생각했을지도 모른다.

아무튼 이렇게 해서 《로마법대전》의 내용 일부가 고의적으로 변조된다. 그 양이 어느 정도인지는 아무도 알 수 없다. 원전 가운데 다시 찾아낸 책보다는 이미 없어진 책이 더 많기 때문이다. 많이 변조되지 않았으리라 믿는 것 외에는 달리 방법이 없다.

프로코피우스의 말이 맞다. 《다이제스트》는 죽은 살을 꿰매놓은 기괴한 형상을 하고 있다. 잘 맞지 않는 부분을 조금씩 고친 의혹이 있다. 당기고, 늘이고, 붙여서 동상 하나를 겨우 완성해놓은 꼴이다. 그걸 엄청난 대작의 반열에 올려놓은 것은 후대 사람들의 호들갑이 크게 한몫했다고 보지 않을 수 없다.

게다가 황제가 10년은 걸릴 것이라 한 《다이제스트》 편저 작업은 3년 만에 끝났다. 정확하게 533년 12월 30일에 마쳤다. 300만 줄을 읽고 정리해서 50권의 책으로 출간하는 데 겨우 3년밖에 걸리지 않은 것이다. 이런 일은 10년을 기한으로 하고 시작했다가도 20년, 30년으로 늘어나는 것이 보통인데, 이건 거꾸로 7년이나 시간을 단축했다. 제대로 만든 작품이 아니라는 반증이라 할 수 있다.

그 사실을 간접적으로 증명할 사건이 벌어진다. 없어진 줄로만 알았던 가이우스의 원전이 1816년 베로나에서 발견된 것이다. 서

둘러 대조해보니, 가이우스의 원전과 《다이제스트》에 인용한 것은 내용이 달랐다. 법이 바뀐 사안도 아니다. 법은 그대로이고 주장한 사람도 그대로인데 이야기가 다르다. 《다이제스트》에 대한 의혹의 시선을 거둘 수 없는 이유다. 급기야 최근에는 번역을 다시 해야 한다는 이야기도 들린다. 우리가 너무 볼로냐학파의 해석에 의존하고 있다는 생각에서다. 과연 그들이 라틴어를 제대로 읽었는지조차 의문이라는 사람도 있다. 이렇게 뜻있는 사람들의 재검토가 시작되었고, 라틴어를 영어로 다시 번역하는 작업이 한창이다. 이래저래 《다이제스트》에 대한 신뢰가 많이 떨어져 있다.

다 좋다. 사업을 주도한 사람이 그다지 존경스러운 인물이 아닐 수도 있고, 대작을 만들다 보면 여러 가지 흠이 있을 수 있다 치자. 그래도 인류 최대의 유산 로마법이 적힌 책인데, 그 가치를 송두리째 부정하는 것은 말이 되지 않는다. 그런데 한 가지 더 아쉬운 점이 남아 있다. 책 자체의 문제가 아니라, 이 흠 있는 책을 절대 진리로 알고 우리가 아주 오래도록 외우고 있다는 사실이다.

《다이제스트》에는 총 80만 개 단어가 들어가 있다. 총 50권으로 구성되었고, 9천 개 학설을 모았다고 해서 우리말로는 '학설모음집'이라고 한다. 이 학설 중 어떤 것은 몇 줄짜리도 있고, 어떤 것은 몇 쪽짜리도 있다. 이 《다이제스트》를 처음 읽는 데 그렇게 많은 사람이 투입되고도 꼬박 150년이 걸렸다. 이 사람들을 우리는 주석학파라고 부른다.

왜 그렇게 오랜 세월이 걸렸는지는 《다이제스트》의 구성을 보면 알 수 있다. 《다이제스트》는 한마디로 천으로 덧댄 '크레이지 퀼트(crazy quilt)'다. 여기저기서 조금, 앞뒤 문맥 빼고 조각조각 붙였다. 순서가 그렇게 구성된 이유는 읽는 사람이 알아내야 한다. 친절한 설명이 한 마디도 없다. 다만 주제어가 있을 뿐이다. 가령 '상속', 이렇게 써놓고, 법학자들의 교과서에서 해당 내용을 그대로 옮겼다. 이것이 어떤 맥락에서 나온 말인지, 무슨 사건에서 이야기한 것인지는 모두 추가로 알아내야 할 정보에 속한다. 《다이제스트》를 뒤져서는 알아낼 수 없고, 다른 책을 찾아다녀야 한다. 그렇게 어렵사리 찾아낸 것을 여백에 촘촘히 메워놓고 다음 페이지로 넘어간다. 이것을 우리는 주석이라고 한다.

황제의 의도는 통일법인데, 살펴보면 앞뒤 말이 다른 경우도 있다. 여기서는 이렇게 말해놓고 저기서는 저렇게 말한 것이 한두 가지가 아니다. 그럴 수밖에 없다. 생각을 달리하는 사람들의 글귀를 수백 년 터울로 모아둔 것이기 때문이다. 공화국 시절의 사람도 있고, 제국주의 시대 법학자도 있다. 그중 울피아누스의 글이 전체의 40퍼센트이고, 여러 사람의 학설이 다를 때는 파피니아누스의 설을 취했다. 그들이 나름 가장 권위 있는 학자였던 모양이다.

이렇게 앞뒤를 맞추어서 읽고, 여백마다 주석을 달고, 별지를 붙이면서 《다이제스트》에 대한 해석과 재해석, 또 다른 해석이 쌓여갔다. 그걸 공부하는 것이 볼로냐대학 로스쿨의 커리큘럼이었다. 그런데 그 법 안에 세상이 없다. 세상의 문제는 다루지 않았다. 그 세상은 이미 죽어 없었기 때문이다. 그래서 볼로냐대학에서는 법 해설서가 스스로 만들어낸 문제를 다루었다. 머릿속에서 기본 개념부터 시작해 가상세계를 따로 만든다. 가령 사람이 있고, 물건이 있고, 다른 사람이 있고, 그들 사이에 물건이 이전되는 식으로 상상 속에서 패 돌리기를 해본다. 이렇게 하나의 사건을 만들어낸다. 이것을 강단에서 만든 사건이라는 의미에서 강단사례라고 부른다. 이론의 완성을 위해서는 어쩔 수 없다. 이렇게도 맞추고 저렇게도 맞추면서 더욱 깊은 이해를 도모할 뿐이다. 이런 일은 한두 해에 될일이 아니다. 물권을 끝내고 채권으로 넘어갔다가도, 채권에서 다시 물권 문제가 생기면 앞으로 돌아가야 했다. 이렇게 되돌아와 다시 전진하기를 거듭해야 한다. 그러는 동안 머릿속에서 법으로 만든 세상이 그 형체를 나타내기 시작한다. 처음부터 끝까지 정독해서 한 번 읽었다고 끝나는 것이 아니다. 그 정도로는 세상이 만들어지지 않는 것은 물론이고, 조금만 어려운 문제가 나와도 해답이 뒤틀린다. 그래서 최소 5회독, 6회독은 해야 한다. 그래야 뒷부분을 읽다가 앞부분 문제를 내도 틀리지 않게 답할 수 있다. 가령 이런 식이다.

— 자, 갑(甲)이 을(乙)의 사유지에 침입해서 야생 토끼 한 마리를 잡았습니다. 이 토끼의 소유는 누구에게 있습니까?

— 갑에게 있습니다.

— 왜죠?

— 갑이 잡았기(선점했기) 때문입니다.

— 을의 땅에서 사는 것인데도요?

— 동물은 무주물(無主物)이고, 무주물의 소유권은 선점으로 인해 발생합니다.

— 그럼 갑은 소유권을 취득하고 아무런 죄책도 지지 않는 것인가요?

— 그렇지는 않습니다. 을의 소유지에 무단으로 침입했기 때문에 불법행위 책임을 집니다.

— 구체적으로요?

— 소유권 침해에 대해서 손해배상 책임을 져야 합니다.

— 좋습니다. 자, 오늘의 법입니다. 야생동물의 소유권은 선점으로 발생한다. 아시겠지요?

— 지난 시간에는 선점에 대해서 배웠고 오늘 아침에는 부합(附合)에 대해서 공부하겠습니다. 가령 토지에 나무를 심으면 그 나무는 토지에 부합합니다. 즉, 토지 소유자의 소유에 속하게 된다는 뜻입니다. 자, 그렇다면 종이에 누군가 소설을 썼다면 그 소설이 적힌 종이는 누구 소유에 속합니까?

— 종이 소유자의 소유에 속합니다.

— 왜죠?

— 글은 종이에 부합되기 때문입니다.

— 호머가 종이에 《일리아스》를 썼다면요?

— 그것도 마찬가지입니다. 종이 소유자에 속합니다.

— 호머가 아닌 일반인이 금으로 소설을 썼다면요?

— 결론은 같습니다. 종이 소유자의 소유에 속합니다.

— 누구의 견해입니까?

— 가이우스의 견해입니다. 가이우스는 글은 종이에 부합하지만 그림 은 화판에 부합하지 않는다고 했습니다.

— 좋습니다. 오늘의 법입니다. 토지의 정착물은 토지에 부합한다. 글 은 종이에 부합하지만, 그림은 화판에 부합하지 않는다. 이렇게 외 우시기 바랍니다. 수업 끝!

이런 대목이 9천 개다. 자그마치 9천 번의 법 설명과 9천 번의 강단사례와 9천 번의 암기를 거쳐야 로마법 학위를 받는다고 보면 된다. 물론 시험도 반드시 거쳐야 한다. "금으로 쓴 글은 종이에 부합하지 않는다"라는 틀린 문장을 맞다고 선택하게 되면 학위 받는 데 지장이 생길 수도 있다.

이 교육에만 10년이 걸린다. 볼로냐대학 로스쿨에 들어가려면 대학에서 학사 학위를 받아와야 한다. 중세의 대표적인 7과목을 선수해야 한다. 동시에 라틴어도 배워야 하는데, 그 시간은 계산에서 빼기로 하자. 그래도 일단 학사 학위를 받는 데 4~6년이 걸린다. 그런 다음 로스쿨에 들어와서 5년을 배우면 법학사(Bachelor of Laws) 학위를 준다. 이어서 다시 5년을 더 배우면 법학박사(Doctor of Laws)가 된다. 대학 공부를 시작하고부터 도합 15년 정도가 지나서야 로마법 전공자로서 대우받게 되는 것이다.

그것도 전부 전일제 학생이다. 젊은 나이에 15년을 아무 일도 하지 않고, 법 공부에 필요한 공부와 법 공부만 한다. 오전에는 강의를 듣고 오후에는 강의 들은 것을 기초로 강단사례를 풀면서 심화과정을 거친다. 과목 선택권도 없다. 모든 학생이 같은 텍스트로 같은 교수에게 같은 수업을 듣는다. 그 텍스트란 다름 아닌《다이제스트》다. 이 죽은 법을 불러 세워서 이리 읽고 저리 읽다 보면 고국에 돌아갈 나이가 된다.

평균 수명이 50세도 안 되던 시절이었다. 20년 가까이 유학생활을 하고 돌아온 이들의 머릿속에 무엇이 들어 있을까. 바로 5회독, 6회독을 마친 보통법 덩어리가 들어 있을 것이다. 법으로 만든 가상세계가 들어 있을 것이다. 거기서는 모든 것이 다르게 불린다. 가령 떨어지는 나뭇잎은 '분리되는 토지의 정착물'이라고 해야 한다. 사람이 토끼를 잡는 것은 '선점', 토끼를 동네 사람에게 나눠주는 것은 '인도'라고 해야 하고, 그로 인해 동네 사람에게는 '부당이득'이 발생한다고 해야 한다. 동네 사람들이 알아듣지 못하는 말을 자기들끼리 주고받으면서 키득거린다. 이게 로마법 학자의 모습이 아니었을까.

그런 로마법 학자에게 실제 사건을 한번 가져가 보자. 그러면 그들은 먼저 사실관계가 자신들이 알고 있는 법에 꼭 맞는 것인지 확인한다. 다행히 그게 맞다면 법대로 적용하면 된다. 이걸 문리해석이라고 한다. 그런데 세상의 사건이라는 것이 그렇게 간단하지 않다. 이 법에 맞지 않으면 비슷한 법을 찾아다녀야 한다. 그걸 체계적 해석이라고 한다. 유추라고 하는 사람도 있다. 체계적 해석이나 유추를 해도 답이 나오지 않으면 자기들이 정한 법의 일반원칙(general principles of law)으로 따져본다. 그 원칙을 이리저리 음미해서 무엇이 답인지 알려준다. 이걸 목적론적 해석이라고 한다. 그런데 그렇게 해도 떠오르지 않는 복잡한 상황이라면 상상력을 동원할 수밖에 없다. '입법자였다면 이 문제를 어떻게 풀었을까?' 지금은 죽고 없는 오래전 입법자의 의도를 찾는 것을 역사적 해석이라고 한다.

어떤 수단을 동원하든 철칙이 하나 있었다. 모든 사건은 그들이 정리한 이론에 맞아야 한다는 점이다. 그렇지 않으면 그들의 공부는 헛공부가 된다. 사건이 제아무리 복잡해도 해답은 있어야 한다. 그게 안 되면 유스티니아누스의 《로마법대전》은 트럼프 카드처럼 무너진다. 볼로냐의 보통법도 마찬가지였다. 보통법이 풀지 못할 문제가 있다는 것이 보통법의 급소다. 하느님도 모르는 것이 있다는 말과 크게 다르지 않다. 인류가 만든 최고의 법이 동네 사람들 분쟁 하나를 해결하지 못한다는 것이 가당키나 한가? 그들은 보통 법 이외의 다른 법을 인정하지 않았고, 이 법이 만고불변의 진리를 담고 있다고 믿었다. 과연 이 법 덩어리를 그렇게 섬길 이유가 있는 것일까?

《다이제스트》는 결국 하나의 견해에 불과하다. 그것만으로 세상의 분쟁을 다 해결할 수 없다. 세상은 중세 이후로 나날이 넓어지고 있다. 로마는 이미 사라져 없고, 로마보다 더 큰 세상으로 우리는 발전해왔다. 그런데 법만 남아서 자꾸 다른 소리를 하고 있다. 그것이 설득력 있는 견해이고, 유력한 견해라는 점을 모르지는 않는다. 하지만 그렇다고 해서 불변의 진리는 아니다. '종이에 쓴 글은 종이 주인의 소유에 속한다'는 건 진리가 아니다. 그럴 수도 있고, 아닐 수도 있다. 가령 금으로 쓴 거라면 종이보다 훨씬 비싼 금을 투자한 사람 소유가 되는 것이 맞고, 호머가 《일리아스》를 썼다면 종이 값보다 글 값이 더 셀 수도 있다. 한 걸음 더 나아가, 잉크는 종이에 부합하지만 그 아이디어는 잉크와 종이를 벗어나서 별개의 소유권이 될 수도 있다. 지적재산권이 그런 것이다. 지적재산권은 로마가 도저히 생각해보지 못한 개념일 것이다.

법에서 암기가 중요한 것은 맞지만, 법 자체가 암기과목은 아니다. 외울 것이 없지 않지만, 모든 것을 외울 일은 아니다. 그러는 순간 법은 교조가 된다. 툭 건드리면 입에서 우수수 쏟아지는 법은 법이 아니라 믿음이다. 로마법을 배운 사람들은 법을 배운 게 아닐지도 모른다. 법이라는 이름의 믿음을 나눠 가진 것은 아닐까. 이 유일한 법을 지구 끝까지 전파하라는 명령을 받고 제 국가로 돌아가고 있는 것이 아닐까. 그렇다고 우리가 그들의 믿음에 장단을 맞춰주어야 하는가. 우리도 그들처럼 생각하고, 그들이 생각한 법을 법으로 알고 따르고, 법을 만들 때 어긋나지 않게 해야 하고, 그 법에 맞추어 살아야 하는가. 그들이 지시하는 대로 계약을 체결하고, 그들이 제안하는 대로 우리 사이의 분쟁을 해결해야 하는가. 알아들을 수 없는 말로 중얼거리는 그 법을 우리의 법으로 섬겨야 하는가. 이게 《로마법대전》을 곱지 않은 시선으로 바라보는 이유다.

법은 하느님과 다르다. 법은 하나가 아니다. 법학자든 법률가든 법을 공부하는 사람은 법을 찾아서 보태는 사람이지, 제 생각대로 법을 정해주는 사람이 아니다. 법은 그걸 필요로 하는 사람들이 만들고 정하는 것이지, 누구 한 사람이 많은 사람들을 위해서 정하는 것이 아니다. 자기 세대도 아닌 다음 세대를 위해서 정할 일은 더욱 아니다. 그건 자만이고, 월권이다. 유스티니아누스가 만든 법은 영원한 법이 될 수 없다. 그도 태어나서 살다가 죽을 것이고, 다음 세대가 다시 와서 법을 만들 것이고, 그들 역시 곧 사라질 것이다. 유스티니아누스든 그가 만든 법이든 그것들은 한순간만 살았다고 이 세상에 기록될 것이다.

그래도 만고불변의 법이 있지 않느냐고 반문할지 모른다. 가령 인간은 법 앞에서 평등하다라거나, 모든 인간은 천부의 인권을 갖고 태어난다는 것들 말이다. 하지만 그건 법이라기보다는 법의 이념에 가깝다. '그것에 맞춰서 법을 만들고 적용하라'는 지침이자 향도이고 테두리이지 법이 아니다. 지침 아래 새로 태어나는 법은 양이 무한하고, 그 너비가 몇 사람의 논리로 감당할 범위를 벗어난다. 이걸 십여 년 공부로 뗀다고 하는 발상 자체가 법에 대한 모독이자 부정이다. 법은 끊임없이 자라날 것이고, 소멸할 것이고, 합쳐져서 다시 태어날 것이고, 일부가 없어지고, 일부가 부활하면서 변할 것이고, 존속할 것이다. 법학자가 할 일은 그 길을 쫓아가면서 법이 지침을 벗어나지 않도록 양치기 노릇을 하는 것뿐이다.

'법은 이것이 전부입니다'라 말해서는 안 된다. 이는 유스티니아누스의 잘못이다. 보통법 학자도 마찬가지다. '법은 로마법이고, 로마법이 보통법이다'라고 말하는 순간 법에 대한 심각한 오해가 시작된다. 법적 사고가 생기는 게 아니라, 그들의 사고가 상식에서 벗어나게 되는 것이다.

법 없이 사는 사회는 없다. 천국과 다름없는 에덴동산에서도 선악과는 따먹지 말라는 법이 있었다. 중세 같은 작은 사회도 마찬가지다. 국왕의 법이 있고, 영주의 법이 있고, 교회의 법이 있고, 마을의 법이 있고, 심지어 농장의 법이 있다. 이런 법들이 다 틀리고 로마법만 맞다고 볼 수는 없다.

법은 인간의 작품이다. 소박하게 만들 수도 있고 거창하게 만들 수도 있다. 작게 만들 수도 있고 크게 만들 수도 있다. 중요한 것은 법을 통해서 인간이 질서를 찾게 된다는 점이다. 이를 통해 인간의 사회가 만들어진다. 법이 없는 사회보다는 법이 있는 사회가 훨씬 더 안정적이고, 평화로우며, 발전 가능성이 높다. 사회는 법의 힘과 기능이 필요하다. 하지만 법은 진리가 아니다. 법은 말씀이 아니다. 법은 목적이 아니라 수단이다. 법은 우리 위에 떠 있다가 금세 사라질 것이다. 우리가 너무 커지면 과거의 법이 사라지고 새로운 법이 나올 것이다. 우리가 합의해서 고칠 수도 있고, 필요하지 않으면 저절로 사라질 수도 있다. 지배하는 것은 우리지 법이 아니다. 우리가 살고 죽는 것이 중요하지, 법이 살고 죽는 것이 뭐 그리 중요하겠는가. 법이 무슨 만고의 진리라고 거기에 맞춰서 우리의 삶을 다시 정의하겠는가. 우리 간의 분쟁은 훨씬 더 치열하고 복잡하다. 우리의 미묘한 갈등과 섬세하기 짝이 없는 불화를 로마법 학자들이 만든 개념 속에 가두고, 우리들의 진화하는 정신을 그들이 예측할 수 있다는 생각에서 벗어나야 한다. 우리는 그들이 말하는 5개의 계약만 하고 살지 않을 것이다. 더 많은 내용의 계약을 할 것이고, 필요하다면 더 많은 조건과 부담을 내걸어 소통하고 합의하고 이행하고 이행을 요구할 것이다. 이를 무슨 수로 전부 그들의 시뮬레이션 틀 속에 넣을 것인가.

중요한 것은 법이 아니라 '법의 지배(rule of law)'다. 법의 지배란 어떤 특정한 법이 세상을 지배한다는 뜻이 아니다. 세상이 법이라는 규칙의 지배를 받겠다고 선언하는 것이다. 우리는 종교와 신분의 굴레를 벗어나서 자유로운 인간으로 다시 태어나고 있다. 하지만 우리의 본성대로 마음껏 하고 싶은 대로 하면서 살진 않을 것이다. 우리는 법을 만들 것이고, 법을 지키며 살 것이다. 그렇게 하는 것이 가장 인간다운 사회를 건설하는 방법이라고 믿기 때문이다.

이럴 때 로마법도 당연히 하나의 모범이 될 수 있다. 로마 시민들에게 적용되어 큰 문제가 없다는 판정을 받았던 법이다. 인류애에 투철하고 자연의 질서와 신의 섭리에 가장 부합하는 법일 수 있다. 그걸 우리 법의 일부로 받아들이는 데 특별한 반감이 있을 수 없다. 오히려 영광스러울 뿐이다. 다만 로마법도 하나의 견해에 불과하다. 우리가 만든 법이 아니기 때문에 우리의 검증을 받아야 한다. 라틴어로 된 법을 우리말로 번역해 그 취지를 확인하는 것이 우선이고, 그것이 합당한 것이라면 우리가 법으로 선포하는 것이 타당하다. 로마법을 그대로 외워서 쓰는 것보다는 시간이 조금 더 걸릴 수 있다. 하지만 그래야 한다. 로마법은 로마의 상식을 대표하는 것이지, 우리의 상식을 대표하는 것이 아니기 때문이다.

법은 상식이고 약속이다. 만드는 사람의 비루함과 변변치 않음을 숨길 수 없다. 법에 금박을 입힌다고 세상이 금박이 되는 것도 아니고, 로마법을 읽고 섬긴다고 해서 중세의 허름한 영혼이 빛나는 로마제국의 시민이 되는 것도 아니다. 로마에는 로마법이 있고 중세에는 중세법이 있었다. 아무도 안 지키는 로마법보다야 몇 명의 농부라도 지키는 중세법이 더 법다운 법이라고 믿는다. 로마법이 무엇이라고 라틴어도 모르는 사람들이 우르르 몰려들어 자신들의 법인 양 암송하고 있는 것인가. 그것이야말로 죽은 제국에 복종하기이고, 찢어져 꿰맨 동상에 절하기가 아닐까. 나는 이렇게 결론을 내리고 싶다.

하지만 로마법 읽기는 계속되어왔다. 심지어 중세 이후의 휴머니스트들은 순수한 로마법, 즉 순수한 《다이제스트》를 읽기 위해서 볼로냐학파가 달았던 주석을 지워가며 읽었다. 그 안에 진짜 진리가 있는 것처럼, 주석이 진리를 훼손하고 가리지 못하도록 조심스럽게 읽었다. 마치 말씀을 읽듯이. 곧이어 로마법은 독일로 밀고 들어가 독일법의 근간이 되었다. 프로이센 일반란트법도 로마법의 완벽한 후손으로 부르기에 손색이 없다. 프랑스라고 사정이 다르지 않다. 나폴레옹은 유스티니아누스와 똑같은 일을 했다. 그처럼 그도 법이란 모름지기 로마법이라고 믿었다. 그래서 로마법을 흉내낸 나폴레옹법을 만들었다. 다만 한 가지 다른 것은, 유스티니아누스는 법으로 해석을 금지했지만, 나폴레옹은 차마 그렇게까지는 못하고, '이 법은 완전하니까 더 이상 해석하지 않았으면 좋겠다'라고 개인적인 소회를 전했을 뿐이다.

이처럼 로마법은 우리가 법 중의 하나로 낮추어 생각하지 못하게 만드는 무언가가 있다. 정확히 말하면, 그런 것이 있다고 믿는 사람들이 있다. 특히 유럽에는 그런 사람들이 엄청나게 많다. 이 법을 자기가 지키겠다고 나서는 것도 모자라, 로마법이야말로 인류 공통의 법이라고 부르짖는 사람들의 마음속에는 도대체 어떤 믿음이 박혀 있는 것일까. 로마법의 어떤 매력이 저들을 저렇게 집요하게 붙들고 있는 것일까. 로마법은 진리일까. 말씀일까. 영원한 것일까.

로마법에서는 등장인물이 다르다. 다른 법처럼 사람이 등장하지 않는다. 로마법에서 'person'이라고 정의한 것은 이 현실을 살고 있는 사람이 아니다. 그는 '합리적 인간'이다. 우리 자신을 소, 돼지처럼 품질로 나눌 수 있다면, 합리적 인간은 우리보다 몇 급쯤 높은 사람이다. 그는 자신이 왜 태어났는지 알고, 지금 무엇을 하고 있는지 알고, 또 자기가 앞으로 무엇을 해야 할지 안다. 따라서 그의 결정은 합리적이었고, 합리적이고, 합리적일 것이다. 합리적 인간이 사는 사회에서 계약은 지켜져야 하고, 남에게 해를 입혀서는 안 되고, 누구도 부당하게 이익을 얻어서는 안 된다. 합리적 인간이 사는 사회가 그럴 수는 없기 때문이다. 합리적 인간은 법 앞에 평등하고, 태어날 때부터 똑같은 권리를 가지고 있고, 그걸 향유하고 교환하면서 각자가 지상에서 세운 목적을 합법적인 방법으로 추구해나갈 것이다. 자유로운 의사에 따라 혼인하고, 유언하고, 거래할 것이다.

그들의 법률행위는 분명하고 정확하다. 그들의 의사는 내심 그대로 표현된다. 이런 사람들의 사회가 있다면 그때 법은 어떤 형상을 하고 있을까. 이게 로마법이 그리는 법이다.

로마법은 이처럼 완벽한 사회에 적용되는 법이다. 사람은 순수하게 사람이고, 물건은 순수하게 물건이고, 행위는 순수하게 행위이고, 그들 사이에서 분쟁이 발생했을 때, 그 해결책이 합리적으로 제정되어 있다. 사람은 정해진 역할대로 결혼을 하고, 자식을 낳고, 죽으면서 유언하고, 그 의사대로 다음 세대가 상속해서 사회는 영원히 계속된다. 무엇 하나 어긋나는 것이 없고, 잘못된 것이 없다. 그것을 그대로 글자로 옮겨 적으면《다이제스트》가 되고, 로마법이 된다.

로마법은 그런 의미에서 자연법과 닮았다. 자연의 생물이 하느님의 섭리에 따라 태어나서 살다가 죽듯이, 사람도 마찬가지로 로마법이 정한 순서대로 살다가 죽을 것이다. 다만 한 가지 다른 점이라면 자연은 신이 지배하지만 사람은 이성이 지배한다는 점이다. 그래서 로마법의 내용은 이성 자체다. 동물 중에는 힘센 동물이 살아남지만 사람 중에는 정의로운 사람이 살아남는다. 동물은 배고프면 무슨 짓이든 할 수 있지만 사람은 그럴 수 없다. 이성에 반하기 때문이다.

그러므로 이성 자체인 로마법은 결국 하나일 수밖에 없다. 로마법은 그런 의미에서 법이 아니라, 법의 이념이자 이데아다. 로마법에서 법은 '만드는 것'이고, 동시에 '찾는 것'이다. 법은 내용도 형식도 법에 부합해야 한다. 그런 법은 지상에 하나밖에 없다. 중세의 어떤 법도 법이 아니다. 규칙이고, 합의일 수 있지만 법은 아니다. 로마법이 유일한 후보다. 로마법만이 가장 앞선 곳에서 법을 향해 가고 있다. 법이 되어가고 있다. 무수히 많은 사람이 로마법의 깃발 아래 모인 것은 법을 완성시키기 위함이다. 과학자가 자연에서 자연법칙을 발견하듯이 로마법 학자들은 인간의 사회를 대표하는 법을 만들고 있다. 이들은 아리스토텔레스와 키케로와 아퀴나스의 어깨 위에 올라타 법이라는 신세계로 가고 있다. 그 세계는 흠 없는 세계이고, 완벽한 세계이고, 질서정연한 세계다. 지상의 모든 사람들이 추구해야 할 세계이고, 끝내 지상에 내려와서 우리 위에 실현되어야 할 세계다.

　로마법 학자들은 고전주의를 미완의 시대라고 생각한다. 완벽한 법을 만들다가 끝을 보지 못했다. 그걸 수백 년 후에 이어서 다시 만들어갔다. 《다이제스트》가 바로 보물지도다. 몇 가지 단서를 던져주고 그 나머지 과업은 다음 세대에게 넘겨버렸다. 이들은 다음 세대가 이어서 완벽한 법을 만들어갈 것이라 기대했다. 실무란 로마법에서 의미가 없다. 법만 찾아서 적용하면 되기 때문에 실무의 칭얼거림을 들을 이유가 없다. 중요한 것은 탐구이자, 이론이다. 로마법 학자들이 할 일은 하루라도 빨리 인간의 법을 완성하는 것이다. 로마법은 '있어야 할' 법이다. 있어야 할 법이라서 하나밖에 없는 것이다.

로마법에서 민법은 법의 종류가 아니다. 과목에 불과하다. 법은 하나인데 그것이 사람 사이의 사적인 관계를 규율하면 민법이 되고, 상거래에 적용되면 상법이 되고, 국가에 적용되면 헌법과 공법이 된다. 그 법들은 전부 합리적 이성의 밑에 있고, 이성은 변하지 않고 영원하다.

로마법학은 묵상법학(QT Science)이며, 결국은 신학이다. 신을 찾듯이 법을 찾고 있다. 지상의 모든 불의에도 불구하고 결국은 실현되고야 말 정의와 이성, 법의 세상을 꿈꾸고 있다.

로마법 학자들에게 정확한 계산식은 의미가 없다. '법은 이성이다'는 등식을 세웠으면 되는 것이지, 그게 조금 틀리는 것은 큰 문제가 되지 않는다. '법은 이성이며, 국가다'라고 이야기하면 되는 것이지, 일일이 따지는 것은 도리가 아닌 것이다. 중요한 것은 선언(declaration)이며, 원칙(principle)이다.

이 지독한 공상가들, 말도 안 통하는 원칙주의자들의 공헌을 무시할 수는 없다. 무엇보다 이들이 억압받는 자, 약자의 편에 서서 싸워온 공로는 우리 같은 얼치기들이 폄훼할 일이 아니다. 인류의 적들과 투쟁해온 역사의 많은 부분은 이들의 공으로 돌려야 한다. 나치에 맞서 싸운 것도 이들이다. 지금도 그 투쟁은 전 세계에서 계속되고 있다.

'로마법을 읽으면서 가슴이 뛰었다'는 사람들이 많다. 확실히 로마법에는 법학자의 심금을 울리는 무언가가 있다. 법을 믿으면 모든 것이 될 것 같은 그런, 가슴 뛰는 경험이 있다.

로마법은 여전히 흠이 많고 빈 구석이 많다. 틀린 방정식도 많고, 성급한 결론도 적지 않다. 그런데 쉽게 미워할 수 없다.

이 법학만능주의자들을 어쩌면 좋을까.

이 아름다운 괴물,

이 돈키호테를 어떻게 하면 좋을까.

이게 아마 나 같은 미국 법률가들의 공통된 고민일 것이다.

역자 보론 참고문헌

Alan Watson, "Legal Change: Sources of Law and Legal Culture", *University of Pennsylvania Law Review*, 1983.

Charles Donahue, Jr., "On Translating the Digest", *Stanford Law Review*, 1987.

Stephanie Lysyk, "Purple Prose: Writing, Rhetoric and Property in the Justinian Corpus", *Cardozo Studies in Law and Literature*, 1998.

Craig A. Stern et al., "Justinian: Lieutenant of Christ, Legislator for Christendom", *Regent University Law Review*, 1998-1999.

R.A. Pacia et al., "Roman Contribution to American Civil Jurisprudence", *Rhode Island Bar Journal*, 2001.

Henry Mather, "The Medieval Revival of Roman Law: Implications for Contemporary Legal Education", *Catholic Lawyer*, 2002.

Neal Wiley, "Through a Glass, Darkly: Reading Justinian Thoughts through His Supreme Court Citations", *Elon Law Review*, 2016.

추천 도서 목록

대륙법 일반에 관해

Mary Ann Glendon, Michael W. Gordon, and Christopher Osakwe. *Comparative Legal Traditions in a Nutshell.* St. Paul, MN: West Publishing, 1982.
《대륙법 전통》에 대한 유익한 설명이 들어 있다.

John Henry Merryman and David S. Clark. *Comparative Law: Western European and Latin American Legal Systems—Cases and Materials.* Indianapolis: Bobbs-Merrill, 1978.

John Henry Merryman, David S. Clark, and John O. Haley. *Comparative Law: Historical Development of the Civil Law Tradition in Europe, Latin America, and East Asia.* San Francisco: LexisNexis, 2010.
두 책 모두 비교법에 대한 역사적 · 지리적 지식이 방대하다.

Lawrence Friedman and Rogelio Pérez-Perdomo, eds. *Legal Culture in the Age of Globalization: Latin America and Latin Europe.* Palo Alto, CA: Stanford University Press, 2003.
아르헨티나, 브라질, 칠레, 콜롬비아, 프랑스, 이탈리아, 멕시코, 베네수엘라 등의 법률과 법문화 변천과정을 집대성하고, 비교법적 설명을 곁들였다.

Rudolph B. Schlesinger. *Comparative Law: Cases-Text-Materials*. 4th ed. Mineola, NY: Foundation Press, 1980.

Arthur Taylor von Mehren and James Russell Gordley. *The Civil Law System: An Introduction to the Comparative Study of Law*. Boston: Little, Brown, 1977.
이 책들은 로스쿨 교재라서 익숙하지 않은 일반인에게는 다소 어려울 수 있는데, 슐레징거의 책이 조금 더 쉬운 것 같다. 두 책 모두 프랑스법과 독일법을 집중적으로 다룬다.

Konrad Zweigert and Hein Kötz. *Comparative Law*. 3rd ed. Oxford: Clarendon Press, 1998.

대륙법 전통의 요소에 관해

로마법

F. H. Lawson. *A Common Lawyer Looks at the Civil Law*. Ann Arbor: University of Michigan Law School, 1953.
대륙법에 미친 로마법의 영향을 주제로 한 강의를 묶은 책이다. 대륙법 전통이 보여주는 다양한 형식, 창의, 통찰력 등도 설명하고 있어서 꼭 읽어볼 것을 권한다.

Aldo Schiavone. *The Invention of Law in the West*. Cambridge, MA: Harvard University Press, 2012.
로마법의 역사와 서구 문명에서 차지하는 위치 등을 설명한 최고의 학술서다.

Peter Stein. *Roman Law in European History*. Cambridge: Cambridge University Press, 1999.
최신 정보까지 담아 간결하게 잘 설명한 책이다.

교회법

A General Survey of Events, Sources, Persons, and Movements in Continental Legal History. Boston: Little, Brown, 1912.
제4부가 유럽법제사에서의 교회법 지위에 관한 내용이다.

John Henry Wigmore. *A Panorama of the World's Legal Systems*. Washington, DC: Washington Law Book Company, 1928.
제14장에 교회법에 관한 자세한 설명이 들어 있다.
Constant van de Wiel. *History of Canon Law*. Leuven, Belgium: Peeters Press, 1991.

상법

William Mitchell. *An Essay on the Early History of the Law Merchant*. Cambridge: Cambridge University Press, 1904.
상법의 역사를 다루고 있는 유명한 책이다.
Vito Piergiovanni, ed. *From Lex Mercatoria to Commercial Law*. Berlin: Duncker & Humboldto, 2005.
상법에 관한 학자들의 논문을 묶은 책이다.

판사의 역할

John P. Dawson. *The Oracles of the Law*. Ann Arbor: University of Michigan Law School, 1968.
고대부터 20세기까지 로마, 영국, 프랑스, 독일 사법부의 발전과정을 자세하게 다룬다. 비교법에 익숙하지 않은 독자들에게는 다소 어려울 수 있지만, 문체가 좋아서 충분히 정독할 만하다.
Neal Tate and Torbjorn Vallinder, eds. *The Global Expansion of the Judicial Power*. New York: New York University Press, 1995.
오늘날 더욱더 중요해지고 있는 판사에 관해 설명하는 책이다.
Gretchen Helmke and Julio Ríos-Figueroa, eds. *Courts in Latin America*. Cambridge: Cambridge University Press, 2011.
라틴아메리카의 대법원과 헌법법원의 새로운 역할에 대해 다룬 중요한 책이다.

변호사

Richard Abel and Philip Lewis, eds. *Civil Law Systems*. Vol. 3 of *Lawyers of the World*. Berkeley: University of California Press, 1988.

David Clark. "Comparing the Work and Organization of Lawyers Worldwide: The Persistence of Legal Traditions." In *Lawyers' Practice and Ideals: A Comparative View*, edited by John Barceló III and Roger Camton. New York: Kluwer Law International, 1999.

Rogelio Pérez-Perdomo. *Latin American Lawyers*. Palo Alto, CA: Stanford University Press, 2006.

절차법

Adhemar Esmein. *A History of Continental riminal Procedure with Special Reference to France*. Translated by John Simpson. Boston: Little, Brown, 1913.
유럽 형사소송의 역사에 관한 고전이다.

John A. Jolowicz. On Civil Procedure. Cambridge: Cambridge University Press, 2000.
비교법 분야의 최근 경향을 소개한다.

특정 국가나 지역의 법에 관해

Volume 1 of the *International Encyclopedia of Comparative Law*. Tübingen: J. C. B. Mohr; The Hague: Mouton.

Herbert Kritzer, ed. *Legal Systems of the World: A Political, Social and Cultural Encyclopedia*. Santa Barbara, CA: ABC-CLIO, 2002.

프랑스

Rene David. *French Law: Its Structure, Sources, and Methodology*. Translated by Michael Kindred. Baton Rouge: Louisiana State University Press, 1972.
저명한 프랑스 학자가 프랑스 법 제도에 관해 자세하고 정확하게 설명한 책으로, 꼭 읽어보기를 권한다.

F. H. Lawson, E. A. Anton, and L. Neville Brown, eds. *Amos & Walton's Introduction to French Law*. 3rd ed. Oxford: Clarendon Press, 1967.
프랑스 사법 체계와 역사를 간결하면서도 이해하기 쉽게 설명한다.

독일

E. J. Cohn. *Manual of German Law.* Vol. 1. Dobbs Ferry, NY: Oceana Publications, 1968.

제1장과 제2장에서 독일법 제도와 민법총칙을 알기 쉽게 설명한다.

Norbert Horn, Hein Kötz, and Hans G. Leser. *German Private and Commercial Law: An Introduction.* Translated by Tony Weir. Oxford: Clarendon Press, 1982.

특히 전반부에 독일법 전체에 대한 정확하고 유익한 설명을 담고 있다.

이탈리아

Mauro Cappelletti, John Henry Merryman, and Joseph M. Perillo. *The Italian Legal System: An Introduction.* Stanford, CA: Stanford University Press, 1967.

이탈리아 법 제도에 관해 영어로 설명한 최초의 책으로, 최신 정보를 담고 있지는 않다.

Jeffrey S. Lena and Ugo Mattei, eds. *Introduction to Italian Law.* New York: Kluwer Law International, 2002.

여러 이탈리아 학자가 이탈리아 법 제도에 관해 서술한 글을 묶은 책이다.

Alessandra De Luca and Alessandro Simoni, eds. *Fundamentals of Italian Law.* Milan: Giuffrè, 2014.

이탈리아 법의 최근 모습을 확인할 수 있는 논문을 모았다.

멕시코

Guillermo Floris Margadant S. *An Introduction to the History of Mexican Law.* Dobbs Ferry, NY: Oceana Publications, 1983.

유명한 멕시코 학자가 쓴 멕시코 법의 역사로, 군데군데 법 제도에 대한 유용한 정보가 들어 있다.

Zamora, Stephen. *Mexican Law.* Oxford: Oxford University Press, 2004.

멕시코 법에 관해 잘 설명하고 있다.

브라질

Fabiano Defenti and Welber Barral. *Introduction to Brazilian Law.* Alphen aan den

Rijn, The Netherlands: Kluwer, 2017.

라틴아메리카

Matthew C. Mirow. *Latin American Law: A History of Private Law and Institutions in Spanish America*. Austin: University of Texas Press, 2004.

Ángel Oquendo. *Latin American Law*. New York: Foundation Press, 2006.
라틴아메리카 법 제도의 최근까지의 변천과정을 소개한다.

Kenneth L. Karst. *Latin American Legal Institutions: Problems for Comparative Study*. Los Angeles: UCLA Latin American Center, 1966.
약간 시간이 지나기는 했지만, 일반인이 읽어도 좋은 유익한 내용이 많이 들어 있다.

찾아보기

대륙법 전통

비교를 통해 알아보는 대륙법과 영미법

1판 1쇄 2020년 12월 14일

지은이 | 존 헨리 메리먼, 로헬리오 페레스 페르도모
옮긴이 | 김희균

펴낸이 | 류종필
편집 | 정큰별, 이정우
마케팅 | 이건호, 김연일, 김유리
표지 · 본문 디자인 | 박미정

펴낸곳 | (주) 도서출판 책과함께
        주소 (04022) 서울시 마포구 동교로 70 소와소빌딩 2층
        전화 (02) 335-1982
        팩스 (02) 335-1316
        전자우편 prpub@hanmail.net
        블로그 blog.naver.com/prpub
        등록 2003년 4월 3일 제25100-2003-392호

ISBN 979-11-88990-98-6 93360